传统文化经典读本

古文

GUWEN

北冥有鱼，其名为鲲。鲲之大，不知其几千里也。化而为鸟，其名为鹏。鹏之背，不知其几千里也；怒而飞，其翼若垂天之云。是鸟也，海运则将徙于南冥。南冥者，天池也。《齐谐》者，志怪者也。《谐》之言曰："鹏之徙于南冥也，水击三千里，抟扶摇而上者九万里，去以六月息者也。"

李寅生　编著

四川辞书出版社

图书在版编目（CIP）数据

传统文化经典读本. 古文／李寅生编著. —2 版.
—成都：四川辞书出版社，2018.5（2019.5 重印）
ISBN 978-7-5579-0341-1

Ⅰ. ①传… Ⅱ. ①李… Ⅲ. ①中国文学－古典文学
－作品综合集 Ⅳ. ①I212.01

中国版本图书馆 CIP 数据核字（2018）第 082189 号

传统文化经典读本·古文
CHUANTONG WENHUA JINGDIAN DUBEN·GUWEN
李寅生　编著

责任编辑	潘　静　王祝英
版式设计	王　跃
责任印制	肖　鹏
封面设计	陈靖文
出版发行	四川辞书出版社
地　　址	成都市槐树街 2 号
邮政编码	610031
印　　刷	成都国图广告印务有限公司
制　　作	四川胜翔数码印务设计有限公司
开　　本	880 mm×1230 mm　1/32
版　　次	2018 年 5 月第 2 版
印　　次	2019 年 5 月第 3 次印刷
印　　张	8.25
书　　号	ISBN 978-7-5579-0341-1
定　　价	33.00 元

致读者

　　我们中华民族是一个具有五千年悠久历史的文明古国。在这五千多年的历史长河中，劳动人民创造了光辉灿烂的文化。千百年来，许许多多的优秀篇章，鼓舞着人们的志气，启迪着人们的智慧，丰富着人们的思想。因此，无论是古代还是现在，人们都把学习优秀的文章当作提高自身修养的一个重要手段。

　　在改革开放和建设社会主义市场经济的今天，在学习先进科学技术知识的同时，更要弘扬中华民族的优秀文化传统。选编这本《古文》，目的就是让年轻一代了解我们国家的历史和文化，吸收其中的精华，并结合时代的特点加以发展，推陈出新，使其不断发扬光大。

　　从古代先秦诸子的散文到近代革命志士的家书，无数的作者为我们留下了浩如烟海的名篇佳作。由于篇幅所限，本书所选的只是这些优秀篇章中的一些具有代表性的作品。本书收录历代优秀古文近百篇，为了方便读者阅读和理解文章的主题思想，每一篇文章的后面都有注释和点评。全书的编排以作者的出生年代为顺序，编者参考了历代其他重要注家的成果和当代学人的研究，

对每篇古文进行了颇具现代学术观的诠释；对前人校理中的错误和不足之处，也都做了核查和补充。

全书由李寅生主编，刘宗永、曾赛兰、方芳参加编写。具体的分工如下：李寅生（先秦两汉部分），刘宗永（魏晋南北朝部分），曾赛兰（唐代、清代部分），方芳（宋代、明代部分）。最后，由李寅生统编改定全稿。

中国古代的名著佳作，其内容博大精深，历史文化内涵极为丰富，书中的注释和理解恐怕还存在一些不妥之处，在此，我们衷心地希望广大读者和专家批评指正。

李寅生

目 录

《论语》十则

《 论 语 》

1

子¹曰："学而时习之²,不亦说(yuè)³乎? 有朋自远方来,不亦乐⁴乎? 人不知而不愠(yùn)⁵,不亦君子⁶乎?"

2

子曰："温故而知新⁷,可以为师矣。"

3

子曰："学而不思则罔(wǎng)⁸;思而不学则殆(dài)⁹。"

4

子贡¹⁰问曰："孔文子何以谓之'文'也¹¹?"子曰:"敏而好(hào)学¹²,不耻下问¹³,是以¹⁴谓之'文'也。"

---

1 子:老师,先生,这里指孔子。 2 学而时习之:学过的东西经常温习它。 3 说:通"悦",愉悦,高兴。 4 乐:高兴。 5 人不知而不愠:别人不了解自己,而自己却不怨恨他。愠,恼怒,怨恨。 6 君子:有才德的人。 7 温故而知新:温习以前学过的知识能够得到新的知识。 8 罔:通"惘",迷惑不解。 9 殆:精神疲惫而又没有收获。 10 子贡:姓端木,名赐,字子贡,是孔子的学生。 11 孔文子何以谓之"文"也:孔文子的谥号为什么叫作"文"呢? 孔文子,孔圉(yǔ),他做过卫国的大夫,因为品行高尚,死后谥号为"文",故称孔文子。何以,以何,为什么。 12 敏而好学:聪明而且爱学习。 13 不耻下问:不把向不如自己的人请教看成是耻辱。 14 是以:所以,因此。

5

子曰："默而识(zhì)之¹⁵，学而不厌¹⁶，诲(huì)人不倦¹⁷，何有于我哉¹⁸？"

6

子曰："三人行，必有我师焉¹⁹。择其善者而从²⁰之，其不善者而改之。"

7

曾子²¹曰："吾日三省(xǐng)吾身：为人谋而不忠乎？与朋友交而不信乎？传²²不习乎？"

8

子曰："弟子，入²³则孝，出则悌，谨而信，泛爱众，而亲仁²⁴。行有余力，则以学文²⁵。"

9

子曰："吾十有五而志于学，三十而立²⁶，四十而不惑，五十而知天命，六十而耳顺²⁷，七十而从心所欲，不逾矩。"

---

15 默而识之：口里不说但心里记住它。识，记住。　16 学而不厌：勤奋学习而不感到满足。　17 诲人不倦：教导别人而不觉得厌烦。　18 何有于我哉："于我有何哉"的倒装，在我身上具备哪一点呢？　19 焉：兼词"于此"，在这里。20 从：跟从，采纳。　21 曾子：名参，孔子的学生。　22 传：指老师的传授。23 入：指进入或在父母家中，意为在父母面前。　24 仁：指仁人，即具有仁德的人。　25 文：指文献、文化知识。　26 立：一般指站立的意思，这里是指"立于礼"，即懂得和遵循礼仪，做人处事都能有所把握。　27 耳顺：指任何言语一到耳中便能悟出道理，觉得耳与心通，不必再刻意用心去思索。

10

叶公[28]问孔子于子路，子路不对[29]。子曰："汝奚不曰，其为人也，发愤忘食，乐以忘忧，不知老之将至云尔。"

---

28 叶公：叶地的县尹，即沈诸梁，字子高。　29 不对：不答。

欣赏指南

孔子(前551—前479)，名丘，字仲尼，春秋末期鲁国陬邑(今山东曲阜东南)人，我国古代伟大的思想家、政治家、教育家。他是我国儒家学派的创始人，一直被奉为圣人。其学以"仁"为核心，认为"仁"即"爱人"；提出"忠恕"之道，认为"仁"的执行要以"礼"来规范。

《论语》是孔子弟子及其后学记录孔子言行的一部书，是儒家的重要典籍，被列为"四书"之一。以《论语》为核心的孔子和儒家学派的思想后来成为中国传统思想中的正统，在中国历史上产生了极其深远的作用和影响，同时也成为世界文化遗产的一个重要组成部分。《论语》多为语录体，具有鲜明的文学色彩。

本文所选的《论语》十则，表现了孔子在教育、治学、修身、道德等方面的基本思想，语言精练，说理透彻，其中的一些言论还成为鼓舞后人努力学习和自我鞭策的至理名言，在后世广为传诵。

鱼，我所欲也

《孟　子》

鱼，我所欲[1]也；熊掌，亦我所欲也。二者不可得兼[2]，舍鱼而取熊掌者也。生，我所欲也；义，亦我所欲也。二者不可得兼，舍生而取义者也。

生亦我所欲，所欲有甚于生者，故不为苟得[3]也；死亦我所恶（wù）[4]，所恶有甚于死者，故患[5]有所不辟（bì）[6]也。

如使人之所欲莫甚于生，则凡可以得生者何不用也？使人之所恶莫甚于死者，则凡可以辟患者何不为也？由是则生，而有不用也。由是则可以辟患，而有不为也。是故所欲有甚于生者，所恶有甚于死者。非独贤者有是心也，人皆有之，贤者能勿丧[7]耳。

一箪（dān）[8]食，一豆[9]羹，得之则生，弗得则死；呼尔[10]而与之，行道之人弗受；蹴（cù）[11]尔而与之，乞人不屑[12]也。万钟[13]则不辨礼义而受之，万钟于我何加焉？为宫

---

1 所欲：想要的东西。欲，想。　2 得兼：兼得，二者都得到。　3 苟得：苟且获得，这里指苟且偷生。　4 恶：讨厌。　5 患：祸害。　6 辟：通"避"。　7 丧：丧失。　8 箪：盛食物的竹器。　9 豆：古代盛肉或羹的木器。　10 呼尔：轻蔑或粗鲁地呼喝。尔，语助词。　11 蹴：践踏。　12 不屑：认为不值得。　13 万钟：指丰厚的俸禄。钟，古代量器，六斛四斗为一钟。

室之美，妻妾之奉[14]，所识穷乏者得[15]我欤[16]？乡（xiàng）[17]为身死而不受，今为宫室之美为之；乡为身死而不受，今为妻妾之奉为之；乡为身死而不受，今为所识穷乏者得我而为之，是亦不可以已[18]乎？此之谓失其本心[19]。

---

14 奉：伺候。　15 得：通"德"，指感激。　16 欤：语气词，表示疑问。　17 乡：通"向"，向来、一直。　18 已：停止。　19 本心：指羞恶廉耻之心。

欣赏指南

　　孟子（约前372—前289），名轲，字子舆，战国邹（今山东邹城）人。他是继孔子之后著名的大儒，与孔子合称为"孔孟"，在中国历史上影响很大。孟子主张"法先王""行仁政"，宣扬"性善"论，对后世儒学的发展影响深远。《孟子》一书今存七篇，由孟子及其弟子万章等人所撰，集中地体现了孟子的政治思想观点。

　　孟子把礼义看成是人生的最高道德价值规范。他在这篇文章中指出，在所有的"欲"中，"义"的价值最高，志士仁人应当"舍生取义"；丧失了对礼义的坚定信念而贪图富贵，其实是泯灭了人的道德本性，是最不可取的。文章运用比喻和对比的方法，阐明义重于生、义重于利的观点，告诫人们要有"舍生取义"的精神。全文善用比喻，文笔精练，论证严密，气势酣畅，是宣传中华民族传统道德修养的最具影响力的作品之一。

生于忧患，死于安乐

《孟子》

舜发[1]于畎（quǎn）亩[2]之中，傅说（yuè）[3]举于版筑[4]之间，胶鬲举于鱼盐之中[5]，管夷吾[6]举于士[7]，孙叔敖[8]举于海，百里奚[9]举于市。

故天将降大任于是人也，必先苦其心志，劳其筋骨，饿其体肤，空乏其身，行拂乱其所为[10]，所以动心忍性，增益其所不能。

人恒过[11]，然后能改。困于心。衡于虑[12]，而后作[13]；征于色，发于声，而后喻。入则无法家拂（bì）士[14]，出[15]则无敌国外患者，国恒亡。

---

1 发：指被起用。 2 畎亩：田间、田地。 3 傅说：原为泥水匠，后被殷王武丁起用。 4 版筑：筑墙时在两块夹板中间放土，用杵捣土，使它坚实。 5 "胶鬲"句：胶鬲原来贩卖鱼和盐，曾被周文王举荐给商纣王，后来他又辅佐周武王。 6 管夷吾：即管仲，他本是辅佐公子纠的臣子，后来公子纠在与公子小白（齐桓公）的斗争中失败，管仲也就成了罪人被押解回国，齐桓公知道他有才能，就让狱官放了他，并任用他为相国。 7 士：狱官。 8 孙叔敖：春秋时楚国人，曾隐居海滨，后被楚庄王起用。 9 百里奚：春秋时虞国大夫，虞亡由晋入秦，隐于都市，后被秦穆公起用。 10 行拂乱其所为：指做事不能如意。 11 人恒过：人经常会有过错。恒，经常。 12 衡于虑：思虑堵塞。衡，通"横"，不顺。 13 作：奋起，指有作为。 14 法家拂士：掌握法度、辅佐君主的大臣。法家，有法度的大臣。拂士，足以辅佐国君的贤士。拂，通"弼"，辅弼。 15 出：在外面，指对外。

然后知生于忧患，而死于安乐也。

　　本文首先举出舜、傅说等古代圣贤都是从忧患中奋起，并建立卓越功绩的历史事实，说明一个人要想完成自己的天赋使命，必须经历种种挫折和考验；进而分析一个国家的生死存亡，其道理也是相同的；最后推出论点"生于忧患，而死于安乐"。全文逻辑层次清晰，论证严密，具有震撼人心的感人力量，是议论文的典范之作。

寡人之于国也

《孟 子》

梁惠王[1]曰:"寡人之于国也,尽心焉耳矣。河内凶[2],则移其民于河东[3],移其粟于河内;河东凶亦然。察邻国之政,无如寡人之用心者。邻国之民不加少,寡人之民不加多,何也?"

孟子对曰:"王好战,请以战喻。填然[4]鼓之,兵刃既接,弃甲曳兵而走。或百步而后止,或五十步而后止。以五十步笑百步,则何如?"

曰:"不可。直[5]不百步耳,是亦走也。"

曰:"王如知此,则无望民之多于邻国也。不违农时,谷不可胜食也;数(cù)罟(gǔ)不入洿(wū)池[6],鱼鳖不可胜食也;斧斤以时入山林,材木不可胜用也。谷与鱼鳖不可胜食,材木不可胜用,是使民养生丧死无憾也。养生丧死无憾,王道之始也。五亩之宅,树之以桑,五十者可以衣帛矣。鸡豚狗彘(zhì)之畜,无失其时,七十者可以食肉

---

1 梁惠王:即魏惠王,战国时魏国国君,因迁都大梁(今河南开封),所以又称梁惠王。 2 河内凶:黄河以内地区发生灾荒。河内,指黄河以内的地区,即今山西安邑一带。凶,指发生自然灾害。 3 河东:指黄河以东的地区,即今河南济源一带。 4 填然:击鼓声。 5 直:只是。 6 数罟不入洿池:(人们)不用细密的渔网到水塘中(捕捞)。数,细密。罟,网。洿池,水塘。

矣。百亩之田,勿夺其时,数口之家可以无饥矣。谨庠(xiáng)序之教,申之以孝悌[7]之义,斑白者不负戴于道路矣。七十者衣帛食肉,黎民不饥不寒,然而不王者,未之有也。狗彘食人食[8]而不知检[9],途有饿莩(piǎo)[10]而不知发[11]。人死,则曰:'非我也,岁也。'是何异于刺人而杀之,曰:'非我也,兵也。'王无罪[12]岁,斯天下之民至焉。"

---

7 悌:敬爱兄长。　8 人食:人的食物。　9 检:制止。　10 莩:通"殍",饿死的人。　11 发:发放赈灾物资。　12 罪:归罪。

欣赏指南

　　本文记述了孟子针对梁惠王自满于"移民、移粟""望民加多"的矜功思想,提出了"无罪岁"而责己的道理和获得人民拥护的基本办法,希望梁惠王实行王道,施仁政。文章从正反两个方面指出了实行仁政的必要性,提出了"仁者无敌"的观点;孟子在说理时还善用比喻,"五十步笑百步"等比喻极为形象生动。层层推进的论辩说理,具有极强的说服力和感染力,充分体现了孟子散文语言方面的特色。

得道多助，失道寡助

《孟 子》

天时[1]不如地利[2]，地利不如人和[3]。三里之城[4]，七里之郭[5]，环[6]而攻之而不胜。夫环而攻之，必有得天时者矣，然而不胜者，是天时不如地利也。城非不高也，池非不深也，兵革非不坚利[7]也，米粟非不多也，委而去之[8]，是地利不如人和也。

故曰：域[9]民不以封疆之界，固国[10]不以山溪之险，威[11]天下不以兵革之利。得道者多助，失道者寡助。寡助之至，亲戚畔[12]之；多助之至，天下顺之。以天下之所顺，攻亲戚之所畔，故君子[13]有不战，战必胜矣。

---

1 天时：有利的气候、时令等客观条件。　2 地利：有利的地理条件。　3 人和：指人心团结一致。　4 城：指内城。　5 郭：指外城。　6 环：包围。　7 坚利：坚硬锐利，指武器装备非常精良。　8 委而去之：指弃城而逃。委，放弃。　9 域：地域，这里当动词用，意为限制。　10 固国：巩固国防。　11 威：建立威信，威慑。　12 畔：通"叛"，背叛。　13 君子：指推行仁政的明君。

欣赏指南

本文说明了这样一个道理：战争胜败的关键在于人心的向背；而能否取得人心，其关键在于统治者是否"得道"。文章的主旨十分明确，即高度强调"人和"的重要性。全文气势充沛，章法严密，逻辑性强。文中所提出的"天时不如地利，地利不如人和""得道多助，失道寡助"的深刻哲理，在今天仍是值得肯定和借鉴的。

劝 学（节选）

《荀 子》

君子[1]曰：学不可以已。

青，取之于蓝[2]，而青于蓝；冰，水为之，而寒于水。木直中（zhòng）绳[3]，𫐓（róu）[4]以为轮，其曲中规[5]。虽有槁（gǎo）曝（pù）[6]，不复挺者，𫐓使之然也。故木受绳则直，金就砺则利，君子博学而日参省（xǐng）乎己，则知明而行无过矣。

吾尝终日而思矣，不如须臾之所学也；吾尝跂（qì）[7]而望矣，不如登高之博见也。登高而招，臂非加长也，而见者远；顺风而呼，声非加疾[8]也，而闻者彰[9]。假[10]舆马者，非利足也，而致千里；假舟楫者，非能水也，而绝[11]江河。君子生（xìng）[12]非异也，善假于物也。

积土成山，风雨兴焉；积水成渊，蛟龙生焉；积善成德，而神明[13]自得，圣心[14]备焉。故不积跬（kuǐ）[15]步，无以至千里；不积小流，无以成江海。骐骥一跃，不能十步；驽

---

1 君子：指有学问有修养的人。　　2 蓝：一种靛青色的植物。　　3 绳：绳墨，木工用来取直的工具。　　4 𫐓：通"煣"，用火加热而使弯曲。　　5 规：木工用来测圆的工具。　　6 槁曝：枯干。槁，枯。曝，晒。　　7 跂：踮起脚尖。　　8 疾：强，大。9 彰：清楚。　　10 假：借助。　　11 绝：横渡。　　12 生：通"性"，本性。　　13 神明：指人的高度智慧。　　14 圣心：圣明的思想。　　15 跬：半步。

马十驾[16]，功在不舍。锲（qiè）而舍之，朽木不折；锲而不舍，金石可镂（lòu）[17]。蚓无爪牙之利，筋骨之强，上食埃土，下饮黄泉，用心一也。蟹六跪[18]而二螯（áo）[19]，非蛇鳝（shàn）之穴无可寄托者，用心躁也。

---

16 驾：马拉车一天所走的路。　17 镂：雕刻。　18 跪：蟹脚。　19 螯：螯钳。

欣赏指南

　　荀子（约前313—前238），名况，又称荀卿，战国后期赵国人，儒家学派的大思想家。他否定天命，强调人为，认为人定胜天，思想中具有较多的唯物主义因素。有《荀子》三十二篇传世。

　　《劝学》为《荀子》的第一篇，文中较为系统地论述了学习的目的、意义、态度和方法。文章紧扣"学不可以已"这一中心论点展开论证，反复阐明了这样一个道理：人的知识、才能、品德不是天生就有的，而是靠后天的不断学习和不断的积累形成的。文章联想丰富，多用比喻和排比，说理绵密，结构严整。文中所提出的学习应该持之以恒的观点，更是具有非常积极的意义，对后世影响极大。

逍遥游(节选)

《庄 子》

北冥[1] 有鱼,其名为鲲(kūn)[2]。鲲之大,不知其几千里也;化而为鸟,其名为鹏。鹏之背,不知其几千里也;怒[3] 而飞,其翼若垂天之云。是鸟也,海运[4] 则将徙于南冥。南冥者,天池也。

《齐谐》[5] 者,志怪者也。《谐》之言曰:"鹏之徙于南冥也,水击三千里,抟(tuán)扶摇[6] 而上者九万里,去以六月息[7] 者也。"野马[8] 也,尘埃也,生物之以息相吹也。天之苍苍,其正色邪? 其远而无所至极邪? 其视下也,亦若是则已矣。

且夫水之积也不厚,则其负大舟也无力。覆杯水于坳(ào)堂之上[9],则芥为之舟。置杯焉则胶[10],水浅而舟大也。风之积也不厚,则其负大翼也无力。故九万里,则风斯在下矣,而后乃今培(píng)风[11],背负青天而莫之夭阏

---

1 北冥:北海。冥,通"溟"。 2 鲲:鱼卵,这里借指大鱼。 3 怒:通"努",振奋的意思。 4 海运:海浪波动。这里指大鹏鸟借风力迁往南海。 5《齐谐》:书名,齐国谐隐之书。 6 抟扶摇:借助大风。抟,拍击翅膀。扶摇,急剧盘旋而上的暴风。 7 息:气息,这里指大风。 8 野马:形容雾气浮动如野马奔驰。9 坳堂之上:堂上凹陷处。坳,凹陷不平。 10 胶:舟船搁浅。 11 培风:即凭风,乘风。培,通"凭"。

（è）¹²者，而后乃今将图南。

蜩（tiáo）¹³与学鸠笑之曰："我决起¹⁴而飞，抢（qiāng）榆枋（fāng）而止¹⁵，时则不至，而控于地而已矣，奚以之九万里而南为？"适莽苍¹⁶者，三飡（cān）而反，腹犹果然¹⁷；适百里者，宿舂（chōng）粮¹⁸；适千里者，三月聚粮。之二虫又何知！

小知¹⁹不及大知，小年²⁰不及大年，奚以知其然也？朝菌不知晦朔²¹，蟪（huì）蛄（gū）²²不知春秋，此小年也。楚之南有冥灵²³者，以五百岁为春，五百岁为秋；上古有大椿²⁴者，以八千岁为春，八千岁为秋，此大年也。而彭祖²⁵乃今以久特闻，众人匹之，不亦悲乎！

汤之问棘（jí）²⁶也是已！穷发²⁷之北，有冥海者，天池也。有鱼焉，其广数千里，未有知其修者，其名为鲲。有鸟焉，其名为鹏，背若泰山，翼若垂天之云，抟扶摇、羊角²⁸而上者九万里，绝云气，负青天，然后图南，且适南冥也。斥

---

12 夭阏：阻拦。夭，摧折。阏，阻止。　13 蜩：蝉，知了。　14 决起：奋起。决，迅疾的样子。　15 抢榆枋而止：碰到榆树和枋树而停下来。抢，突过，碰到。　16 莽苍：形容草野的景色，这里指郊外。　17 果然：饱的样子。　18 宿舂粮：隔夜捣米储粮。　19 知：通"智"，指智慧才能。　20 年：寿命。　21 朝菌不知晦朔：朝生暮死的菌是不知道白天和黑夜的。晦，黑夜。朔，白天。　22 蟪蛄：寒蝉，或春生夏死，或夏生秋死。　23 冥灵：海中灵龟，寿数很长。　24 大椿：一种落叶乔木，高三四丈，可活千万年。　25 彭祖：古代传说中的人物，据说活了八百岁。　26 棘：人名，相传是商汤的大夫。　27 穷发：不毛之地。发，指草木。　28 羊角：旋风，因盘旋而上像羊角，故名。

鴳(yàn)²⁹笑之曰："彼且奚适也？我腾跃而上,不过数仞
(rèn)而下,翱翔蓬蒿³⁰之间,此亦飞之至也。而彼且奚适
也?"此小大之辩也。

故夫知效一官³¹,行比一乡³²,德合一君,而征一国
者³³,其自视也,亦若此矣。而宋荣子³⁴犹然³⁵笑之。且举
世而誉之而不加劝³⁶,举世而非之而不加沮,定乎内外之
分,辩乎荣辱之境,斯已矣。彼其于世,未数(shuò)数³⁷然
也。虽然,犹有未树³⁸也。

夫列子³⁹御风而行,泠(líng)然⁴⁰善也,旬有五日而后
反。彼于致福者,未数数然也。此虽免乎行,犹有所待者
也⁴¹。若夫乘天地之正⁴²,而御六气之辩⁴³,以游无穷⁴⁴者,
彼且恶乎待哉! 故曰:至人⁴⁵无己,神人无功⁴⁶,圣人
无名⁴⁷。

---

29 斥鴳:小雀。　30 蓬蒿:草类。　31 知效一官:才智可以胜任一官的职守。
知,通"智"。　32 行比一乡:行事仅能庇护一乡。比,通"庇",庇护。　33"德
合"二句:指其人的德行仅能投合一个国君的心意,取得一国的人的信任。征,
取信。　34 宋荣子:即宋钘,又作宋荣,战国时代的思想家,与孟子同时。
35 犹然:嗤笑的样子。　36 劝:勉励。　37 数数:急急忙忙的样子。　38 未
树:未曾树立的,指树立逍遥之趣。　39 列子:姓列,名御寇,战国时期郑国的
思想家。　40 泠然:轻巧的样子。　41"此虽"二句:指列子驾风飞行虽免于步
行,但还是有所凭借的。待,凭借。　42 乘天地之正:顺着自然的规律。正,法
则、规律。　43 御六气之辩:驾驭着六气的变化。六气,指阴、阳、风、雨、晦、
明。辩,通"变"。　44 无穷:指不受任何时间、空间限制的超然境界。　45 至
人:指道德修养最高尚的人。　46 神人无功:精神世界完全超脱于物外的人是
无意于功绩的。　47 圣人无名:思想修养臻于完美的人是不求名位的。

庄子(约前369—前286),名周,战国蒙(今河南商丘东北)人,做过蒙地的漆园吏。庄子是老子之后道家学派的主要代表,后世把他和老子并称为"老庄"。他主张顺应自然,提倡无为而无不为,追求绝对自由;他承认事物的相对性,否认客观事物的差别;他极端蔑视功名利禄,拒绝和统治者合作。庄子的思想对中国古代士大夫的品格以及古代的文艺都产生了极为深远的影响。《庄子》现存三十三篇,其中"内篇"七篇,一般认为是庄子自著,"外篇"十五篇、"杂篇"十一篇是他的门人及后学所著。

本文是《逍遥游》的前半部分,是《庄子》中的代表作品,列于"内篇"之首。它主要说明庄子追求绝对自由的人生观,文章指出大至高飞九万里的鹏,小至蜩与学鸠,都是有所待而不自由的;只有消除了物我界限,无所待而游于无穷,达到无己、无功、无名的精神境界,才是绝对的自由,才是真正的"逍遥游"。文章语言生动活泼,善于用夸张笔法和丰富的想象表现神奇的景象,使文章充满了浪漫主义的色彩。文章比喻丰富,多用寓言,说理形象生动,具有强烈的艺术感染力。

庖丁解牛

《庄　子》

庖丁[1]为文惠君[2]解牛，手之所触，肩之所倚，足之所履，膝之所踦(jǐ)[3]，砉(huā)然[4]响然，奏刀騞(huō)然[5]，莫不中音。合于《桑林》[6]之舞，乃中《经首》[7]之会。

文惠君曰："嘻，善哉！技盖[8]至此乎！"

庖丁释刀对曰："臣之所好者，道[9]也，进乎技矣。始臣之解牛之时，所见无非牛者；三年之后，未尝见全牛也。方今之时，臣以神遇[10]而不以目视，官知[11]止而神欲行。依乎天理[12]，批[13]大郤(xì)[14]，导[15]大窾(kuǎn)[16]，因其固然[17]，枝经[18]肯綮(qìng)[19]之未尝，而况大軱(gū)[20]乎！良庖岁更刀，割[21]也；族庖[22]月更刀，折[23]也。今臣之刀十九年矣，所解数千牛矣，而刀刃若新发于硎(xíng)[24]。彼节者

---

1 庖丁：名叫丁的厨师。　2 文惠君：即梁惠王。　3 踦：抵住。　4 砉然：皮骨相离的声音。　5 騞然：用刀割裂东西的声音，其声大于"砉然"。　6《桑林》：传说中商汤时的乐曲名。　7《经首》：传说中尧时的乐曲名。　8 盖：通"盍"，怎么。　9 道：指宇宙的本源，世界万物发展变化的共同规律。　10 神遇：用心神与牛体接触。　11 官知：耳眼等感觉器官。　12 天理：指牛的天然的生理结构。　13 批：劈。　14 大郤：筋骨间隙。　15 导：导引，指引刀而入。　16 大窾：骨节空处。　17 固然：指牛的自然结构。　18 枝经：枝脉和经脉。　19 肯綮：筋骨结合的地方。　20 大軱：大骨。　21 割：用刀切割筋肉。　22 族庖：一般的厨师。　23 折：用刀砍骨头。　24 硎：磨刀石。

有间[25]，而刀刃者无厚[26]；以无厚入有间，恢恢[27]乎其于游刃必有余地矣！是以十九年而刀刃若新发于硎。虽然，每至于族[28]，吾见其难为；怵然为戒，视为止，行为迟。动刀甚微，謋（zhé）然[29]已解，如土委地。提刀而立，为之四顾，为之踌躇满志，善[30]刀而藏之。"

文惠君曰："善哉！吾闻庖丁之言，得养生焉。"

---

25 间：间隙。　26 无厚：没有厚度，形容刀口薄而锋利。　27 恢恢：宽绰的样子。　28 族：筋骨交错聚结的地方。　29 謋然：骨肉相离的声音。　30 善：擦拭。

欣赏指南

《庖丁解牛》是庄子为阐明养生之道而写的一篇寓言。文章通过庖丁给梁惠王讲解自己解牛的技巧和方法，阐明了作者所提倡的顺应自然以保身、全生、养亲、尽年的养生之道。同时它也说明，世上的万物虽然复杂，但一切事物又都有它的自然规律，只有反复实践，不断积累经验，才能认识和掌握事物的规律，做到游刃有余。全文层次清晰，结构完整，描写细致，形象生动，是庄子散文中一篇很有特色的作品。

秋　水

《庄　子》

秋水时至，百川灌河；泾流之大，两涘（sì）[1]渚（zhǔ）崖[2]之间，不辩[3]牛马。于是焉河伯[4]欣然自喜，以天下之美为尽在己；顺流而东行，至于北海；东面而视，不见水端。于是焉河伯始旋其目，望洋向若[5]而叹曰："野语[6]有之曰'闻道百，以为莫己若'者，我之谓也。且夫我尝闻少仲尼之闻而轻伯夷之义者，始吾弗信；今我睹子之难穷也，吾非至于子之门则殆矣。吾长见笑于大方之家。"

北海若曰："井蛙不可以语于海者，拘于虚[7]也；夏虫不可以语于冰者，笃于时也；曲士[8]不可以语于道者，束于教也。今尔出于崖涘，观于大海，乃知尔丑，尔将可与语大理矣。天下之水，莫大于海。万川归之，不知何时止而不盈；尾闾[9]泄之，不知何时已而不虚；春秋不变，水旱不知。此其过[10]江河[11]之流，不可为量数。而吾未尝以

---

1 两涘：河的两岸。涘，水边。　2 渚崖：水洲岸边。渚，水中洲岛。　3 辩：通"辨"。　4 河伯：黄河之神。　5 若：海若，传说中的海神。　6 野语：俗语，俚语。　7 虚：通"墟"，居住的地方。　8 曲士：乡曲之士，指见识浅陋的人。　9 尾闾：转说中海水的归宿之地。　10 过：超过。　11 江河：长江和黄河。

此自多者,自以比形于天地而受气于阴阳,吾在于天地之间,犹小石小木之在大山也。方存乎见少,又奚以自多?计四海之在天地之间也,不似礨(lěi)空[12]之在大泽乎?计中国之在海内,不似稊(tí)[13]米之在太仓乎?号物之数谓之万,人处一焉。人卒九州,谷食之所生,舟车之所通,人处一焉。此其比万物也,不似毫末之在于马体乎?五帝之所连,三王之所争,仁人之所忧,任士[14]之所劳,尽此矣。伯夷辞之以为名,仲尼语之以为博,此其自多也,不似尔向之自多于水乎?"

---

12 礨空:小孔穴。   13 稊:一种外形似稗的草,结实如小米。   14 任士:指以天下为己任的贤能之士。

欣赏指南

    《秋水》是《庄子·外篇》中最重要的一篇,它是以河伯和海若对话的形式展开说理的论说文。文章表明了这样一个道理:在无限广阔的宇宙中,个人的认识和作为都要受到主观与客观条件的制约,因而是十分有限的。它告诉我们:人不能囿于个人有限的见闻而自满自足,应该努力学习,不断进步。文章在整体构思上,虚构了一个寓言故事,通过两个人物的对话来展开说理,阐明观点。在说理部分之外,又以具体景物的对照,来陪衬河伯和海若两种不同的认识境界,形象地宣扬了文章的主旨,将抽象的哲理化为了具体的形象。文章中排比句和反诘句的配合运用,增强了说理的力量,体现了庄子散文在语言方面的特色。

谋 攻

《孙子兵法》

孙子曰：凡用兵之法，全国为上[1]，破国[2]次之；全军[3]为上，破军次之；全旅为上，破旅次之；全卒为上，破卒次之；全伍为上，破伍次之。是故百战百胜，非善之善者也；不战而屈人之兵，善之善者也。

故上兵[4]伐谋[5]，其次伐交[6]，其次伐兵[7]，其下攻城，攻城之法，为不得已。修橹[8]轒（fén）辒（wēn）[9]，具器械[10]，三月而后成；距闽（yīn）[11]，又三月而后已。将不胜其忿，而蚁附之，杀士[12]三分之一，而城不拔者，此攻之灾也。故善用兵者，屈人之兵，而非战也；拔人之城，而非攻也；毁人之国，而非久也。必以全[13]争于天下，故兵不顿[14]而利可全。此谋攻之法也。

---

1 全国为上：使敌人举国完整地降服是上策。全，形容词用作动词，使动用法。　2 破国：击破敌国。破，使动用法。　3 军：与下面的"旅""卒""伍"同为当时军队编制的单位，一万二千五百人为一军，五百人为一旅，一百人为一卒，五人为一伍。　4 上兵：上等的用兵策略。　5 伐谋：在策略上攻破敌人。　6 伐交：在外交上攻破敌人。　7 伐兵：用武装力量攻破敌人。　8 橹：进攻时用来掩护身体的大盾牌。　9 轒辒：攻城用的四轮车。　10 器械：指攻城用的器械。　11 距闽：用人工堆成高出城墙的土垒，用来察看城中情况，居高临下射杀敌人。闽，积土形成的山。　12 杀士：使自己的士卒被杀。　13 全：使敌人全国（完整地投降）。　14 顿：劳顿，疲惫。

故用兵之法，十则围之[15]，五则攻之，倍则分之[16]，敌[17]则能战之，少则能逃[18]之，不若则能避[19]之。故小敌之坚，大敌之擒也[20]。

夫将者，国之辅也。辅周则国必强，辅隙[21]则国必弱。

故君之所以患于军者三：不知军之不可以进，而谓之进，不知军之不可以退，而谓之退，是谓縻（mí）军[22]；不知三军之事，而同[23]三军之政，则军士惑矣；不知三军之权[24]，而同三军之任[25]，则军士疑矣。三军既惑且疑，则诸侯之难[26]至矣，是谓乱军引胜[27]。

故知胜有五：知可以战与不可以战者胜，识众寡之用[28]者胜，上下同欲者胜，以虞[29]待不虞者胜，将能而君不御[30]者胜。此五者，知胜之道也。

故曰知彼知己，百战不殆；不知彼而知己，一胜一负；不知彼，不知己，每战必殆。

---

15 十则围之：十倍于敌人，就包围他们。　16 分之：使敌人分散开。　17 敌：相等，相当。　18 逃：退却坚守。　19 避：引兵避开。　20 "小敌"二句：弱小的军队消极固守，就会成为强大的军队的俘虏。坚，固守。　21 隙：缺陷。
22 縻军：束缚军队。縻，束缚。　23 同：参与，干涉。　24 权：指挥三军的权谋、权变。　25 任：任用人才。　26 诸侯之难：邻国诸侯乘隙入侵造成的祸难。　27 乱军引胜：扰乱自己的军队，失去可能得到的胜利。引，夺去。
28 识众寡之用：懂得兵多怎么用，兵少怎么用。　29 虞：预料，事先谋划。
30 御：驾驭，牵制。

孙子,名武,字长卿,齐国人,春秋末期著名军事家。他曾以《兵法》十三篇见吴王阖闾,被任命为将军,率吴军"西破强楚,北威齐、晋,显名诸侯"。在他的军事思想中,具有朴素的唯物主义和辩证法因素。他的代表作《孙子兵法》,为中国最早的兵书,在世界军事史上享有崇高的声誉。

《谋攻》是《孙子兵法》的第三篇,主要讲述如何在计谋上攻破敌人,把"以全为上,以破次之"作为指导战争的最高准则,强调要采取全局性的战略方针,争取最大限度的利益并使自己的损失减少到最小。文中所总结出的"知彼知己,百战不殆"的作战规律,具有较高的实用价值。全文逻辑严密,说理性强。

扁鹊见蔡桓公

《韩非子》

扁鹊[1]见蔡桓公[2]，立有间（jiàn），扁鹊曰："君有疾在腠（còu）理[3]，不治将恐深。"桓侯曰："寡人无疾。"扁鹊出，桓侯曰："医之好治不病以为功！"

居十日，扁鹊复见，曰："君之病在肌肤，不治将益[4]深。"桓侯不应。扁鹊出，桓侯又不悦。

居十日，扁鹊复见，曰："君之病在肠胃，不治将益深。"桓侯又不应。扁鹊出，桓侯又不悦。

居十日，扁鹊望桓侯而还[5]走。桓侯故使人问之。扁鹊曰："疾在腠理，汤熨（yù）[6]之所及也；在肌肤，针石[7]之所及也；在肠胃，火齐（jì）[8]之所及也；在骨髓，司命[9]之所属，无奈何也。今在骨髓，臣是以无请也。"

居五日，桓侯体痛，使人索扁鹊，已逃秦矣。桓侯遂死。

---

1 扁鹊：姓秦，名越人，渤海郡鄚（今河北任丘）人，战国时医学家。因其医术与黄帝时名医扁鹊相似，故亦以扁鹊称之。　2 蔡桓公：即蔡桓侯，名封人，春秋时蔡国国君。　3 腠理：中医指皮肤的纹理和皮下肌肉之间的空隙，这里指皮肤表层。　4 益：更加。　5 还：通"旋"，转身。　6 汤熨：用药热敷，熨帖患处。汤，通"烫"。　7 针石：即针灸。　8 火齐：古代去火清热的汤剂。齐，通"剂"。　9 司命：掌管人的生死的神。

　　韩非(约前 280—前 233),战国末期韩国的贵族公子,大思想家荀况的学生,中国古代法家思想的集大成者。后人辑其文章五十五篇而编成的《韩非子》一书,是先秦时期重要的政治理论著作。

　　本文通过蔡桓公讳疾忌医,不听名医扁鹊的劝告,终于使小病发展成为大病,最后不治身亡的故事,告诉人们要想避免灾难,就应该在灾难初起时及时加以预防,如果任其发展,就会酿成更大的灾难。全篇文字精练,生动传神。

邹忌讽齐王纳谏

《战国策》

邹忌修[1]八尺有余，而形貌昳（yì）丽[2]。朝（zhāo）服衣冠，窥镜，谓其妻曰："我孰与城北徐公美？"其妻曰："君美甚，徐公何能及君也！"城北徐公，齐国之美丽者也。忌不自信，而复问其妾曰："吾孰与徐公美？"妾曰："徐公何能及君也！"旦日[3]，客从外来，与坐谈，问之客曰："吾与徐公孰美？"客曰："徐公不若君之美也。"

明日，徐公来，熟视[4]之，自以为不如；窥镜而自视，又弗如远甚。暮寝而思之，曰："吾妻之美我者，私我也；妾之美我者，畏我也；客之美我者，欲有求于我也。"

于是入朝见威王，曰："臣诚知不如徐公美。臣之妻私臣，臣之妾畏臣，臣之客欲有求于臣，皆以美于徐公。今齐地方千里，百二十城，宫妇左右莫不私王，朝廷之臣莫不畏王，四境之内莫不有求于王。由此观之，王之蔽甚矣！"

王曰："善。"乃下令："群臣吏民，能面刺[5]寡人之过者，受上赏；上书谏寡人者，受中赏；能谤议于市朝，闻寡人

---

1 修：长，这里指身高。　2 昳丽：光艳美丽。　3 旦日：明日，第二天。　4 熟视：仔细看。　5 面刺：当面指责。

之耳者，受下赏。"令初下，群臣进谏，门庭若市；数月之后，时时而间（jiàn）进[6]；期（jī）年[7]之后，虽欲言，无可进者。燕、赵、韩、魏闻之，皆朝（cháo）于齐。此所谓战胜于朝廷[8]。

---

6 间进：偶尔有人进谏。　　7 期年：一周年。　　8 战胜于朝廷：身居朝廷而战胜敌国。指修明政治，不用武力就可以战胜敌国。

欣赏指南

　　《战国策》又称《国策》，为西汉末年刘向根据战国时期的史料编订而成。全书三十三篇，反映了战国时期各国政治、军事、外交方面的活动和社会面貌，着重记载了策士谋臣们的策略和言论，既有重要的史学价值，又有很高的文学价值。

　　本文通过邹忌从妻、妾、宾客的一片赞美声中，觉察到听真话、闻真言的不容易，以此讽谏齐威王要广开言路，纳谏除弊，修明政治，才能使齐国强盛起来。文章从生活小事写起，引发出政治生活中的大道理，说服力强。文中叙事生动风趣，寓意含蓄深刻，语言富于变化，议论周详。

唐雎不辱使命

秦王[1]使人谓安陵[2]君曰："寡人欲以五百里之地易安陵，安陵君其许寡人！"安陵君曰："大王加惠，以大易小，甚善。虽然，受地于先王，愿终守之，弗敢易。"秦王不说（yuè）。安陵君因使唐雎使于秦。秦王谓唐雎曰："寡人以五百里之地易安陵，安陵君不听寡人，何也？且秦灭韩亡魏，而君以五十里之地存者，以君为长者，故不错意[3]也。今吾以十倍之地，请广于君，而君逆寡人者，轻寡人与？"唐雎对曰："否，非若是也。安陵君受地于先王而守之，虽千里不敢易也，岂直五百里哉？"

秦王怫（fú）然怒，谓唐雎曰："公亦尝闻天子之怒乎？"唐雎对曰："臣未尝闻也。"秦王曰："天子之怒，伏尸百万，流血千里。"唐雎曰："大王尝闻布衣之怒乎？"秦王曰："布衣之怒，亦免冠徒跣（xiǎn）[4]，以头抢（qiāng）地耳。"唐雎曰："此庸夫之怒也，非士之怒也。夫专诸之刺王僚[5]也，彗

---

1 秦王：即秦始皇嬴政。他当时未称帝，所以称秦王。　2 安陵：魏国分封的一个小邑，其地在今河南鄢陵西北。　3 不错意：没有打安陵的主意。错，通"措"。　4 徒跣：赤脚。　5 专诸之刺王僚：春秋时，吴国公子光的勇士专诸，在宴会上藏短剑于鱼腹，借机刺杀吴王僚。

星[6]袭月；聂政之刺韩傀[7]也，白虹贯日[8]；要离之刺庆忌[9]也，苍鹰击于殿上。此三子，皆布衣之士也。怀怒未发，休祲（jìn）[10]降于天，与臣而将四矣。若士必怒，伏尸二人，流血五步，天下缟素[11]，今日是也。"挺剑而起。秦王色挠[12]，长跪[13]而谢之，曰："先生坐，何至于此！寡人谕矣，夫韩、魏灭亡，而安陵以五十里之地存者，徒以有先生也。"

---

6 彗星袭月：彗星的光芒掩盖月亮。　7 聂政之刺韩傀：战国时韩国大夫严仲子派侠士聂政刺杀宰相韩傀。　8 白虹贯日：白虹的光彩从太阳穿过。　9 要离之刺庆忌：公子光夺取吴王僚之位后，派勇士要离刺杀其子庆忌。　10 休祲：福祸。休，吉祥。祲，灾祸之气。　11 天下缟素：指国君被杀，全国都要穿丧服。　12 色挠：这里指神色沮丧。　13 长跪：古人两膝着地，臀部压在脚后跟上叫坐，臀部离后跟叫跪，再以上身挺直，叫长跪。

欣赏指南

　　本文通过唐雎折服秦王的故事，歌颂了他坚持正义、不畏强暴、敢于斗争的精神。文中综合运用了夸张、排比、对偶等修辞手法，层次清晰，情节跌宕，塑造了有勇有谋的志士唐雎和骄横跋扈的暴君秦王的形象。

《学记》三则

虽有嘉肴,弗食不知其旨也;虽有至道[1],弗学不知其善也。是故学然后知不足,教然后知困。知不足,然后能自反也。知困,然后能自强也。故曰:教学相长也。

大学之法,禁于未发之谓豫,当其可之谓时,不陵节而施之谓孙,相观而善之谓摩。此四者,教之所由兴也。发然后禁,则扞(hàn)格[2]而不胜;时过然后学,则勤苦而难成;杂施而不孙,则坏乱而不修[3];独学而无友,则孤陋而寡闻;燕[4]朋逆其师;燕辟(bì)[5]废其学。此六者,教之所由废也。君子既知教之所由兴,又知教之所由废,然后可以为人师也。

学者有四失,教者必知之。人之学也,或失则多,或失则寡,或失则易,或失则止。此四者,心之莫同也。知其心,然后能救其失也。教也者,长善而救其失者也。

---

1 至道:好的道理。 2 扞格:格格不入。 3 修:善,美好。 4 燕:轻慢而不庄重。 5 辟:通"僻"。

　　《礼记》是西汉戴圣编纂的儒家关于礼的专著,被列为儒家经典之一。《学记》是《礼记》中的一篇,论述的是有关中国古代教育的一些问题,阐明了教育具有化民成俗的重要功能,因而国君必须尊师重道,使全民都知道学习的重要性。

　　本文所选的三部分内容,分别论述了教与学互相促进、教学原则和学生易出现的偏向及教师必须了解学生并加以补救的道理,包含了教育的实践性和辩证法思想,对后人颇多启迪。

渔　父

屈　原

　　屈原既放,游于江潭[1],行吟泽畔,颜色憔悴,形容枯槁。渔父(fǔ)见而问之曰:"子非三闾(lú)大夫欤?何故至于斯?"屈原曰:"举世皆浊我独清,众人皆醉我独醒,是以见放。"渔父曰:"圣人不凝滞[2]于物,而能与世推移。世人皆浊,何不淈(gǔ)[3]其泥而扬其波?众人皆醉,何不铺其糟[4]而歠其醨(lí)[5]?何故深思高举,自令放为?"屈原曰:"吾闻之,新沐者必弹冠,新浴者必振衣。安能以身之察察[6],受物之汶(mén)汶[7]者乎?宁赴湘流,葬于江鱼之腹中。安能以皓皓之白,而蒙世俗之尘埃乎?"渔父莞尔而笑,鼓枻(yì)[8]而去,乃歌曰:"沧浪之水清兮,可以濯吾缨;沧浪之水浊兮,可以濯吾足。"遂去,不复与言。

---

1 江潭:指湘江深处。潭,水深处。　　2 凝滞:拘泥固执。　　3 淈:搅浑,搅乱。
4 糟:酒糟。　　5 醨:薄酒。　　6 察察:洁净的样子。　　7 汶汶:惛惛,昏暗不明貌,引申为蒙受污垢或耻辱。　　8 鼓枻:摇动船桨。

欣赏指南

　　屈原(约前340—约前278),名平,字原,战国时楚国诗人。他是与楚王同姓的贵族,曾任左徒、三闾大夫等职。主张对外联齐抗秦,对内举贤授能。但他一直遭到保守势力的排挤和谗害,先是被怀王疏远,后又被顷襄王放逐到江南。最后屈原痛心于国势日益危迫,自己的理想又无法实现,满怀忧郁和悲愤,竟自投汨罗江而死。屈原是"骚体"诗的创始者,他所留下来的《离骚》《九歌》《九章》《天问》《渔父》等作品,表现了作者的政治理想和爱国主义精神,是古代积极浪漫主义诗歌的典范,对后世的影响极大。

本文写的是遭受流放的屈原在江边与渔父相逢,屈原把自己的不幸遭遇告诉渔父,渔父劝他随波逐流,但有着高尚人格追求的屈原表示宁可葬身鱼腹,也绝不与世俗的小人同流合污。全文以问答的形式,表现了主人公高洁的人生追求与高尚的思想境界,显示了他"宁为玉碎,不为瓦全"的崇高气节。屈原是中华民族爱国主义精神的典范,千百年来,他一直受到后人的景仰。

谏逐客书

李 斯

　　臣闻吏议逐客，窃以为过矣。昔穆公¹求士，西取由余²于戎³，东得百里奚⁴于宛⁵，迎蹇（jiǎn）叔⁶于宋⁷，求丕豹⁸、公孙支⁹于晋¹⁰。此五子者，不产于秦，而穆公用之，并国二十，遂霸西戎。孝公¹¹用商鞅¹²之法，移风易俗，民以殷盛，国以富强，百姓乐用，诸侯亲服，获楚、魏之师，举地千里，至今治强。惠王用张仪¹³之计，拔三川¹⁴之地，西

---

1 穆公：即秦穆公，名任好，"春秋五霸"之一。　　2 由余：春秋时晋国人，流亡于戎，后奉戎王之命出使秦国，秦穆公见其贤，设计收他为谋臣，遂灭十二国，开地千里，称霸西戎。　　3 戎：古代对西部少数民族的统称。　　4 百里奚：楚国宛（今河南南阳）人，曾为虞国大夫。晋灭虞后，成为晋俘，又作为晋献公女儿的陪嫁奴仆入秦，后逃回楚国宛地。穆公闻其贤，设计用五张羊皮赎回他，任他为相。　　5 宛：楚地名，在今河南南阳。　　6 蹇叔：岐（今陕西岐山）人，寓居于宋，为百里奚好友。后经百里奚举荐，穆公用厚礼将其接到秦国，聘为上大夫。
7 宋：宋国。　　8 丕豹：晋大夫丕郑之子，因其父被杀逃到秦国，穆公任命他为大将，率兵攻晋，连克八城，生俘晋君。　　9 公孙支：字子桑，岐人，居于晋，穆公收为谋臣，任大夫。　　10 晋：晋国。　　11 孝公：即秦孝公，名渠梁。他用商鞅为相，实行变法，使秦强盛。　　12 商鞅：战国时卫国人，姓公孙，名鞅，又称卫鞅。他当秦相十年，先后两次变法，改革制度，发展经济，奠定了秦统一六国的基础。因封地在商，故名商鞅、商君。　　13 张仪：魏国人，秦惠文王时为秦相，用连横的外交策略破坏六国合纵，以便秦国各个击破。　　14 三川：指黄河、伊水、洛水。

并巴、蜀,北收上郡[15],南取汉中[16],包九夷[17],制鄢(yān)[18]、郢[19],东据成皋(gāo)[20]之险,割膏腴之壤,遂散六国之从(zòng),使之西面事秦,功施(yì)到今。昭王[21]得范雎[22],废穰(rǎng)侯[23],逐华阳[24],强公室,杜私门,蚕食诸侯,使秦成帝业。此四君者,皆以客之功。由此观之,客何负于秦哉!向使四君却客而不内,疏士而不用,是使国无富利之实,而秦无强大之名也。

今陛下致昆山之玉,有随和之宝[25],垂明月之珠,服太阿之剑,乘纤离[26]之马,建翠凤之旗,树灵鼍(tuó)[27]之鼓。此数宝者,秦不生一焉,而陛下悦之,何也?必秦国之所生然后可,则是夜光之璧不饰朝廷,犀象之器不为玩好,郑卫之女不充后宫,而骏良駃(jué)騠(tí)[28]不实外厩(jiù)[29],江

---

15 上郡:郡名,战国魏文侯置,在今陕西西北一带。秦惠文王十年(公元前328年),使公子华和张仪攻魏,魏国以上郡十五县求和。　16 汉中:郡名,战国楚怀王置,在今陕西南部。公元前312年,秦大破楚军于丹阳,攻楚汉中,取地六百里,设置汉中郡。　17 九夷:泛指当时楚国境内的少数民族。　18 鄢:今湖北宜城,曾为楚都。　19 郢:今湖北江陵,当时的楚都。　20 成皋:又名虎牢关,在今河南荥阳汜水镇西,为古代军事重镇。　21 昭王:秦昭襄王,名则,又名稷,惠文王子,武王异母弟。　22 范雎:魏国人,后入秦为相,封应侯。他提出远交近攻的策略,使得秦国得以逐步征服邻国,扩大疆土。　23 穰侯:即魏冉,秦昭王母宣太后的异母弟,封于穰(今河南邓县),故称穰侯。他为秦相,擅权三十余年。　24 华阳:宣太后的同父弟芈戎,他也因宣太后的关系,同穰侯一起在朝专权。昭王听从范雎的劝告,将二人逐出关外。　25 随和之宝:指随侯珠、和氏璧。　26 纤离:古骏马名。　27 鼍:一种爬行动物,今名扬子鳄。　28 駃騠:良马名。　29 厩:马棚。

南金锡不为用,西蜀丹青不为采。所以饰后宫、充下陈[30]、娱心意、悦耳目者,必出于秦然后可,则是宛珠之簪(zān),傅玑之珥(ěr),阿(ē)缟(gǎo)之衣,锦绣之饰不进于前,而随俗雅化[31],佳冶窈(yǎo)窕(tiǎo)[32],赵女不立于侧也。夫击瓮叩缶(fǒu),弹筝搏髀(bì)[33],而歌呼呜呜快耳目者,真秦之声也。《郑》《卫》《桑间》《韶》《虞》《武》《象》[34]者,异国之乐也。今弃击瓮叩缶而就《郑》《卫》,退弹筝而取《韶》《虞》,若是者何也? 快意当前,适观而已矣。今取人则不然,不问可否,不论曲直,非秦者去,为客者逐。然则是所重者在乎色乐珠玉,而所轻者在乎人民也。此非所以跨海内、制诸侯之术也。

臣闻地广者粟多,国大者人众,兵强则士勇。是以泰山不让土壤,故能成其大;河海不择细流,故能就其深;王者不却众庶,故能明其德。是以地无四方,民无异国,四时充美,鬼神降福,此五帝三王之所以无敌也。今乃弃黔首以资敌国,却宾客以业诸侯[35],使天下之士退而不敢西向,裹足不入秦。此所谓"藉寇兵而赍(jī)[36]盗粮"者也。夫

---

30 下陈:指后宫侍奉君主的嫔妃、宫女等。 31 随俗雅化:随着流行的式样打扮自己。 32 佳冶窈窕:美好的样子。冶,好。窈窕,文静美好的样子。
33 搏髀:拍击大腿。搏,击。 34《郑》《卫》《桑间》《韶》《虞》《武》《象》:都是当时流行的音乐。《郑》《卫》,指郑、卫两国的乐曲。《桑间》,指卫国濮水之滨的音乐。《韶》《虞》,相传是舜时的乐曲。《武》《象》,周武王时的乐曲。 35 业诸侯:使诸侯成就功业。 36 赍:给予,赠送。

物不产于秦，可宝者多；士不产于秦，而愿忠者众。今逐客以资敌国，损民以益仇，内自虚而外树怨于诸侯，求国无危，不可得也。

李斯(? —前208)，战国时楚国上蔡(今河南上蔡西南)人，秦代著名政治家。战国末入秦，初为吕不韦舍人，后助秦始皇统一中国，深得秦始皇信任。秦二世时，被赵高诬为谋反，被腰斩于咸阳，夷灭三族。李斯是秦代唯一留有著作的作家，《谏逐客书》是他的代表作，此外他还有多篇石刻传世。

本文是李斯写给秦王的一篇奏章，他列举了历代客卿为秦国富强所建立的特殊功绩，阐明纳客与逐客的利害关系，目的是劝说秦王不要驱逐客卿。文章反复采用正反对比的论证方法，利害并举，两相对照，使主题更加明晰。文中所列举的大量事实，具有很强的说服力；排比句和对偶句的使用，更进一步增强了文章的气势和感染力。

过 秦 论

贾 谊

秦孝公据崤（xiáo）函[1]之固，拥雍州[2]之地，君臣固守，以窥周室，有席卷天下，包举宇内，囊括四海之意，并吞八荒[3]之心。当是时也，商君[4]佐之。内立法度，务耕织，修守战之具；外连衡而斗诸侯。于是秦人拱手而取西河[5]之外。

孝公既没（mò），惠文、武、昭蒙故业，因遗策，南取汉中，西举巴蜀，东割膏腴之地，北收要害之郡。诸侯恐惧，会盟而谋弱秦，不爱[6]珍器重宝肥饶之地，以致天下之士，合从（zòng）缔交，相与为一。当此之时，齐有孟尝[7]，赵有平原，楚有春申，魏有信陵。此四君者，皆明智而忠信，宽厚而爱人，尊贤而重士，约从离横，兼韩、魏、燕、楚、齐、赵、宋、卫、中山之众。于是六国之士，有宁越、徐尚、苏秦、杜赫之属为之谋[8]；齐明、周最、陈轸（zhěn）、召（shào）

---

1 崤函：崤山和函谷关。崤山在今河南洛宁县北；函谷关为秦之东关，在今河南灵宝县南。　2 雍州：古代九州之一，这里泛指秦国本土所在关中一带。
3 八荒：八方荒远之地，亦指天下。　4 商君：商鞅。　5 西河：在今陕西大荔和宜川一带，原为魏地。　6 不爱：不吝惜。　7 孟尝：孟尝君田文，他与赵国的平原君、楚国的春申君及魏国的信陵君都喜欢养士，世称"战国四公子"。
8 谋：谋划。

滑、楼缓、翟(zhái)景、苏厉、乐(yuè)毅之徒通其意[9]；吴起、孙膑(bìn)、带佗、倪良、王廖、田忌、廉颇、赵奢之伦制其兵[10]。尝以十倍之地，百万之众，叩关而攻秦。秦人开关延敌，九国之师逡(qūn)巡[11]而不敢进。秦无亡矢遗镞(zú)之费，而天下诸侯已困矣。于是从散约解，争割地而赂秦。秦有余力而制其弊，追亡逐北，伏尸百万，流血漂橹(lǔ)，因利乘便，宰割天下，分裂河山。强国请服，弱国入朝。施(yì)[12]及孝文王、庄襄王，享国之日浅，国家无事。

及至始皇，奋六世之余烈，振长策而御宇内，吞二周而亡诸侯，履至尊而制六合，执敲扑以鞭笞(chī)天下，威振四海。南取百越之地，以为桂林、象郡；百越之君，俯首系颈，委命下吏。乃使蒙恬北筑长城而守藩篱，却匈奴七百余里；胡人不敢南下而牧马，士不敢弯弓而报怨。于是废先王之道，燔百家之言，以愚黔首；隳(huī)[13]名城，杀豪俊，收天下之兵，聚之咸阳，销锋镝，铸以为金人十二，以弱天下之民。然后践华[14]为城，因河为池，据亿丈之城，临不测之溪以为固。良将劲弩，守要害之处；信臣精卒，陈利兵而谁何[15]。天下已定，始皇之心，自以为关中之固，金城千里，子孙帝王万世之业也。

---

9 通其意：勾通九个合纵国之间的意见。　10 制其兵：统率他们的军队。
11 逡巡：徘徊不前。　12 施：延续。　13 隳：毁坏。　14 华：华山。　15 谁何：动词，表示严加缉查盘问。

始皇既没，余威震于殊俗。然而陈涉瓮牖（yǒu）绳枢（shū）之子，甿（méng）隶之人，而迁徙之徒也。才能不及中人，非有仲尼、墨翟之贤，陶朱、猗（yī）顿[16]之富。蹑（niè）足[17]行（háng）伍之间，而倔起阡陌之中，率疲弊之卒，将（jiàng）数百之众，转而攻秦。斩木为兵，揭竿为旗，天下云集而响应，赢粮而景（yǐng）从[18]。山东豪俊，遂并起而亡秦族矣。

且夫天下非小弱也，雍州之地，崤函之固，自若也。陈涉之位，非尊于齐、楚、燕、赵、韩、魏、宋、卫、中山之君也；锄耰（yōu）[19]棘矜（jīn），非铦（xiān）[20]于钩戟长铩（shā）也；谪戍之众，非抗于九国之师也；深谋远虑，行军用兵之道，非及曩时之士也。然而成败异变，功业相反。试使山东之国，与陈涉度（duó）长絜（xié）[21]大，比权量力，则不可同年而语矣。然秦以区区之地，致万乘之权，招八州而朝同列，百有余年矣。然后以六合为家，崤函为宫。一夫作难而七庙隳[22]，身死人手，为天下笑者，何也？仁义不施，而攻守之势异也。

---

16 陶朱：即范蠡，春秋时越国大夫，助勾践兴越灭吴，功成身退，经商致富，称陶朱公。猗顿：春秋时鲁人，向范蠡学习致富之道，以畜牧致富。　17 蹑足：置身。　18 赢粮而景从：担着粮食像影子一样跟随他。景，通"影"。　19 耰：无齿的耙。　20 铦：锋利。　21 絜：测量。　22 七庙隳：宗庙毁灭。指国家灭亡。七庙，宗庙。古宗法制度，天子的宗庙里奉祀七代祖先。隳，毁坏，毁灭。

　　贾谊(前200—前168),洛阳(今河南洛阳东)人,西汉政治家、文学家。文帝初年,被召为博士,官至太中大夫。他力主改革政治,因被权贵中伤,出为长沙王太傅、梁怀王太傅。后怀王堕马而死,贾谊悲伤过度,不久亦去世。他著有《新书》十卷,收作品五十八篇,其政论《陈政事疏》《过秦论》及辞赋《吊屈原赋》等都是脍炙人口、影响深远的名篇。

　　《过秦论》详细地分析了秦国削平六国以及自身灭亡的原因,目的是提供给汉文帝作为改革政治的借鉴,以免重蹈秦亡的覆辙。文中分析了秦所犯的错误,故名曰"过秦"。全篇共分为上、中、下三部分,本文为其中的上篇。本文文笔酣畅而富有气势,语言颇具文采且骈散兼行,有明显的辞赋化倾向,典型地体现出汉初的文风。

报任安书

司马迁

太史公牛马走[1]司马迁再拜言,少卿足下:

曩(nǎng)者[2]辱赐书,教以慎于接物,推贤进士为务。意气勤勤恳恳,若望仆不相师[3],而用流俗人之言,仆非敢如此也。仆虽罢(pí)驽(nú)[4],亦尝侧闻长者之遗风矣。顾自以为身残处秽[5],动而见尤,欲益反损,是以独郁悒而谁与语。谚曰:"谁为为之?孰令听之?"盖钟子期[6]死,伯牙终身不复鼓琴。何则?士为知己者用,女为悦己者容[7]。若仆大质[8]已亏缺矣,虽才怀随、和[9],行若由、夷[10],终不可以为荣,适足以见笑而自点[11]耳。书辞宜答,会东从上来[12],又迫贱事,相见日浅,卒(cù)卒[13]无须臾之闲,得竭至意。今少卿抱不测之罪,涉旬月,迫季冬,仆又薄[14]从上雍[15],恐卒然不可为讳,是仆

---

1 太史公牛马走:司马迁的自谦之词。太史公,即太史令。牛马走,像牛马一样供人驱使。　2 曩者:从前。　3 望:抱怨。　4 罢驽:疲惫的劣马,比喻自己才能低下。　5 身残处秽:指身遭腐刑,处于受污辱的可耻地位。　6 钟子期:与下文的"伯牙"都是春秋时楚国人。相传伯牙善于弹琴,只有钟子期能听懂他的琴声。后来钟子期去世,伯牙以为失去知音,从此断绝琴弦,不复弹奏。　7 容:修饰打扮。　8 大质:身体,体质。　9 随、和:指随侯珠、和氏璧,都是天下至宝。这里喻指美好的品德。　10 由、夷:指许由、伯夷,均为古代品行高洁之士。　11 点:污。　12 东从上来:指随汉武帝从东方回到长安。　13 卒卒:匆促。　14 薄:迫近。　15 雍:古县名,在今陕西凤翔南,汉武帝常到此祭祀天神。

终已不得舒愤懑以晓左右，则长逝者[16]魂魄私恨无穷。请略陈固陋。阙然久不报，幸勿为过。

仆闻之：修身者，智之符[17]也；爱施者，仁之端也；取予者，义之表也；耻辱者，勇之决也；立名者，行(xíng)之极也。士有此五者，然后可以托于世，而列于君子之林矣。故祸莫惨于欲利[18]，悲莫痛于伤心，行莫丑于辱先，诟莫大于宫刑。刑余之人，无所比数(shǔ)[19]，非一世也，所从来远矣。昔卫灵公与雍渠[20]同载，孔子适陈；商鞅因景监见，赵良[21]寒心；同子[22]参乘，袁丝变色，自古而耻之。夫中才之人，事有关于宦竖，莫不伤气，而况于慷慨之士乎？如今朝廷虽乏人，奈何令刀锯之余，荐天下之豪俊哉！

仆赖先人绪业[23]，得待罪辇(niǎn)毂(gǔ)下二十余年矣。所以自惟[24]，上之不能纳忠效信，有奇策才力之誉，自结明主；次之又不能拾遗补阙[25]，招贤进能，显岩穴之士[26]；外之又不能备行伍，攻城野战，有斩将搴(qiān)旗之功；下之又不能累日积劳，取尊官厚禄，以为宗族交游光宠。四者无一遂，苟合取容[27]，无所短长之效，可见于此矣。向者仆亦尝厕下大夫之

---

16 长逝者：死者，指将死的任安。　17 符：符信，凭据。　18 利：私利。　19 比数：比较。　20 雍渠：卫灵公宠信的宦官。21 赵良：秦国的贤士。　22 同子：即赵谈，汉文帝所宠信的宦官。司马迁避父司马谈讳，故称他为同子。　23 绪业：遗业。24 惟：思。　25 拾遗补阙：为皇帝补救过失，指讽谏。　26 岩穴之士：指隐居者。27 苟合取容：苟且求合以取悦别人。

列,陪外廷[28]末议,不以此时引纲维,尽思虑,今已亏形,为扫除之隶,在阘(tà)茸(róng)[29]之中,乃欲仰首伸眉,论列是非,不亦轻朝廷,羞当世之士邪?嗟乎!嗟乎!如仆尚何言哉!尚何言哉!

且事本末未易明也。仆少负不羁之才,长无乡曲之誉。主上幸以先人之故,使得奉薄伎,出入周卫[30]之中。仆以为戴盆何以望天,故绝宾客之知,亡室家之业,日夜思竭其不肖之才力,务一心营职,以求亲媚于主上。而事乃有大谬不然者!夫仆与李陵[31],俱居门下,素非能相善也,趣[32]舍异路,未尝衔杯酒,接殷勤之余欢。然仆观其为人,自守奇士,事亲孝,与士信,临财廉,取与义,分别有让,恭俭下人,常思奋不顾身,以徇国家之急。其素所蓄积也,仆以为有国士之风。夫人臣出万死不顾一生之计,赴公家之难,斯已奇矣。今举事一不当,而全躯保妻子之臣,随而媒孽(niè)[33]其短,仆诚私心痛之!且李陵提步卒不满五千,深践戎马之地,足历王庭,垂饵虎口,横挑(tiǎo)强胡,仰亿万之师,与单于连战十有余日,所杀过当。虏救死扶伤不给(jǐ)。旃(zhān)裘[34]之君长咸震怖,乃悉征其左右贤王,举引弓之人,一国共攻而围之。转斗千里,矢尽道穷,救兵不至,士卒死伤如积。然陵一呼劳军,士

---

28 外廷:即外朝。汉代官员分内朝和外朝,内朝官可参与国家大事,而外朝官则不在正规编制之内。　29 阘茸:卑贱,此指卑贱的人。　30 周卫:宿卫周密,这里指宫禁。　31 李陵:字少卿,西汉陇西成纪人,名将李广之孙。　32 趣:通"趋"。　33 媒孽:酿造,引申指扩大。　34 旃裘:毡制之衣,为匈奴所穿,这里借指匈奴。

无不起，躬自流涕，沫(huì)血饮泣，更张空弮，冒白刃，北向争死敌者。陵未没(mò)时，使有来报，汉公卿王侯皆奉觞上寿。后数日，陵败书闻，主上为之食不甘味，听朝不怡，大臣忧惧，不知所出。仆窃不自料其卑贱，见主上惨怆怛(dá)悼，诚欲效其款款之愚，以为李陵素与士大夫绝甘分少，能得人之死力，虽古之名将，不能过也。身虽陷败，彼观其意，且欲得其当而报于汉。事已无可奈何，其所摧败，功亦足以暴(pù)于天下矣。仆怀欲陈之，而未有路。适会召问，即以此指，推言陵之功。欲以广主上之意，塞睚眦之辞[35]。未能尽明，明主不晓，以为仆沮(jǔ)贰师[36]，而为李陵游说，遂下于理[37]。拳拳之忠，终不能自列，因为诬上，卒从吏议。家贫，货赂不足以自赎；交游莫救，左右亲近不为一言。身非木石，独与法吏为伍，深幽囹圄之中，谁可告诉者！此真少卿所亲见，仆行事岂不然邪？李陵既生降，隤(tuí)[38]其家声，而仆又佴(èr)之蚕室[39]，重为天下观笑。悲夫！悲夫！事未易一二为俗人言也。

仆之先，非有剖符丹书[40]之功，文史星历，近乎卜祝之间，固主上所戏弄，倡优畜之，流俗之所轻也。假令仆伏法受诛，若九牛亡一毛，与蝼蚁何以异？而世又不与能死节者比，特以为智穷罪极，不能自免，卒就死耳。何也？素所自树立使

---

35 睚眦之辞：这里指仇家的诬陷之词。睚眦，怒目而视。　36 贰师：指贰师将军李广利。　37 理：古代的司法机关。　38 隤：通"颓"，败坏。　39 佴之蚕室：随后被关在受宫刑者所住的房间。　40 剖符丹书：古代皇帝颁发给功臣的凭证，后世子孙可凭此免罪。

然也。人固有一死,死,或重于泰山,或轻于鸿毛,用之所趋异也。太上不辱先,其次不辱身,其次不辱理色[41],其次不辱辞令,其次屈体受辱,其次易服[42]受辱,其次关木索、被棰(chuí)楚受辱,其次剔毛发、婴金铁受辱,其次毁肌肤、断肢体受辱,最下腐刑极矣!传[43]曰:"刑不上大夫"。此言士节不可不勉励也。猛虎在深山,百兽震恐,及在槛(jiàn)阱(jǐng)之中,摇尾而求食,积威约之渐也。故士有画地为牢,势不可入;削木为吏,议不可对,定计[44]于鲜也。今交手足,受木索,暴(pù)肌肤,受榜箠,幽于圜墙之中。当此之时,见狱吏则头抢(qiāng)地,视徒隶则心惕息。何者?积威约之势也。及以至此,言不辱者,所谓强颜耳,曷足贵乎?且西伯[45],伯也,拘于羑(yǒu)里;李斯[46],相也,具于五刑[47];淮阴[48],王也,受械于陈;彭越、张敖[49],南面称孤,系狱抵罪;绛(jiàng)侯[50]诛诸吕,权倾五伯(bà),囚于请室[51];魏其[52],大将也,衣赭(zhě)

---

41 理色:指脸面。 42 易服:改穿囚服。 43 传:指《礼记》。 44 定计:指定下自杀的计划。 45 西伯:指周文王姬昌。伯,方伯,古代一方诸侯之长。
46 李斯:秦丞相,后被赵高诬陷,腰斩于市。 47 五刑:指墨、劓、刖、宫、大辟五种古代刑罚。 48 淮阴:即汉代的淮阴侯韩信,他被封为楚王,后被诬谋反,为吕后所杀。 49 彭越、张敖:彭越,曾从项羽起义,后归降刘邦,封梁王,因被诬陷谋反而身死灭族。张敖,张耳的儿子,刘邦的女婿,嗣其父为赵王,因受部下牵连而被捕下狱,后获释放。 50 绛侯:即汉代的周勃,他因功封绛侯,吕后死后,他诛诸吕,迎立文帝,任右丞相。后被人诬告,一度下狱,经文帝母薄太后说情,始被释放。 51 请室:请罪之室,汉代囚禁有罪官吏的监狱。 52 魏其:即窦婴,他以功封魏其侯,后因被丞相田蚡所诬,下狱处死。

衣[53]，关三木[54]；季布[55]为朱家钳奴；灌夫受辱于居室[56]。此人皆身至王侯将相，声闻邻国，及罪至罔加，不能引决自裁，在尘埃之中。古今一体，安在其不辱也？由此言之，勇怯，势也；强弱，形也。审[57]矣，何足怪乎？夫人不能早自裁绳墨之外，以稍陵迟，至于鞭箠之间，乃欲引节[58]，斯不亦远乎！古人所以重施刑于大夫者，殆为此也。

夫人情莫不贪生恶死，念父母，顾妻子。至激于义理者不然，乃有所不得已也。今仆不幸，早失父母，无兄弟之亲，独身孤立，少卿视仆于妻子何如哉？且勇者不必死节，怯夫慕义，何处不勉焉！仆虽怯懦，欲苟活，亦颇识去就之分矣，何至自沉溺缧绁（xiè）[59]之辱哉！且夫臧获婢妾，犹能引决，况仆之不得已乎？所以隐忍苟活，幽于粪土之中而不辞者，恨私心有所不尽，不尽，鄙陋没（mò）世[60]，而文采不表于后世也。

古者富贵而名磨灭，不可胜记，唯倜傥非常之人称焉。盖文王拘而演《周易》[61]；仲尼厄而作《春秋》；屈原放

53 赭衣：囚服，因用赭土染色，故称。　54 三木：加在犯人颈、手、足上的刑具。
55 季布：原为项羽的将领，刘邦登上帝位后，悬赏千金捉拿他，他匿于濮阳周氏家。后接受周氏之计，髡钳为奴，由于滕公的说情，刘邦赦免了季布，并拜他为郎中。　56 灌夫：武帝时将军，后失势，因辱骂丞相田蚡，被囚禁于居室，后被灭族。　57 审：明白。　58 引节：守节自杀。　59 缧绁：拘系犯人的绳索，这里指牢狱。　60 没世：终身。　61 "盖文王"句：相传周文王被商纣王囚于羑里，推演伏羲所画的八卦为六十四卦，成为《周易》。盖，发语词。

逐，乃赋《离骚》[62]；左丘失明，厥有《国语》[63]；孙子膑（bìn）脚，《兵法》修列[64]；不韦迁蜀，世传《吕览》[65]；韩非囚秦，《说难》《孤愤》[66]。《诗》三百篇，大抵圣贤发愤之所为作也。此人皆意有所郁结，不得通其道，故述往事，思来者。乃如左丘无目，孙子断足，终不可用，退而论书策，以舒其愤，思垂空文以自见。

仆窃不逊，近自托于无能之辞，网罗天下放佚旧闻，略考其行事，综其终始，稽其成败兴坏之纪，上计轩辕，下至于兹，为十表，本纪十二，书八章，世家三十，列传七十，凡百三十篇。亦欲以究天人之际，通古今之变，成一家之言。草创未就，会遭此祸，惜其不成，是以就极刑而无愠色。仆诚已著此书，藏之名山，传之其人，通邑大都，则仆偿前辱之债，虽万被戮，岂有悔哉！然此可为智者道，难为俗人言也。

且负下[67]未易居[68]，下流多谤议。仆以口语遇遭此祸，重为乡党所笑，以污辱先人，亦何面目复上父母之丘墓乎？

---

62 "屈原放逐"二句：战国时楚国大诗人屈原因遭靳尚等人的诬陷，被流放湖南，愤而著《离骚》。 63 "左丘失明"二句：春秋时鲁国史官左丘明丧失视力后著《国语》。 64 "孙子膑脚"二句：战国初齐国军事家孙子遭庞涓妒忌被处以膑刑（剜去膝盖骨）后，著《孙膑兵法》。 65 "不韦迁蜀"二句：吕不韦本为商人，因政治投机而成为秦相，后因罪免职，被迁往蜀地，曾组织门客多人编撰《吕氏春秋》，也称《吕览》。 66 "韩非囚秦"二句：韩非原为韩国公子，曾屡次建议韩王变法图强，不为所用，遂有感而作《说难》《孤愤》。后出使秦国，被李斯所嫉，入狱自杀。 67 负下：在背负罪名的情况下。 68 未易居：不容易生活。

虽累百世,垢弥甚耳!是以肠一日而九回,居则忽忽若有所亡,出则不知其所往。每念斯耻,汗未尝不发背沾衣也。身直为闺阁之臣[69],宁得自引深藏于岩穴邪?故且从俗浮沉,与时俯仰,以通其狂惑。今少卿乃教以推贤进士,无乃与仆私心刺(là)[70]谬乎?今虽欲自雕琢,曼辞[71]以自饰,无益于俗,不信,适足取辱耳。要之[72]死日,然后是非乃定。书不能悉意,略陈因陋。谨再拜。

---

69 闺阁之臣:指宦官。　70 刺:乖逆,违背。　71 曼辞:美饰之辞。　72 要之:总而言之。

欣赏指南

　　司马迁(前145—前86),字子长,夏阳(今陕西韩城)人,西汉史学家、文学家。他是太史令司马谈的长子,少而好学,元封三年(公元前108年)继任为太史令。太初元年(公元前104年)他开始着手编写《史记》,天汉二年(公元前99年)遭李陵之祸,被处宫刑。出狱后为中书令,继续发愤著书,终于在征和二年(公元前91年)完成了《史记》这部鸿篇巨制。

　　本文是司马迁写给朋友任安的一封信。在信中,司马迁以极其悲愤的心情,申诉了自己的不幸遭遇,抒发了内心的无比痛苦,提出了"人固有一死,死,或重于泰山,或轻于鸿毛"的进步生死观,并表现了他为完成《史记》的写作而甘受凌辱、坚忍不拔的战斗精神。全文结构严谨,次序井然,前后照应,叙事、议论与抒情融为一体,语言丰富而生动,对偶、排比穿插其间,使文章更富于感情色彩。这是一篇不可多得的奇文,也是我国古典文学史上最早最长的一篇抒情散文,感人至深,千古不朽。

屈原列传

司马迁

屈原者,名平,楚之同姓[1]也。为楚怀王左徒。博闻强志,明于治乱,娴(xián)于辞令。入则与王图议国事,以出号令;出则接遇宾客,应对诸侯。王甚任之。

上官大夫[2]与之同列,争宠而心害其能。怀王使屈原造为宪令,屈平属(zhǔ)[3]草稿未定,上官大夫见而欲夺之,屈平不与。因谗之曰:"王使屈平为令,众莫不知。每一令出,平伐[4]其功,曰,以为'非我莫能为'也。"王怒而疏屈平。

屈平疾王听之不聪也,谗谄之蔽明也,邪曲之害公也,方正之不容也,故忧愁幽思而作《离骚》。"离骚"者,犹离[5]忧也。夫(fú)天者,人之始也;父母者,人之本也。人穷[6]则反[7]本,故劳苦倦极,未尝不呼天也;疾痛惨怛(dá)[8],未尝不呼父母也。屈平正道直行,竭忠尽智以事其君,谗人间(jiàn)之,可谓穷矣。信而见疑,忠而被谤,能无怨乎?屈平之作《离骚》,盖自怨生也。《国风》好色

---

1 楚之同姓:屈、景、昭氏都是楚国王族的同姓。　2 上官大夫:上官是复姓,大夫是官名。　3 属:写作。　4 伐:夸耀。　5 离:通"罹",遭遇。　6 穷:处境困难。　7 反:通"返",这里是追念的意思。　8 惨怛:忧伤悲痛。

而不淫，《小雅》怨诽[9] 而不乱[10]。若《离骚》者，可谓兼之矣。上称帝喾(kù)[11]，下道齐桓[12]，中述汤、武[13]，以刺世事。明道德之广崇[14]，治乱之条贯[15]，靡不毕见(xiàn)。其文约，其辞微[16]，其志洁，其行廉，其称[17]文小而其指[18]极大，举类迩而见义远。其志洁，故其称物芳[19]；其行廉，故死而不容。自疏濯[20]淖(nào)[21]污泥之中，蝉蜕于浊秽，以浮游尘埃之外，不获世之滋[22]垢，皭(jiào)然[23]泥(niè)而不滓(zǐ)[24]者也。推此志也，虽与日月争光可也。

屈平既绌(chù)[25]，其后秦欲伐齐，齐与楚从(zòng)[26]亲，惠王[27]患之，乃令张仪[28]佯去秦，厚币委[29]质[30]事楚，曰："秦甚憎齐，齐与楚从亲，楚诚能绝齐，秦愿献商於(wū)[31]之地六百里。"楚怀王贪而信张仪，遂绝齐，使使如秦受地。张仪诈之曰："仪与王约六里，不闻六百里。"楚使怒去，归告怀王。怀王怒，大兴师伐秦。秦发兵击之，大破

---

9 怨诽：怨恨不满。　10 乱：背弃礼法。　11 帝喾：号高辛氏，相传是黄帝的曾孙，尧的父亲。　12 齐桓：即齐桓公，春秋时齐国国君，"春秋五霸"之一。
13 汤、武：商汤和周武王。汤，商朝的建立者。武，周武王，周朝的建立者。
14 广崇：广大崇高。　15 条贯：条理，这里有原因的意思。　16 微：含蓄。
17 称：引用。　18 指：通"旨"，旨趣。　19 称物芳：指屈原《离骚》中多用香草美人比喻忠贞贤能的人。称，称述。　20 濯：通"浊"。　21 淖：泥浆。
22 滋：污浊。　23 皭然：即"皎然"，洁净的样子。　24 滓：污黑。　25 绌：通"黜"，罢免官职。　26 从：通"纵"，合纵，指联合抗秦。　27 惠王：指秦惠王。
28 张仪：魏国人，为秦惠王游说六国，主张连横。　29 委：呈现。　30 质：通"贽"，见面礼。　31 商於：秦地名，在今河南。

楚师于丹[32]、淅(xī)[33]，斩首八万，虏楚将屈匄(gài)，遂取楚之汉中[34]地。怀王乃悉发国中兵，以深入击秦，战于蓝田[35]。魏闻之，袭楚至邓[36]。楚兵惧，自秦归。而齐竟怒不救楚，楚大困。

明年[37]，秦割汉中地与楚以和。楚王曰："不愿得地，愿得张仪而甘心焉。"张仪闻，乃曰："以一仪而当汉中地，臣请往如楚。"如楚，又因厚币用事者臣靳尚，而设诡辩于怀王之宠姬郑袖。怀王竟听郑袖，复释去张仪。是时屈平既疏，不复在位，使于齐，顾反[38]，谏怀王曰："何不杀仪?"怀王悔，追张仪，不及。

其后诸侯共击楚，大破之，杀其将唐眛(mò)。

时秦昭王与楚婚，欲与怀王会。怀王欲行。屈平曰："秦，虎狼之国，不可信，不如毋行。"怀王稚子子兰劝王行："奈何绝秦欢?"怀王卒行。入武关[39]，秦伏兵绝其后，因留怀王以求割地。怀王怒，不听。亡走赵，赵不内(nà)。复之秦，竟死于秦而归葬。长子顷襄王立，以其弟子兰为令尹[40]。

楚人既咎[41]子兰以劝怀王入秦而不反也；屈平既嫉之，

---

32 丹：丹水，河名。　33 淅：淅水，河名。　34 汉中：汉中郡，在今湖北省西北部、陕西省东南部一带。　35 蓝田：秦县名，在今陕西蓝田。　36 邓：地名，在今湖北襄阳。　37 明年：指楚怀王十八年(公元前311年)。　38 顾反：回来。反，通"返"。　39 武关：秦地名，在今陕西商州东。　40 令尹：楚国最高官职，掌军政大权。　41 咎：抱怨，憎恨。

虽放流,眷顾楚国,系心怀王,不忘欲反。冀幸君之一悟,俗之一改也。其存君兴国而欲反覆之,一篇之中三致志焉[42]。然终无可奈何,故不可以反,卒以此见怀王之终不悟也。

人君无愚、智、贤、不肖,莫不欲求忠以自为[43],举贤以自佐;然亡国破家相随属(zhǔ),而圣君治国累世而不见者,其所谓忠者不忠,而所谓贤者不贤也。怀王以不知忠臣之分(fèn),故内惑于郑袖,外欺于张仪,疏屈平而信上官大夫、令尹子兰。兵挫地削,亡其六郡,身客死于秦,为天下笑。此不知人之祸也。《易》曰:"井渫(xiè)[44]不食,为我心恻[45],可以汲;王明,并受其福。"王之不明,岂足福哉!

令尹子兰闻之,大怒,卒使上官大夫短屈原于顷襄王,顷襄王怒而迁之。

屈原至于江滨,被(pī)[46]发行吟[47]泽畔,颜色憔悴,形容枯槁。渔父(fǔ)见而问之曰:"子非三闾(lú)大夫[48]欤?何故而至此?"屈原曰:"举世混浊而我独清,众人皆醉而我独醒,是以见放。"渔父曰:"夫圣人者,不凝滞[49]于物,而能与世推移。举世混浊,何不随其流而扬其波?众人皆

---

42 三致志焉:再三表达这种意愿。　43 自为:为自己。　44 渫:除去污泥。
45 恻:难受。　46 被:通"披"。　47 行吟:边走边唱。　48 三闾大夫:楚国官名,掌管楚国昭、屈、景三姓王族事务。　49 凝滞:拘泥,执著。

醉,何不餔(bū)[50]其糟[51]而啜(chuò)[52]其醨(lí)[53]?何故怀瑾握瑜[54],而自令见放为?"屈原曰:"吾闻之,新沐者必弹冠,新浴者必振衣。人又谁能以身之察察[55],受物之汶(mén)汶[56]者乎?宁赴常流[57]而葬乎江鱼腹中耳,又安能以皓皓之白,而蒙世之温蠖(huò)[58]乎!"乃作《怀沙》[59]之赋。于是怀石,遂自投汨(mì)罗[60]以死。

屈原既死之后,楚有宋玉、唐勒、景差之徒者,皆好辞而以赋见称;然皆祖[61]屈原之从容[62]辞令,终莫敢直谏。其后楚日以削,数十年竟为秦所灭。

自屈原沉汨罗后百有余年,汉有贾生[63],为长沙王太傅,过湘水,投书[64]以吊屈原。

太史公曰:余读《离骚》、《天问》、《招魂》、《哀郢》,悲其志。适长沙,过屈原所自沉渊,未尝不垂涕,想见其为人。及见贾生吊之,又怪屈原以彼其材游诸侯,何国不容?而自令若是!读《鵩鸟赋》,同生死,轻去就,又爽然自失矣。

---

50 餔:通"哺",吃。　51 糟:酒糟。　52 啜:喝。　53 醨:薄酒。　54 怀瑾握瑜:比喻保持高洁的节操。瑾、瑜,都是美玉,比喻美好的志行。　55 察察:洁净的样子。　56 汶汶:浑浊的样子。57 常流:长流,指江水。　58 温蠖:尘垢,此处作动词,引申指玷污。59《怀沙》:《楚辞·九章》中的一篇,据传是屈原的绝笔。　60 汨罗:江名,在湖南东北部,湘江支流。　61 祖:仿效。　62 从容:这里指言语、举动适度得体。　63 贾生:指贾谊。　64 投书:指贾谊所作的《吊屈原赋》。下句中的《鵩鸟赋》也是他所作。

　　本文节选自《史记·屈原贾生列传》,是一篇关于屈原的传记。作者采用夹叙夹议的写法,在叙述屈原生平遭遇的同时,对他的优秀品格大加赞扬,对他的不幸遭遇寄予了深切的同情。同时,作者还高度评价了《离骚》,并将《离骚》与屈原的人格相联系,概括地指出了其"文约""辞微""志洁""行廉"四大特点,把屈原的人格提到与日月争光的高度。全文语言生动,形象鲜明,带有浓郁的抒情色彩,是一首对屈原崇高人格的赞歌。

归 田 赋

张 衡

游都邑[1]以永久[2]，无明略[3]以佐时[4]；徒临川以羡鱼[5]，俟河清乎未期[6]。感蔡子[7]之慷慨，从唐生以决疑；谅[8]天道之微昧[9]，追渔父（fǔ）[10]以同嬉。超埃尘[11]以遐逝[12]，与世事乎长辞。

于是仲春令月[13]，时和气清，原隰（xí）郁茂[14]，百草滋荣[15]。王雎[16]鼓翼，鸧鹒[17]哀鸣；交颈颉（jié）颃（háng）[18]，关关嘤嘤。于焉逍遥，聊以娱情。

尔乃龙吟方泽[19]，虎啸山丘。仰飞纤缴（zhuó）[20]，俯钓

---

1 都邑：都城，这里指东汉都城洛阳。　2 永久：长久。永，长。　3 明略：高明的韬略。　4 佐时：辅佐时政。　5 徒临川以羡鱼：比喻空有愿望而无法付诸实践。典出《淮南子·说林》："临河羡鱼，不如归家织网。"　6 俟河清乎未期：等待政治清明，却又不可预期。俟，等待。河清，喻政治清明的太平盛世。古代有黄河水一千年一清之说，故认为河清之时即是朝政清明之世。　7 蔡子：与下句的"唐生"，分别指战国的蔡泽与唐举。据《史记·蔡泽列传》记载，蔡泽周游列国，长期不见任用，就请唐举为他看相，预测将来的命运，后果然应验。　8 谅：信，实在是。　9 微昧：昏暗不明。　10 渔父：一位隐居江湖的人，曾劝屈原不必为理想难以实现而忧伤，只管和光同尘，在江湖之间自得其乐。　11 埃尘：指纷浊的世俗。　12 遐逝：远去。　13 令月：美好的月份。　14 原隰郁茂：到处草木茂盛。原，平原。隰，低平之地。　15 滋荣：草木茂盛的样子。　16 王雎：鸟名，即雎鸠。　17 鸧鹒：鸟名，即黑枕黄鹂。　18 颉颃：鸟上下飞的样子。　19 方泽：大泽。　20 纤缴：系在箭上的细丝绳，用以收回射出的箭。这里代指箭。

长流。触矢而毙，贪饵吞钩[21]。落云间之逸禽[22]，悬渊沉之魦(shā)鰡(liú)[23]。

于时曜灵[24]俄景(yǐng)[25]，系以望舒[26]，极般(pán)游[27]之至乐，虽日夕而忘劬(qú)[28]。感老氏[29]之遗诫[30]，将回驾乎蓬庐。弹五弦之妙指[31]，咏周孔[32]之图书，挥翰墨以奋藻[33]，陈三皇之轨模[34]。苟纵心于物外[35]，安知荣辱之所如！

---

21 "触矢"二句：意为鸟不高飞则中箭，鱼若贪饵则必上钩。这里含自戒之意。　22 逸禽：飞鸟。　23 魦鰡：两种鱼名。　24 曜灵：太阳。　25 俄景：倾斜的日影，这里指天色将暮。景，通"影"，日光。　26 望舒：神话中给月亮驾车之神，这里代指月亮。　27 般游：游乐。般，乐。　28 劬：劳累。　29 老氏：即老子。　30 遗诫：遗留下来的警戒之言。这里指老子《道德经》第十二章"驰骋畋猎，令人发狂"的话。　31 指：通"旨"，意趣。　32 周孔：周公、孔子。　33 奋藻：发挥文采，运用辞藻。　34 轨模：法则，原则。　35 物外：俗世之外。

欣赏指南

张衡(78—139)，字平子，南阳西鄂(今河南南阳)人，汉代科学家、文学家。安帝、顺帝时曾任太史令、侍中等职。他著有天文著作《灵宪》，并发明了浑天仪、地动仪。同时，他的《二京赋》与班固的《两都赋》齐名，为"汉赋四大家"之一。有《张河间集》。

《归田赋》是一篇反映作者不满黑暗朝政、思欲归隐田园从事著述的抒情小赋，表现了作者对现实的绝望和不愿与之同流合污的思想。全文虽然仅二百余字，但文辞典雅，风格清丽，感情真挚，开启了魏晋山水田园文学的先声，是抒情小赋中的名篇。

登 楼 赋

王 粲

登兹楼以四望兮，聊暇日以销忧[1]。览斯宇[2]之所处兮，实显敞而寡仇[3]。挟清漳[4]之通浦兮，倚曲沮[5]之长洲。背坟衍之广陆兮，临皋隰（xí）之沃流[6]。北弥陶牧[7]，西接昭丘[8]，华实蔽野[9]，黍稷盈畴。虽信美[10]而非吾土兮，曾[11]何足以少留！

遭纷浊而迁逝[12]兮，漫逾纪以迄今[13]。情眷眷[14]而怀归兮，孰忧思之可任[15]？凭轩槛以遥望兮，向北风而开襟。平原远而极目兮，蔽荆山之高岑[16]。路逶（wēi）迤（yí）[17]而

---

1 聊暇日以销忧：借此日以消除忧愁。暇，通"假"，借。销，通"消"。 2 斯宇：此楼，指麦城城楼。 3 显敞而寡仇：明亮宽大，很少（见到）和它相匹敌的。仇，匹敌。 4 漳：漳水，在麦城东。 5 沮：沮水，在麦城西。 6 "背坟衍"二句：背靠雄阔的陆地，面临低湿的清流。坟，指地势高起。衍，指地势平坦宽阔。皋，水边之地。隰，低湿的地方。 7 北弥陶牧：向北一直到陶乡郊外。弥，极至，一直到。陶，陶乡，相传陶朱公范蠡的坟墓在此。牧，郊外。 8 昭丘：楚昭王的坟墓，在麦城西。 9 蔽野：与下文"盈畴"都是充满田野的意思。10 信美：的确很好。信，确实。 11 曾：语气助词，无实在意义。 12 遭纷浊而迁逝：指作者因董卓之乱而避难荆州之事。纷浊，喻指乱世。 13 漫逾纪以迄今：到现在已有漫长的十二年多了。漫，长远的样子。逾纪，超过十二年。迄，到。 14 眷眷：形容思念深切。 15 孰忧思之可任：有谁能承受得了这种思乡的忧思呢？孰，谁。任，担当，承受。 16 "平原"二句：自己极目远眺故乡，却终为高峻的荆山所遮挡。高岑，高山。 17 逶迤：长而曲折的样子。

修迥[18]兮，川既漾[19]而济[20]深。悲旧乡之壅隔[21]兮，涕横坠而弗禁。昔尼父之在陈兮，有"归欤"之叹音[22]。钟仪幽而楚奏兮[23]，庄舄（xì）显而越吟[24]。人情同于怀土兮，岂穷达而异心[25]！

惟日月之逾迈[26]兮，俟[27]河清[28]其未极。冀王道之一平兮，假高衢而骋力[29]。惧匏（páo）瓜之徒悬[30]兮，畏井渫（xiè）之莫食[31]。步栖迟以徙倚[32]兮，白日忽其将匿。风萧瑟而并兴兮，天惨惨而无色。兽狂顾以求群兮，鸟相鸣而举翼。原野阒（qù）[33]其无人兮，征夫行而未息。心凄怆[34]以感发兮，意忉（dāo）[35]怛（dá）而惨恻[36]。循阶除[37]而下降兮，气交愤于胸臆。夜参半而不寐兮，怅盘桓[38]以反侧。

18 修迥：长而远的样子。修，长。迥，远。　19 漾：长。　20 济：渡。　21 壅隔：阻塞隔绝。　22"昔尼父"二句：用《论语·公冶长》中的典故。孔子在陈绝粮，叹曰："归欤！归欤！"尼父，即孔子，字仲尼。　23"钟仪"句：楚国乐官钟仪被晋俘获，晋侯让他弹琴，他弹的仍是楚国的乐调。幽，囚禁。　24"庄舄"句：越人庄舄在楚国做官，病中思念故乡，发出越国的语音。显，显贵。　25"人情"二句：人们怀念故乡的感情是一致的，并不会因为患难或显贵而有所不同。26 逾迈：过往。　27 俟：等待。　28 河清：黄河水变清，喻指太平盛世。29"冀王道"二句：期望国家早日太平，到那时就可以发挥自己的才能了。冀，希望。平，稳定。高衢，大道。　30 匏瓜之徒悬：语出《论语·阳货》："吾岂匏瓜也哉，焉能系而不食？"这里作者化用典故，喻指才能不为世所用。　31 井渫之莫食：语出《周易·井》："井渫不食，为我心恻。"作者这里用来喻指才能不为世所用。渫，除去污浊。　32 徙倚：行止不定的样子。　33 阒：寂静。　34 凄怆：悲伤。　35 忉怛：忧伤，哀痛。　36 惨恻：悲伤。　37 阶除：阶梯。　38 盘桓：徘徊不进的样子，引申为思来想去。

　　王粲(177—217),字仲宣,山阳高平(今山东邹城)人,汉末文学家。少负才名,尤长于诗赋,风格清丽而沉郁,多具有现实感,成就为"建安七子"之首。与曹植齐名于当时,世称"曹王"。有《王侍中集》。

　　本文是作者避乱期间,登麦城城楼所作。作者登楼眺望,眼前景观之美让作者油然而生思乡之情,进而想到自己颠沛流离、异乡漂泊的遭遇,由此而引发了自己怀才不遇的感慨和对于太平盛世的渴望。文章情景交融,自然流畅,是建安时期抒情小赋的代表作品。

出　师　表

诸葛亮

　　先帝[1]创业未半而中道崩殂(cú)[2]，今天下三分[3]，益州疲弊[4]，此诚危急存亡之秋[5]也。然侍卫之臣不懈于内，忠志之士忘身于外者，盖追[6]先帝之殊遇[7]，欲报[8]之于陛下也。诚宜开张圣听[9]，以光先帝遗德，恢弘[10]志士之气，不宜妄自菲薄[11]，引喻失义[12]，以塞忠谏之路也。

　　宫中[13]府中[14]，俱为一体，陟罚臧(zāng)否(pǐ)[15]，不宜异同[16]。若有作奸犯科及为忠善者，宜付有司[17]论其刑赏，以昭陛下平明之理，不宜偏私，使内外异法也。侍中、侍郎[18]郭攸之、费祎(yī)、董允等，此皆良实[19]，志虑忠纯，是以先帝简拔[20]以遗陛下。愚以为宫中之事，事无大小，

---

1 先帝：去世的皇帝，这里指刘备。　2 崩殂：帝王死亡的委婉说法。　3 天下三分：指当时魏、蜀、吴三国割据。　4 益州疲弊：蜀国的国力贫弱。益州，指蜀国统治区，即今四川、重庆大部分及陕西、云南、贵州的部分地区。　5 秋：这里作"时"解，含有关键时刻的意思。　6 追：怀念。　7 殊遇：特殊的恩遇。　8 报：报答。　9 开张圣听：即广开言路，听取各方面的意见。圣，对皇帝的敬辞。　10 恢弘：一作"恢宏"，发扬。　11 妄自菲薄：随便看轻自己。　12 引喻失义：言谈不合道理。引，称引。喻，譬喻。　13 宫中：指皇宫中侍奉皇帝的近臣。　14 府中：指丞相府里的官员。　15 陟罚臧否：奖善惩恶。陟，提升。臧，善。否，恶。　16 异同：偏义复词，不同，不一致。　17 有司：主管官吏。　18 侍中、侍郎：官名，都是侍奉皇帝的近臣。　19 良实：忠良诚实。　20 简拔：选拔。简，选择。

悉以咨之，然后施行，必能裨补阙漏[21]，有所广益。将军向宠，性行淑均[22]，晓畅军事，试用于昔日，先帝称之曰能，是以众议举宠为督。愚以为营中之事，悉以咨之，必能使行(háng)阵[23]和睦，优劣得所。

亲贤臣，远小人，此先汉所以兴隆也；亲小人，远贤臣，此后汉所以倾颓也。先帝在时，每与臣论此事，未尝不叹息痛恨于桓、灵[24]也。侍中、尚书、长(zhǎng)史、参军，此悉贞良死节之臣[25]，愿陛下亲之信之，则汉室之隆，可计日而待也。

臣本布衣，躬耕[26]于南阳[27]，苟全性命于乱世，不求闻达[28]于诸侯。先帝不以臣卑鄙[29]，猥(wěi)[30]自枉屈[31]，三顾臣于草庐之中，咨臣以当世之事，由是感激，遂许先帝以驱驰[32]。后值倾覆[33]，受任于败军之际，奉命于危难之间，尔来二十有一年矣。先帝知臣谨慎，故临崩寄臣以大事[34]也。受命以来，夙夜忧叹，恐托付不效，以伤先帝之明，故

---

21 裨补阙漏：弥补缺欠、疏漏。裨，弥补，补助。　22 性行淑均：性情和善，办事公正。　23 行阵：指军队。　24 桓、灵：指东汉末年的桓帝刘志和灵帝刘宏。桓、灵二帝都宠用宦官、外戚，朝政腐败，造成汉末大乱，故历来被认为是昏君。　25 贞良死节之臣：坚贞正直、能以死报国的忠臣。　26 躬耕：亲自耕种。　27 南阳：郡名，即今河南西南部和湖北西北部一带地区，诸葛亮隐居于南阳郡邓县的隆中。　28 闻达：扬名显达。　29 卑鄙：出身低微而见识鄙陋，这里是谦词。　30 猥：谦词，相当于"辱"，指对方屈尊就卑。　31 枉屈：委屈，指屈尊就卑。　32 驱驰：赶着马快跑，比喻奔走效劳。　33 倾覆：大败，指建安十三年(公元208年)刘备在当阳被曹操打败之事。　34 临崩寄臣以大事：章武三年(公元223年)，刘备临终召见诸葛亮，托付国家大事。

五月渡泸,深入不毛[35]。今南方已定,兵甲已足,当奖率[36]三军,北定中原,庶竭驽钝[37],攘除奸凶,兴复汉室,还于旧都[38]。此臣所以报先帝而忠陛下之职分也。至于斟酌损益[39],进尽忠言,则攸之、祎(yī)、允之任也。愿陛下托臣以讨贼兴复之效,不效,则治臣之罪,以告先帝之灵。若无兴德之言,则责攸之、祎、允等之慢[40],以彰其咎。陛下亦宜自谋,以咨诹[41]善道,察纳[42]雅言[43],深追先帝遗诏。臣不胜受恩感激。

今当远离,临表涕零,不知所言。

---

[35] 不毛:不长五谷的未开发的地方。　[36] 奖率:鼓励率领。　[37] 庶竭驽钝:谦词,即希望尽我平庸的能力。　[38] 旧都:指两汉国都长安和洛阳。　[39] 斟酌损益:衡量得失,考虑去取。　[40] 慢:轻忽,怠慢。　[41] 咨诹:询问。　[42] 察纳:考察采纳。　[43] 雅言:正确的意见。

欣赏指南

　　诸葛亮(181—234),字孔明,琅邪阳都(今山东沂南)人,三国时期杰出的政治家、军事家。他辅佐刘备建立蜀汉政权,后辅佐后主刘禅,多次率兵北伐,官至丞相,谥忠武侯,后世称诸葛武侯。他的文章周密畅达,被刘勰誉为"志尽文畅"。存有《诸葛丞相集》。

　　本文是诸葛亮于蜀汉建兴五年(公元227年)率军北伐曹魏,临行前给后主刘禅上的奏章。奏章分前后两篇,这里所选为第一篇,又称《前出师表》。作者深感刘禅软弱,所以针对其错误进行规谏,反复劝勉刘禅要继承先帝的遗志,广开言路,防止偏私用事,亲贤臣,远小人。作者自剖心迹,表达了自己对蜀汉的耿耿忠心和北定中原的志向。全文语言诚挚恳切,说理晓畅,感情色彩浓烈,历来为人们所推重。

洛神赋

曹 植

　　黄初三年[1]，余朝京师[2]，还济洛川[3]。古人有言，斯水之神，名曰宓（fú）妃。感宋玉[4] 对楚王神女之事，遂作斯赋。其辞曰：

　　余从京域，言[5] 归东藩[6]。背伊阙[7]，越辕（huán）辕[8]，经通谷[9]，陵[10]景山。日既西倾，车殆[11]马烦[12]。尔乃税驾乎蘅皋[13]，秣驷[14]乎芝田[15]，容与[16]乎阳林，流眄（miàn）[17]乎洛川。于是精移神骇[18]，忽焉思散，俯则未察，仰以殊观[19]，睹一丽人，于岩之畔。乃援[20]御者而告之曰："尔有觌（dí）[21]于彼者乎？彼何人斯[22]，若此之艳也！"御者对曰："臣闻河洛之神，名曰宓妃。然则君王[23]之所见也，无乃是

---

1 黄初三年:指公元 222 年。黄初,魏文帝曹丕的年号。　2 京师:指魏都洛阳。
3 洛川:洛水,源出今陕西省,流经今河南省。　4 宋玉:楚国人,曾作《神女赋》,
写楚襄王梦中与神女相会之事。　5 言:语助词。　6 东藩:东方的诸侯国。当
时曹植封为鄄城王,鄄城在今山东西南与河南交界处,在当时京都的东方,所以
叫东藩。　7 伊阙:山名,又名阙塞山、龙门山,在河南洛阳南。　8 辕辕:山名,
在今河南偃师。9 通谷:谷名,在河南洛阳城南。　10 陵:跨越。　11 殆:疲倦。
12 烦:疲劳。　13 尔乃税驾乎蘅皋:于是就在长满香草的岸边停宿。尔乃,于是
就。税驾,指停车。蘅,杜蘅,香草名。皋,水边的高地。　14 秣驷:喂马。秣,喂
养。驷,驾车的马。　15 芝田:种芝草的田。　16 容与:从容自在的样子。
17 流眄:纵目观望。　18 骇:惊乱。　19 殊观:奇异的景象。　20 援:拉住。
21 觌:看见。　22 斯:语气词。　23 君王:这里指曹植,时为鄄城王。

乎？其状若何，臣愿闻之。"

余告之曰：其形也，翩[24]若惊鸿，婉[25]若游龙，荣[26]曜秋菊，华茂春松。仿佛[27]兮若轻云之蔽月，飘飖兮若流风之回[28]雪。远而望之，皎[29]若太阳升朝霞；迫而察之，灼[30]若芙蕖出渌[31]波。秾（nóng）纤得衷[32]，修短[33]合度。肩若削成[34]，腰如约素[35]。延[36]颈秀项，皓[37]质呈露。芳泽无加，铅华[38]弗御。云髻峨峨，修眉联娟[39]。丹唇外朗，皓齿内鲜。明眸善睐[40]，靥（yè）辅[41]承权。瑰姿[42]艳逸，仪[43]静体闲[44]。柔情绰态[45]，媚于语言。奇服旷世[46]，骨像应图[47]。披罗衣之璀（cuǐ）璨（càn）[48]兮，珥[49]瑶碧之华琚。戴金翠之首饰，缀明珠以耀躯。践[50]远游[51]之文履[52]，曳[53]雾绡（xiāo）[54]之轻裾。微[55]幽兰之芳蔼兮，步踟蹰于山隅。于是忽焉纵体[56]，以遨以嬉。左倚彩旄（máo）[57]，右荫桂旗[58]。攘[59]皓腕

---

24 翩：鸟疾飞的样子，这里是飘忽的意思。　25 婉：柔美。　26 荣：盛。
27 仿佛：若隐若现的样子。　28 回：旋转。　29 皎：明亮、洁白的样子。
30 灼：鲜明的样子。　31 渌：清澈。　32 秾纤得衷：肥瘦适中。秾，指丰盈肥胖。纤，指瘦长。得衷，适中。　33 修短：长短，高矮。　34 削成：形容双肩瘦削下垂的样子。　35 约素：卷起的白绸，这里形容腰肢的圆细。约，卷束。素，白绸。　36 延：长。　37 皓：白色。　38 铅华：脂粉。　39 联娟：弯曲而纤细的样子。　40 睐：顾盼。　41 靥辅：有酒窝的面颊。靥，酒窝。辅，颊腮。42 瑰姿：优美的姿态。　43 仪：举止。　44 闲：文雅。　45 绰态：从容舒缓的姿态。　46 旷世：世所未有。旷，空，绝。　47 应图：合于图像，意思是好像图画上所画的一般。　48 璀璨：光彩绚丽。　49 珥：耳朵上的装饰品，这里指佩带。　50 践：踏。　51 远游：鞋名。　52 文履：有花纹的鞋。　53 曳：引。
54 雾绡：轻细如云雾的丝绸。　55 微：蔽，罩。这里形容微微散发的香气。
56 纵体：轻举。　57 旄：本是旗杆头上用牛尾做的装饰物，这里代指旌旗。
58 桂旗：用桂枝做旗杆的旗。　59 攘：捋袖伸臂。

于神浒[60]兮,采湍濑(lài)[61]之玄芝[62]。

余情悦其淑美兮,心振荡而不怡[63]。无良媒以接欢兮,托微波而通辞。愿诚素[64]之先达兮,解玉佩以邀[65]之。嗟佳人之信修[66]兮,羌习礼而明诗[67]。抗[68]琼珶(dì)[69]以和予兮,指潜渊[70]而为期。执拳拳[71]之款实[72]兮,惧斯灵[73]之我欺。感交甫[74]之弃言[75]兮,怅犹豫而狐疑。收和颜而静志兮,申礼防以自持[76]。

于是洛灵感焉,徙倚[77]彷徨。神光离合,乍阴乍阳。竦[78]轻躯以鹤立,若将飞而未翔。践[79]椒途[80]之郁烈[81],步蘅薄[82]而流芳[83]。超[84]长吟以永慕兮,声哀厉而弥长。

尔乃众灵杂遝(tà)[85],命俦啸侣[86]。或戏清流,或翔神渚,或采明珠,或拾翠羽。从南湘之二妃[87],携汉滨之游女[88]。叹匏瓜[89]之无匹兮,咏牵牛[90]之独处。扬轻袿(guī)[91]

---

60 浒:水边地。　61 湍濑:急流。　62 玄芝:黑色的芝草,传说中的一种神草。　63 怡:安适。　64 素:心情。　65 邀:约会。　66 信修:确实美好。信,诚然。修,美好。　67 羌习礼而明诗:知书达礼,指有文化修养。羌,发语词。　68 抗:举。　69 琼珶:美玉名。　70 潜渊:深渊。　71 拳拳:诚挚的样子。　72 款实:诚实的心意。　73 斯灵:这个神灵,即指洛神。　74 交甫:指汉代郑交甫。李善注引《韩诗内传》说,郑交甫在汉水边,遇见两个仙女,仙女送他玉佩,他受而怀之,但是转眼玉佩已失,回望二女也不见了。　75 弃言:失信。　76 自持:自守。　77 徙倚:流连徘徊。　78 竦:耸起。　79 践:踏。　80 椒途:长着香椒的路途。　81 郁烈:形容香气的浓烈。　82 薄:草木丛生的地方。　83 流芳:散播香气。　84 超:惆怅。　85 杂遝:纷纭、众多的样子。　86 命俦啸侣:招呼同伴。　87 南湘之二妃:指娥皇、女英。古代传说,舜帝南巡而死,二妃也死于湘水间,后来成为湘水神。　88 汉滨之游女:即郑交甫所见的汉水女神。　89 匏瓜:星名,独在河鼓星东,不与其他星相接,所以说"无匹"。　90 牵牛:指牵牛星,与织女星隔河相对。　91 袿:妇女的上衣。

之猗靡[92]兮，翳[93]修袖以延伫[94]。体迅飞凫（fú）[95]，飘忽若神。凌波微步[96]，罗袜生尘。动无常则，若危若安，进止难期，若往若还。转眄流精[97]，光润玉颜。含辞未吐，气若幽兰。华容[98]婀娜[99]，令我忘餐。

于是屏翳[100]收风，川后[101]静波，冯（píng）夷[102]鸣鼓，女娲[103]清歌。腾文鱼[104]以警乘[105]，鸣玉鸾[106]以偕逝[107]。六龙俨[108]其齐首[109]，载云车[110]之容裔[111]。鲸鲵（ní）[112]踊而夹毂（gǔ），水禽翔而为卫。于是越北沚[113]，过南冈，纡素领，回清阳[114]。动朱唇以徐言，陈交接[115]之大纲。恨人神之道殊兮，怨盛年之莫当[116]。抗罗袂（mèi）[117]以掩涕兮，泪流襟之浪浪[118]。悼良会[119]之永绝兮，哀一逝而异乡[120]。无微情以效爱兮，献江南之明珰（dāng）[121]。虽潜处于太阴[122]，长寄心于君王[123]。忽不悟其所舍[124]，怅神消而蔽光[125]。

---

92 猗靡：随风飘动的样子。　93 翳：掩。　94 延伫：久立，引颈而望。　95 凫：水鸟，似鸭而小，能飞。　96 微步：轻步。　97 转眄流精：顾盼有神。　98 华容：花容。　99 婀娜：娇柔的样子。　100 屏翳：传说中的风神。　101 川后：传说中的河伯。　102 冯夷：传说中的水神。　103 女娲：传说中的女皇，曾发明笙簧。　104 文鱼：神话中带翅能飞的一种鱼。　105 警乘：警卫乘舆，为乘舆作警卫。　106 玉鸾：以玉装饰的车铃。　107 偕逝：一同离去。　108 俨：昂首。　109 齐首：指齐头并进。　110 云车：神仙乘坐的车子。　111 容裔：即"容与"，徘徊不前的样子。　112 鲸鲵：大鱼名，雄的叫鲸，雌的叫鲵。　113 沚：水中小洲。　114 清阳：眉目清秀的神态，这里指眼睛。　115 交接：交好。　116 当：指匹配。　117 袂：衣袖。　118 浪浪：泪流不止的样子。　119 良会：指这次美好的会见。　120 异乡：这里是天各一方的意思。　121 珰：耳上的饰物。　122 太阴：指众神居住的地方。　123 君王：指曹植。　124 舍：止息，停留。　125 怅神消而蔽光：（洛神）忽然不见，神影消逝，光彩隐去，令我怅恨。

于是背下陵高[126]，足往神留。遗情[127]想像[128]，顾望怀愁。冀灵体[129]之复形，御轻舟而上溯[130]。浮长川[131]而忘返，思绵绵而增慕。夜耿耿[132]而不寐，沾繁霜而至曙。命仆夫而就驾，吾将归乎东路。揽骓(fēi)辔[133]以抗策[134]，怅盘桓[135]而不能去。

---

126 背下陵高：离开低下之地而登高。背，离。陵，登。　127 遗情：情思留恋。
128 想像：指思念洛神的形象。　129 灵体：指洛神。　130 溯：逆流而上。
131 长川：即洛水。　132 耿耿：心中不安的样子。　133 骓辔：马缰。骓，本指四马驾一车的两旁二马，这里泛指马。　134 抗策：扬起马鞭。　135 盘桓：徘徊不前。

欣赏指南

　　曹植(192—232)，字子建，沛国谯县(今安徽亳州)人，三国魏文学家。他是曹操的第三子、曹丕的弟弟，为建安时期的文坛领袖之一。他前期的作品豪壮奔放，多写个人建功立业的理想及抱负；后期作品沉郁悲凉，更富有现实内容。有《曹子建集》。

　　本文是曹植仿宋玉《神女赋》而作。洛神，传说伏羲氏的女儿溺死洛水为神，故名洛神，又名宓妃，是文中假托的一个神话人物。文章把世俗的男女之情升华到诗意的完美境界。和宋玉的《神女赋》相比，它更多地渲染了男女主人公之间的缱绻情意和因人神殊途而无法交接的惆怅哀怨，寄寓了作者对君王曹丕的思慕以及与之情感不能相通的苦闷。全文格调高雅，感情真切，特别是"其形也，翩若惊鸿……迫而察之，灼若芙蕖出渌波"一段，对神女容貌、情态的刻画，非常细致生动，给人以充分的审美享受。

与山巨源绝交书

嵇 康

康白：足下昔称吾于颍川[1]，吾常谓之知言[2]，然经[3]怪此意[4]尚未熟悉于足下，何从便得之也？前年从河东[5]还，显宗、阿都[6]说足下议以吾自代，事虽不行，知足下故不知之。足下傍通[7]，多可而少怪；吾直性狭中[8]，多所不堪[9]，偶与足下相知耳。间[10]闻足下迁[11]，惕然[12]不喜，恐足下羞庖人[13]之独割，引尸祝[14]以自助，手荐[15]鸾刀[16]，漫[17]之膻腥，故具为足下陈其可否。

吾昔读书，得并介之人[18]，或谓无之，今乃信其真有耳。性有所不堪，真不可强。今空语[19]同知有达人[20]，无所不堪，外不殊俗[21]而内不失正[22]，与一世同其波流而悔吝[23]不

---

1 颍川：指山嵚，山涛的叔父，曾做过颍川（今河南许昌）太守，这里以官职称人。
2 知言：知己之言。 3 经：常。 4 此意：指不愿出仕的意愿。 5 河东：郡名，今山西南部黄河以东地区。 6 显宗、阿都：指公孙崇与吕安，二人都是嵇康的好友。公孙崇，字显宗。吕安，字仲悌，小名阿都。 7 傍通：指通达事理，善于应变。 8 狭中：指心胸狭隘。 9 不堪：不能忍受。 10 间：近来。 11 迁：升官。 12 惕然：担心、忧惧的样子。 13 庖人：祭祀时屠宰牲畜的人。
14 尸祝：祭祀时致祷词的人，因其对尸（神主）而祝，故称。 15 荐：进。
16 鸾刀：刀柄带铃的屠刀。 17 漫：沾污。 18 并介之人：耿介孤直的人。
19 空语：空谈。 20 达人：通达的人。 21 外不殊俗：外表上不异于时俗。
22 内不失正：内心不失正道。 23 悔吝：悔恨，指后悔遗憾之心。

生耳。老子、庄周，吾之师也，亲居贱职[24]；柳下惠[25]、东方朔[26]，达人也，安乎卑位[27]，吾岂敢短[28]之哉？又仲尼兼爱[29]，不羞执鞭[30]；子文[31]无欲卿相，而三登令尹[32]，是乃君子思济物[33]之意也。所谓达则兼善而不渝[34]，穷则自得而无闷[35]。以此观之，故尧、舜之君世[36]，许由[37]之岩栖[38]，子房[39]之佐汉，接舆[40]之行歌，其揆[41]一也。仰瞻数君，可谓能遂其志者也。故君子百行，殊途而同致，循性而动，各附所安。故有处朝廷[42]而不出，入山林[43]而不返之论。且延陵[44]高子臧[45]之风，长卿[46]慕相如之节，志气所托，不可夺也。

吾每读尚子平、台孝威[47]传，慨然慕之，想其为人。少加孤[48]露[49]，母兄见骄[50]，不涉经学。性复疏懒，筋驽肉缓，

---

24 贱职：职位卑下，指老子为周柱下史，庄周为宋漆园吏。 25 柳下惠：即展禽，春秋时鲁国人，居于柳下，卒谥为"惠"，曾被罢职三次，不以为意。 26 东方朔：汉武帝时人，曾为太中大夫，虽曾上书，终不见用。 27 卑位：低下的职位。 28 短：轻视。 29 兼爱：指孔子的仁爱思想。 30 不羞执鞭：不以执鞭赶车为羞惭。 31 子文：春秋时楚国人。 32 令尹：楚国官名，相当于后世的丞相。 33 济物：指救世济人。 34 不渝：不变。 35 无闷：无忧虑烦闷。 36 君世：为君于世。 37 许由：尧时隐士。 38 岩栖：指隐居山林。 39 子房：即张良，字子房，辅佐刘邦统一天下，建立汉朝。 40 接舆：春秋时楚国的隐士，他曾唱着歌从孔子旁边走过，讽劝孔子归隐。 41 揆：原则，道理。 42 处朝廷：指做官。 43 入山林：指归隐。 44 延陵：春秋时吴国公子，姓延陵，名季札。 45 子臧：曹国公子，曹宣公时，曹人将立子臧为君，他因自己不当立而逃走。 46 长卿：司马相如的字，他原名犬子，史载他仰慕蔺相如的为人，改名相如。 47 尚子平、台孝威：东汉隐士。 48 孤：幼年丧父。 49 露：瘦弱。 50 母兄见骄：指受到母亲和兄长的娇惯放任。

头面常一月十五日不洗，不大闷痒，不耐沐[51]也。每常小便而忍不起，令胞[52]中略转乃起耳。又纵逸来久，情意傲散，简[53]与礼相背，懒与慢相成，而为侪(chái)类见宽，不攻其过；又读庄、老，重增其放，故使荣进[54]之心日颓[55]，任实[56]之情转笃[57]。此犹禽鹿少见驯育[58]，则服从教制[59]；长而见羁[60]，则狂顾顿[61]缨[62]，赴蹈汤[63]火，虽饰以金镳(biāo)[64]，飨[65]以嘉肴[66]，逾思长林[67]而志在丰草也。

阮嗣宗[68]口不论人过，吾每师之，而未能及。至性[69]过人，与物无伤，唯饮酒过差[70]耳。至为礼法之士[71]所绳[72]，疾[73]之如仇，幸赖大将军[74]保持之耳。吾不如嗣宗之资，而有慢弛之缺[75]，又不识人情，暗于机宜[76]；无万石[77]之慎，而有好尽[78]之累。久与事接，疵衅日兴[79]，虽欲无患，其可得乎？又人伦有礼，朝廷有法，自惟[80]至熟[81]，有必不

---

51 不耐沐：不愿洗澡。　52 胞：这里指膀胱。　53 简：举止随便。　54 荣进：指做官求荣。　55 颓：减弱，衰退。　56 任实：指放任本真之性。　57 笃：深厚。　58 驯育：驯服饲养。　59 教制：管教约束。　60 羁：束缚。　61 顿：毁坏。　62 缨：丝绳，这里指套索。　63 汤：沸水。64 金镳：言其贵重。镳，马笼头，这里指鹿笼头。　65 飨：饮宴，这里指喂养。　66 嘉肴：佳美的肉食。　67 长林：指鹿原本生活的草野之地。　68 阮嗣宗：即阮籍，字嗣宗。　69 至性：指纯真的天性。　70 过差：过度，过量。　71 礼法之士：指那些以虚伪的礼法来维护自己私利的人。　72 绳：这里指用礼法为标准去衡量。　73 疾：恨。　74 大将军：指司马昭。　75 慢弛之缺：散漫放任的缺点。　76 暗于机宜：不知随机应变。　77 万石：即汉代石奋，官至太中大夫。他同四个儿子都以谨慎小心著称，均官至二千石(俸禄)，合为万石，故时号"万石君"。　78 好尽：直言尽情，不知避忌。　79 疵衅日兴：出纰漏和得罪人的事天天都会发生。疵，病。衅，嫌隙，事端。　80 惟：思，考虑。　81 至熟：十分成熟。

71

堪者七，甚不可者二。卧喜晚起，而当关[82]呼之不置[83]，一不堪也。抱琴行吟，弋(yì)钓[84]草野，而吏卒守之，不得妄动，二不堪也。危坐[85]一时，痹[86]不得摇，性[87]复多虱，爬搔[88]无已，而当裹以章服[89]，揖[90]拜上官[91]，三不堪也。素不便[92]书，又不喜作书[93]，而人间多事，堆案盈几，不相酬答，则犯教伤义[94]，欲自勉强，则不能久，四不堪也。不喜吊丧，而人道以此为重，已为未见恕者所怨[95]，至欲见中伤者[96]；虽瞿(jù)然[97]自责，然性不可化[98]；欲降心[99]顺俗，则诡故[100]不情[101]，亦终不能获无咎无誉[102]，如此，五不堪也。不喜俗人，而当与之共事，或宾客盈坐，鸣声聒(guō)[103]耳，嚣尘臭处[104]，千变百伎[105]，在人目前，六不堪也。心不耐烦，而官事鞅掌[106]，机务缠其心，世故[107]烦其虑，七不堪也。又每[108]非汤武[109]而薄[110]周孔[111]，在人间不止，此事[112]

---

82 当关：守门的差役。　83 不置：不停，不止。　84 弋钓：射鸟钓鱼。　85 危坐：端坐。　86 痹：麻木。　87 性：指身体。　88 爬搔：用手搔痒。　89 章服：官服。　90 揖：拱手行礼。　91 上官：上级官员。　92 便：习。　93 作书：写信。　94 犯教伤义：指触犯礼教，有失礼仪。　95 为未见恕者所怨：被不见谅之人所怨恨。　96 至欲见中伤者：甚至有人借此对我加以陷害。　97 瞿然：恐惧担心的样子。　98 化：改变。　99 降心：压抑心意。　100 诡故：违背本性。　101 不情：不合心愿。　102 无咎无誉：不受怪罪，不受称赞。这里偏指"无咎"。　103 聒：喧扰，声音嘈杂。　104 嚣尘臭处：声音嘈杂、尘埃飞扬、环境污秽的地方。　105 千变百伎：指各种各样的花招伎俩。　106 鞅掌：繁忙纷乱的样子。　107 世故：指世俗中的人情应酬。　108 每：常常。　109 汤武：商汤、周武王。　110 薄：鄙薄。　111 周孔：周公、孔子。　112 此事：即指上述非难、鄙薄儒家圣贤之事。

会显[113]，世教[114]所不容，此甚不可一也。刚肠疾恶，轻肆直言[115]，遇事便发，此甚不可二也。以促中小心[116]之性，统此九患[117]，不有外难，当有内病，宁可久处人间邪？又闻道士遗言，饵[118]术（zhú）[119]黄精，令人久寿，意甚信之。游山泽，观鱼鸟，心甚乐之。一行作吏[120]，此事便废，安能舍其所乐，而从其所惧哉？

夫人之相知，贵识其天性，因而济之[121]。禹不逼伯成子高[122]，全其节也；仲尼不假盖于子夏[123]，护其短也；近诸葛孔明不逼元直[124]以入蜀，华子鱼[125]不强幼安[126]以卿相，此可谓能相终始，真相知者也。足下见直木必不可以为轮，曲者必不可以为桷（jué）[127]，盖不欲枉其天才，令得其所也。故四民[128]有业，各以得志为乐，唯达者为能通之，此足下度[129]内耳，不可自见好章甫[130]，强越人[131]以文冕也[132]；

---

113 会显：会当显著，暴露。　114 世教：指正统礼教。　115 轻肆直言：轻率放肆，直言无忌。　116 促中小心：即心胸狭隘。　117 九患：指上述"七不堪""二不可"之患。　118 饵：服食。　119 术：白术。白术与黄精都是中药材。
120 一行作吏：相当于说"一去做官"。　121 因而济之：指顺其天性成全它。
122 伯成子高：夏禹时隐士。　123 仲尼不假盖于子夏：《孔子家语·致思》载，孔子将出行，遇雨，有弟子请他向子夏借伞。孔子知道子夏吝啬，为了掩饰子夏缺点，不肯去借。　124 元直：即徐庶，字元直。《三国志·蜀志·诸葛亮传》载，徐庶本与诸葛亮辅佐刘备，后因母为曹操所俘，不得已而投曹操，刘备和诸葛亮都未加阻留。　125 华子鱼：即华歆，字子鱼，魏文帝时拜相。　126 幼安：即管宁。华歆曾荐举管宁为官，管宁坚决不肯，华歆也不勉强他。
127 桷：方形的椽子。　128 四民：指士、农、工、商。　129 度：识度，意料。
130 章甫：古代成年男子戴的一种礼帽。　131 越人：古越地（今福建、浙江一带）居民。　132 文冕：有文饰的冠冕。

已嗜臭腐，养鸳雏[133]以死鼠也。吾顷[134]学养生之术，方外[135]荣华，去滋味，游心于寂寞[136]，以无为为贵。纵无九患，尚不顾[137]足下所好者。又有心闷疾，顷转增笃，私意自试，不能堪其所不乐。自卜已审[138]，若道尽途穷则已耳，足下无事冤之[139]，令转于沟壑[140]也。吾新失母兄之欢[141]，意常凄切。女年十三，男年八岁，未及成人，况复多病？顾此悢(liàng)悢[142]，如何可言！今但愿守陋巷，教养子孙，时与亲旧叙阔[143]，陈说平生[144]；浊酒一杯，弹琴一曲，志愿毕矣。足下若嬲(niǎo)之不置[145]，不过欲为官得人[146]，以益时用耳。足下旧知吾潦倒[147]粗疏，不切事情[148]，自惟亦皆不如今日之贤能也。若以俗人皆喜荣华，独能离之，以此为快，此最近之[149]，可得言耳[150]。然使长才广度[151]，无所不淹[152]，而能不营[153]，乃可贵耳。若吾多病

---

133 鸳雏：传说中凤凰一类的鸟。　134 顷：近来。　135 外：鄙弃，排斥。
136 寂寞：指清静恬淡。　137 不顾：不屑于理睬。　138 自卜已审：自己已经考虑清楚。卜，考虑，盘算。审，明白，清楚。　139 无事冤之：不要冤屈我。
140 转于沟壑：辗转于山沟河谷之间，这里指陷于绝境。　141 新失母兄之欢：指胞兄新死。　142 悢悢：悲伤的样子。　143 叙阔：叙说离别之情。阔，分开，这里指离别。　144 陈说平生：谈论一生经历的事情。　145 嬲之不置：纠缠不放。嬲，纠缠，骚扰。　146 为官得人：替官家拉人。　147 潦倒：颓放的样子。　148 不切事情：不懂世故，不近人情。　149 此最近之：这样最切合我的真情实况。　150 可得言耳：可以说的就是这些。　151 长才广度：大才人具有大度量。长才，大才，高才。广度，大度量。　152 淹：淹通，贯通。
153 营：经营，这里指钻营于仕途。

困,欲离事自全,以保余年,此真所乏[154]耳,岂可见黄门[155]而称贞哉?若趋欲共登王途,期于相致[156],时为欢益[157],一旦迫之,必发其狂疾,自非重怨,不至于此也。野人有快炙[158]背而美芹子[159]者,欲献之至尊,虽有区区[160]之意,亦已疏[161]矣。愿足下勿似之!其意如此,既以解足下[162],并以为别[163]。嵇康白。

---

154 真所乏:指真是不长于做官。一说"真"指天性,天性不善于做官。
155 黄门:指宦官。   156 期于相致:希望把我招去。   157 欢益:欢乐。
158 炙:烤,这里指太阳晒。   159 美芹子:认为芹菜好吃。   160 区区:诚挚的样子。   161 疏:迂远,不切实际。   162 解足下:向你解释。   163 别:表示绝交的委婉说法。

欣赏指南

　　嵇康(223—262),字叔夜,谯郡铚(今安徽宿州)人,三国魏玄学家、文学家,"竹林七贤"之一。他曾官中散大夫,为免遭司马氏迫害,后避居山阳二十年。他的散文思想新颖,持论犀利而论说恣肆。有《嵇康集》。

　　本文是作者写给他的朋友山巨源的绝交信。在这封信中,作者斥责山涛荐己出仕,陈述所谓"必不堪者七,甚不可者二"等拒绝为官的理由,提出"非汤武而薄周孔","老子、庄周,吾之师也",表明了蔑视世俗礼法的坚决态度。作者实际上是借题发挥,对司马氏利用礼法阴谋篡权深表不满。本文具有强烈的反传统的叛逆精神,以析理持论见长,行文恣肆,嬉笑怒骂,皆成文章,是一篇"志高而文伟"(《文心雕龙·书记》)的佳作。

陈 情 表

李 密

　　臣密言：臣以险衅[1]，夙遭闵凶[2]。生孩六月，慈父见背[3]。行年四岁，舅夺母志[4]。祖母刘悯（mǐn）[5]臣孤弱，躬亲抚养。臣少多疾病，九岁不行[6]，零丁[7]孤苦，至于成立[8]。既无伯叔，终[9]鲜[10]兄弟，门衰祚（zuò）薄[11]，晚有儿息[12]。外无期（jī）[13]功[14]强近之亲[15]，内无应门[16]五尺之僮[17]，茕（qióng）茕孑（jié）立[18]，形影相吊[19]。而刘夙婴疾病[20]，常在床蓐（rù）[21]。臣侍汤药，未尝废离。

　　逮[22]奉圣朝[23]，沐浴清化[24]。前太守臣逵[25]，察[26]臣孝廉[27]。

---

1 险衅：险恶的征兆，指命运坎坷。　2 夙遭闵凶：幼年时期遭遇过不幸的事情。夙，早，这里指幼年时。闵凶，忧患凶险，指不幸的事情。　3 见背：弃我而去，指死亡。　4 舅夺母志：舅父强行改变母亲守节的志愿，即强迫母亲改嫁。5 悯：怜悯，哀怜。　6 不行：不能走路。　7 零丁：孤独无依。　8 成立：成人自立。　9 终：句首助词，无实在意义。　10 鲜：少。　11 门衰祚薄：门庭衰落，福分浅薄。门，指家道。祚，福。　12 息：子女。　13 期：服丧一年。　14 功：服丧九个月称大功，五个月称小功。　15 强近之亲：比较亲近的亲戚。16 应门：照应门户。　17 僮：儿童，小仆人。　18 茕茕孑立：孤孤单单，无依无靠。孑，孤单，孤独。　19 形影相吊：只有自己的身体和影子做伴，形容孤单。吊，慰问。　20 夙婴疾病：指一向病魔缠身。夙，素来，一向。婴，缠绕。21 蓐：通"褥"，草垫子。　22 逮：及，到了。　23 圣朝：指晋朝。　24 清化：清明宽仁的政治教化。　25 太守臣逵：犍为郡的太守，名逵。　26 察：考察荐举。　27 孝廉：指孝于父母、品行清廉的人。

后刺史臣荣[28]，举臣秀才。臣以供养无主，辞不赴命。诏书特下，拜臣郎中[29]，寻[30]蒙国恩，除[31]臣洗（xiǎn）马[32]。猥[33]以微贱，当侍东宫[34]，非臣陨首[35]所能上报。臣具以表闻，辞不就职。诏书切峻[36]，责臣逋（bū）慢[37]；郡县逼迫，催臣上道；州司[38]临门，急于星火。臣欲奉诏奔驰，则以刘病日笃[39]；欲苟顺私情，则告诉[40]不许。臣之进退，实为狼狈。

伏惟[41]圣朝以孝治天下，凡在故老，犹蒙矜育[42]，况臣孤苦，特为尤甚。且臣少仕伪朝[43]，历职郎署[44]，本图宦达，不矜名节[45]。今臣亡国贱俘，至微至陋，过蒙拔擢（zhuó）[46]，宠命优渥[47]，岂敢盘桓[48]，有所希冀？但以刘日薄西山[49]，气息奄奄，人命危浅[50]，朝不虑夕。臣无祖母，无以至今日；祖母无臣，无以终余年。母孙二人，更相为命，是以区区[51]不能废远[52]。

---

28 刺史臣荣：益州的刺史，名荣。　29 拜臣郎中：封臣为郎中。拜，授给官职。郎中，官名，尚书曹司的官员。　30 寻：不久。　31 除：授职。　32 洗马：也作"先马"，太子的属官。　33 猥：鄙，谦词。　34 东宫：太子居东宫，故以东宫代指太子。　35 陨首：丢掉脑袋，这里指杀身。陨，坠落。　36 切峻：急切严厉。37 逋慢：怠慢，这里指故意逃避职守，轻视命令。　38 州司：州官。　39 日笃：一天天病重。　40 告诉：向上申诉。　41 伏惟：俯伏思考，是下对上的敬辞。42 矜育：怜悯抚养。　43 伪朝：指被晋灭掉的蜀汉政权。　44 历职郎署：指在蜀汉曾任过尚书郎等职。郎署，郎官的官署。　45 不矜名节：不以名节自我夸耀。矜，夸耀。　46 过蒙拔擢：承蒙被破格提拔。拔擢，提拔。　47 渥：厚。48 盘桓：徘徊不进的样子，这里指故意不去做官。　49 日薄西山：太阳迫近西山，比喻人年老将死。　50 危浅：危弱，这里指生命垂危，活不长了。　51 区区：渺小的意思，这里指区区之心，即孝敬祖母的心愿。　52 废远：放弃奉养而远离。

臣密今年四十有四，祖母刘今年九十有六，是臣尽节于陛下之日长，报养刘之日短也。乌鸟[53]私情，愿乞终养。臣之辛苦，非独蜀之人士及二州牧伯[54]所见明知，皇天后土，实所共鉴。愿陛下矜悯[55]愚诚，听臣微志。庶[56]刘侥幸，保卒[57]余年。臣生当陨首，死当结草[58]。臣不胜犬马怖惧之情，谨拜表以闻。

---

[53] 乌鸟：乌鸦。相传乌鸦能反哺其母，故常用"乌鸟私情"来比喻人的孝心。
[54] 二州牧伯：指上文提及的太守逵和刺史荣。　[55] 矜悯：怜悯。　[56] 庶：庶几，或许。　[57] 卒：终。　[58] 结草：春秋时晋大夫魏颗未遵父魏武子遗嘱以其宠妾殉葬，后他与秦将杜回交战，见一老人结草绊倒杜回，因而将他擒获，魏颗夜梦老人自称是魏武子宠妾的父亲，特来报不杀其女之恩。

欣赏指南

　　李密(224—287)，字令伯，犍为武阳(今四川彭山)人，晋初文学家。少仕蜀为郎，后仕晋为洗马、汉中太守等官。

　　李密幼时丧父，由祖母刘氏抚养成人，曾因服侍祖母而以孝闻名。后晋武帝司马炎征召李密为太子洗马，诏书屡下，郡县逼迫，他为此写了这篇表文。在表文中，作者陈述了自己的身世、遭遇，说明自己与祖母相依为命的孤苦处境和不能应召的内心苦衷。全文将自己的不幸遭遇和祖孙间真挚深厚的感情写得婉转凄恻，感人肺腑。晋武帝读后也深受感动，不再勉强他出仕。文章托言"乌鸟私情"，虽本于宗法伦常观念，但措辞委婉动听，一向为人传诵。本文语言形象生动，尤具特色，如"茕茕子立，形影相吊""日薄西山，气息奄奄""人命危浅，朝不虑夕"等，成为后代常用的成语。

思旧赋并序

向　秀

　　余与嵇康[1]、吕安[2]居止接近，其人并有不羁之才[3]，然嵇志远而疏[4]，吕心旷而放[5]，其后各以事见法[6]。嵇博综[7]技艺，于丝竹[8]特妙，临当就命[9]，顾视日影，索琴而弹之[10]。余逝[11]将西迈[12]，经其旧庐。于时日薄[13]虞渊[14]，寒冰凄然[15]。邻人有吹笛者，发声寥亮，追思曩（nǎng）昔游宴之好，感音而叹，故作赋云：

　　将命适于远京[16]兮，遂旋返[17]北徂（cú）[18]，济黄河以泛舟兮，经山阳[19]之旧居。瞻旷野之萧条兮，息[20]余驾乎城隅[21]。践[22]二子[23]之遗迹兮，历穷巷之空庐。叹《黍离》[24]之

---

1 嵇康：字叔夜，谯郡铚（今安徽宿州）人，"竹林七贤"之一。　2 吕安：字仲悌，东平（今山东东平）人，与嵇康亲善，因不满司马氏标榜名教和阴谋篡权，又遭其庶兄吕巽（司马昭亲信）霸占妻子并加诬陷，与嵇康同被司马昭杀害。　3 不羁之才：指不受约束的杰出才能。　4 志远而疏：志向高远而疏阔于世。　5 心旷而放：心胸阔大而意气放达。　6 见法：被刑，指被杀害。　7 博综：广集，指集众多技艺于一身。　8 丝竹：指弦乐和管乐。　9 就命：指被杀。就，终。　10 "顾视"二句：传说嵇康临刑前，神气不变，看看日影，计算距离行刑的时间，索琴弹之，奏《广陵散》。　11 逝：往。　12 西迈：西行，指到洛阳。洛阳在山阳（嵇康旧居所在）西南，所以说"西迈"。　13 薄：迫近。　14 虞渊：神话传说中日落之处。　15 凄然：寒冷的样子。　16 将命适于远京：奉命前往洛阳。将命，奉命。适，往。远京，指洛阳。17 旋返：返回，回归。　18 北徂：北行。山阳在洛阳之北，所以说"北徂"。　19 山阳：在今河南修武，嵇康旧居所在。　20 息：停。　21 城隅：城边，城角落。　22 践：踏。　23 二子：指嵇康、吕安。　24 黍离：指《诗·王风·黍离》，据《毛诗序》说，这是周室东迁之后，周大夫路过故都，见"宗庙宫室，尽为禾黍"，因悲悯周亡而作。

悯周兮,悲《麦秀》[25]于殷墟,惟[26]古昔[27]以怀今[28]兮,心徘徊以踌躇。栋宇存而弗毁兮,形神逝其焉如[29]。昔李斯[30]之受罪兮,叹黄犬而长吟[31],悼嵇生之永辞兮,顾日影而弹琴。托运遇[32]于领会[33]兮,寄余命[34]于寸阴[35],听鸣笛之慷慨兮,妙声绝而复寻[36]。停驾言[37]其将迈[38]兮,遂援翰[39]而写心[40]。

---

25 麦秀:据《史记·宋微子世家》:"箕子朝周,过故殷墟,感宫室毁坏,生禾黍,箕子伤之……乃作《麦秀》之诗以歌咏之。" 26 惟:思,念。 27 古昔:指所述殷周旧事。 28 怀今:指自己对嵇康、吕安的怀念。 29 焉如:相当于说"何往",意思是不知飘散何方。 30 李斯:秦相,因赵高向秦二世进谗言,李斯被用五刑处死。 31 叹黄犬而长吟:据《史记·李斯列传》载:李斯临刑前,对其子说:"吾欲与若复牵黄犬俱出上蔡东门逐狡兔,岂可得乎!" 32 运遇:指命运遭遇。 33 领会:衣领会合处。这里指命运如衣领或合或开,有其偶然性。会,通"袷"。 34 余命:指残余的生命。 35 寸阴:指临刑前的短促时光。 36 寻:续。 37 言:语助词,无实在意义。 38 迈:行,指停车待发。 39 援翰:拿起笔来。 40 写心:抒写内心的思旧之情。

欣赏指南

向秀,生卒年不详,字子期,河内怀(今河南武陟)人,西晋哲学家和散文家。他与嵇康等人友善,为"竹林七贤"之一,雅好老庄之学,曾任散骑侍郎等职。

本文是一篇悼念旧友的抒情短赋。赋前有短序,说明作赋缘起,题为"思旧",实为伤逝之作。嵇康、吕安同为作者好友,特别是嵇康,与作者友情尤深。嵇、吕被司马昭借故杀害后,向秀慑于司马氏的权势,被迫赴洛阳应郡举,从洛阳归来,经过旧友故居,触景怀人,不禁悲从中来,于是"援翰而写心",写成此赋。因为碍于时局,不能尽意明言,所以文章"刚开头却又煞了尾"(鲁迅语),成为一篇遗恨绵绵、余韵悠悠的悼友名文。

钱 神 论

鲁 褒

钱之为体[1]，有乾坤[2]之象[3]。内则[4]其方，外则其圆。其积如山，其流[5]如川[6]。动静有时，行藏有节[7]。市井便易[8]，不患耗折（shé）[9]。难折（zhé）象寿[10]，不匮（kuì）象道[11]。故能长久，为世神宝。亲之如兄，字曰孔方。失之则贫弱，得之则富昌。无翼而飞，无足而走。解严毅之颜[12]，开难发之口。钱多者处前，钱少者居后；处前者为君长，在后者为臣仆。君长者[13]丰衍[14]而有余，臣仆者[15]穷竭[16]而不足。《诗》云："哿（gě）矣富人，哀此茕（qióng）独[17]。"

钱之为言泉[18]也，无远不往，无幽[19]不至。京邑衣冠[20]，疲劳讲肄（yì）[21]，厌闻清谈[22]，对之睡寐，见我家兄[23]，

---

1 体：实体，形体。　2 乾坤：指天地。古人认为天圆地方。　3 象：形状。
4 则：取法，仿效。　5 流：流通。　6 川：河流。　7 动静有时，行藏有节：指钱的流通和储藏有一定的时机和规律。　8 便易：方便简易。　9 耗折：损耗。
10 难折象寿：难于损折，象征长寿。这里是就金属钱币而言。　11 不匮象道：流通周转无穷无尽，象征天道。　12 严毅之颜：严厉的面容。　13 君长者：这里泛指统治者、富人。　14 丰衍：丰盛富足。　15 臣仆者：这里泛指被统治者、穷人。
16 穷竭：贫穷到了极点。　17"《诗》云"二句：见《诗经·小雅·正月》。大意是说，富人享福乐呵呵，可怜穷人太孤独。哿，可，嘉。　18 泉：即古"钱"字。据说取其如泉水流行，无处不到之意。　19 幽：指深幽远僻之处。　20 衣冠：士大夫、富绅。　21 讲肄：讲习，指研讨儒家经典。　22 清谈：又称玄谈。魏晋间士大夫崇尚《老子》《庄子》，竞谈道家玄理，成为一时风尚。　23 家兄：指钱。

莫不惊视[24]。钱之所祐，吉无不利[25]。何必读书，然后富贵。昔吕公[26]欣悦于空版[27]，汉祖[28]克之于赢二[29]，文君解布裳而被锦绣，相如乘高盖而解犊鼻，官尊名显，皆钱所致[30]。空版至虚[31]，而况有实[32]；赢二虽少，以至亲密[33]。由此论之，谓为神物。

无德而尊，无势而热，排金门而入紫闼（tà）[34]。危可使安，死可使活[35]，贵可使贱，生可使杀。是故忿争[36]非钱

---

24 惊视：惊喜地注视，犹言见钱眼开。　25 "钱之所祐"二句：这两句以钱比天，说钱能通神，在其护佑下，万事大吉。《易传·系辞上》："自天祐之，吉无不利。"这里即化用此语。　26 吕公：刘邦的岳父，即吕后之父。当初吕公为沛县县令宾客，沛中豪杰都去道贺，萧何主管收取贺礼，规定贺钱不满千的坐在堂下，刘邦当时为亭长，送上一张空头札帖，上写"贺钱万"，吕公大惊，亲自出门迎接，见刘邦形貌，更生敬重之心，于是将女儿许配给他。事见《史记·高祖本纪》。　27 空版：空头札帖。古代帖子写在木片上，所以称版。　28 汉祖：即汉高祖刘邦。　29 赢二：指萧何。当初刘邦为亭长，曾送夫役去咸阳，一般人都送奉钱三百，惟独萧何送钱五百。后来平定天下，论功行赏，乃增封萧何食邑二千户，"以帝尝徭咸阳时何送我独赢奉钱二也"。　30 "文君"四句：卓文君脱下布裙而身穿锦绣，司马相如脱掉犊鼻裈而乘坐华贵的高盖车，以至于官尊名扬，这都是钱造成的。文君，即卓文君，西汉临邛（今四川邛崃）人，卓王孙之女，善鼓琴，丧夫后家居，与司马相如相恋，一同逃往成都，不久又同返临邛，自己当垆卖酒。相如，即司马相如。犊鼻，下层劳动者穿的一种短裤。据《史记·司马相如列传》载，由于卓王孙后来"分与文君僮百人，钱百万，及其嫁时衣被财物"，相如、文君由"家徒四壁立"，一变而"买田宅，为富人"，后来司马相如通过杨得意献赋给汉武帝而官尊名显。　31 至虚：最为空虚，极不真实，指空无一钱。　32 实：指真正有钱。　33 以至亲密：依靠它使关系变得亲密。　34 "排金门"句：是说金钱的神力可直通皇宫。当时皇帝和官僚都标价出卖官爵。闼，门。　35 死可使活：晋律规定，钱可赎罪，犯了死罪也可"以金赎之"。　36 忿争：指诉讼，打官司。

不胜，幽滞[37]非钱不拔[38]，怨仇[39]非钱不解，令问非钱不发[40]。洛中朱衣[41]，当途之士[42]，爱我家兄，皆无已已[43]，执我之手，抱我终始[44]。不计优劣[45]，不论年纪[46]，宾客辐辏[47]，门常如市[48]。谚曰："钱无耳，可暗使[49]。"又曰："有钱可使鬼。"凡今之人，惟钱而已。故曰：军无财，士不来；军无赏，士不往。仕无中人[50]，不如归田；虽有中人而无家兄，不异无翼而欲飞，无足而欲行[51]。

---

37 幽滞：指失意不得仕进的人。　38 拔：提拔。　39 怨仇：指结下仇恨。
40 "令问"句：金钱可买来好名声。令问，美名。发，显扬。　41 洛中朱衣：指京城中的权贵。洛，洛阳，西晋都城。朱衣，红色的官服。　42 当途之士：指仕途得意、身居要职的官员。当途，当道。　43 无已已：无休无止，没完没了。
44 抱我终始：指始终抱着金钱不放。　45 优劣：指钱币铸造质量的好坏。
46 年纪：指钱币流通时间的长短，长则旧，短则新。　47 宾客辐辏：形容爱钱的人就像车条绕着车轴转一样围绕着钱转。　48 如市：形容像市场那样热闹。
49 钱无耳，可暗使：钱虽无耳，但在黑暗中也可使唤。指可用钱暗中操纵，达到种种目的。　50 中人：皇帝身边有权势的人。　51 "虽有中人"三句：指有了"中人"做靠山，还得有钱当后盾，否则就像无翼想飞、无足想行一样成不了事。

欣赏指南

鲁褒，生卒年不详，字元道，西晋南阳(今河南南阳)人，西晋散文家。他终生隐逸不仕，著作只有《钱神论》传世。

本文约作于晋惠帝元康年间。据《晋书·隐逸传》载："元康之后，纲纪大坏，褒伤时之贪鄙，乃隐姓名，而著《钱神论》以刺之。"本文以辛辣的笔触，讽刺"有钱可使鬼"的腐败现象，对"凡今之人，惟钱而已"的世象，更是做了深刻的揭露，具有强烈的现实针对性。虽曰为"论"，实为谐文。文章颂钱为"神物"，抒写人情世态，穷形尽相，是一篇古今罕见的奇文。

兰亭集序

王羲之

　　永和九年[1]，岁在癸丑，暮春之初，会于会（kuài）稽山阴[2] 之兰亭[3]，修[4] 禊（xì）[5] 事也。群贤毕至，少（shào）长（zhǎng）咸集。此地有崇山峻岭，茂林修竹；又有清流激湍，映带左右[6]。引以为流觞曲水[7]，列坐其次，虽无丝竹管弦之盛，一觞一咏，亦足以畅叙幽情。是日也，天朗气清，惠风和畅。仰观宇宙之大，俯察品类[8] 之盛，所以游目骋怀[9]，足以极视听之娱，信可乐也！

　　夫人之相与，俯仰一世[10]，或取诸怀抱[11]，晤言[12] 一室之内；或因寄所托[13]，放浪形骸之外[14]。虽趣舍[15] 万殊[16]，静躁[17] 不同，当其欣于所遇，暂得于己，快然自足，曾不知老之将至。及其所之[18] 既倦，情随事迁，感慨系之矣。向之

---

1 永和九年：即公元 353 年。永和，东晋穆帝年号。　2 会稽山阴：会稽郡山阴县，在今浙江绍兴市。　3 兰亭：古亭，在今浙江绍兴市西南兰渚山下，风景优美。　4 修：举行。　5 禊：古代一种消除不洁的祭礼，人们在农历三月初三临水而祭，以消除不祥。后来演变为水边宴饮、郊外春游一类的活动。　6 映带左右：映衬环绕在左右。　7 流觞曲水：把酒杯放于曲水上，任其随流而下，止于某处，人即取而饮之。8 品类：指天地万物。　9 游目骋怀：放眼四望，驰骋遐想。　10 俯仰一世：俯仰之间就度过一生，形容人生短促。　11 怀抱：指胸怀抱负。　12 晤言：面对面交谈。　13 因寄所托：把志向寄托在外物上。14 放浪形骸之外：放纵情性，超越了形体的局限。指丝毫不受礼法约束。15 趣舍：取舍。趣，通"取"。　16 万殊：各不相同。　17 静躁：分别指"晤言一室之内"和"放浪形骸之外"。　18 所之：所向往的事情。

所欣，俛[19]仰之间，已为陈迹，犹不能不以之兴怀[20]；况修短随化[21]，终期于尽[22]。古人云："死生亦大矣[23]。"岂不痛哉！

　　每览昔人兴感之由，若合一契[24]，未尝不临文嗟悼，不能喻之于怀[25]。固知一死生为虚诞[26]，齐彭殇为妄作[27]。后之视今，亦犹今之视昔，悲夫！故列叙时人，录其所述。虽世殊事异，所以兴怀，其致一也。后之览者，亦将有感于斯文。

---

19 俛：通"俯"。　20 以之兴怀：因为它而产生感慨。　21 修短随化：人的寿命长短顺从自然规律。　22 终期于尽：终归有穷尽的期限。　23 死生亦大矣：死和生也是天地间的大事啊。　24 若合一契：好像同一个契符那样相合。　25 喻之于怀：从心里明白其原因。　26 一死生为虚诞：把死生看做是一样的观点是虚妄的。　27 齐彭殇为妄作：把长寿的彭祖和短命的人看成同样的见解是荒谬的。彭，彭祖，传说为古代的长寿者。

欣赏指南

　　王羲之(321—379)，字逸少，琅邪临沂(今山东临沂)人，东晋文学家、书法家。他出身于世族，曾任右军将军、会稽内史。善书法，被称为"书圣"，行书《兰亭集序》被誉为"天下第一行书"。能诗善赋，尤长散文，文学成就也很高。

　　《兰亭集序》是王羲之为参加兰亭宴游的人所作诗文的结集而写的序言。这篇千古流传的小品文文字清隽，行文自然，简洁洒脱，情意深长，是王羲之的代表作。文章首段交代盛会的时间和缘起，其中"天朗气清，惠风和畅"是历代传诵的名句；次段由相聚相知想到眼前乐事如过眼烟云，不禁乐尽悲来；最后说明作序缘由。作者一反玄谈之风，直斥庄子的"一死生""齐彭殇"的虚妄，抒发了人生无常、年寿不永的感慨，惆怅之情流于笔端。文章将写景、抒情、议论融为一体，直抒胸臆，不事雕琢，如清水出芙蓉，这在讲究辞藻、雕章琢句的东晋时代，确实是非常难得的。

归去来兮辞 并序

陶渊明

　　余家贫，耕植不足以自给。幼稚盈室，瓶¹无储粟，生生²所资³，未见其术⁴。亲故多劝余为长吏⁵，脱然⁶有怀⁷，求之靡途⁸。会⁹有四方之事¹⁰，诸侯¹¹以惠爱为德，家叔¹²以余贫苦，遂见用于小邑¹³。于时风波未静，心惮远役。彭泽去家百里，公田¹⁴之利，足以为酒，故便求之。及少日，眷然¹⁵有归欤¹⁶之情。何则？质性自然，非矫厉¹⁷所得。饥冻虽切，违己交病¹⁸。尝从人事¹⁹，皆口腹自役²⁰。于是怅然慷慨，深愧平生之志。犹望一稔(rěn)²¹，当敛裳宵逝²²。寻²³程氏妹²⁴丧于武昌，情在骏奔²⁵，自免去职。仲秋至冬，在官八十余日。因事顺心，命篇曰《归去来兮》。

---

1 瓶：盛粮食的器具。　2 生生：维持生计。　3 资：凭借。　4 术：办法。
5 为长吏：泛指做官。长吏，县令和丞、尉等。　6 脱然：不经意的样子。　7 有怀：有了念头。　8 靡途：没有门路。　9 会：正值。　10 四方之事：指当时地方军阀之间的战事，一说指奉命出使各方之事。　11 诸侯：指地方势力。
12 家叔：指作者的叔父陶夔，曾为太常卿。　13 邑：县。　14 公田：公家之田，这里指地方官府所有的辅助官俸的田。　15 眷然：怀恋的样子。　16 归欤：这里指回到自己的家。孔子在陈受困时，曾有"归欤，归欤"的叹息。　17 矫厉：指勉强去做。　18 违己交病：指违反本意，身心都很痛苦。　19 人事：指仕宦为官。20 口腹自役：为了生活而驱使自己。　21 一稔：指收获一次。稔，谷物成熟。　22 敛裳宵逝：收整衣装，星夜离去。　23 寻：不久。　24 程氏妹：出嫁给程家的妹妹。　25 骏奔：急赴，指急于奔丧。

乙巳岁[26]十一月也。

　　归去来兮[27]，田园将芜[28]胡[29]不归？既自以心为形役[30]，奚惆怅[31]而独悲？悟已往之不谏[32]，知来者之可追[33]。实迷途其未远，觉今是[34]而昨非[35]。

　　舟摇摇以轻飏[36]，风飘飘而吹衣。问征夫[37]以前路，恨晨光之熹微[38]。乃瞻衡宇[39]，载欣载奔。僮仆欢迎，稚子候门。三径[40]就荒，松菊犹存。携幼入室，有酒盈樽[41]。引壶觞以自酌，眄(miàn)[42]庭柯以怡颜。倚南窗以寄傲[43]，审容膝[44]之易安。园日涉以成趣[45]，门虽设而常关。策扶老[46]以流憩[47]，时矫首[48]而遐观。云无心以出岫(xiù)[49]，鸟倦飞而知还。景[50]翳(yì)翳[51]以将入，抚孤松而盘桓[52]。

　　归去来兮，请息交以绝游。世与我而相违，复驾言[53]

---

26 乙巳岁：晋安帝义熙元年（公元405年）。　　27 归去来兮：归去啊。来兮，句末语气词。　　28 芜：荒芜。　　29 胡：为什么。　　30 既自以心为形役：既然曾让精神被身体役使，指为了生计而违背自己的意愿去做官。　　31 惆怅：失意伤感的样子。　　32 谏：劝止，这里是挽回的意思。　　33 追：这里是赶快补救的意思。　　34 今是：今天的正确，指隐居。　　35 昨非：昨天的错误，指做官。　　36 轻飏：轻轻飘荡的样子。　　37 征夫：行人。　　38 熹微：光线微弱的样子。　　39 衡宇：以衡木为门的简陋房屋。　　40 三径：三条小路，泛指院中的小路。　　41 樽：酒器。　　42 眄：斜视，这里指随意浏览。　　43 寄傲：寄托傲然自得的情怀。　　44 容膝：形容居室狭小。　　45 成趣：成趋，成了散步场所。趣，通"趋"，一说指乐趣。　　46 策扶老：拄着拐杖。策，拄着。扶老，手杖。　　47 流憩：指活动和休息。流，周游。憩，休息。　　48 矫首：抬头。　　49 岫：峰峦，山峰。　　50 景：日光。　　51 翳翳：昏暗的样子。　　52 盘桓：徘徊。　　53 驾言：出游，这里指做官。言，语气词。

兮焉求？悦亲戚之情话，乐琴书以消忧。农人告余以春及，将有事于西畴[54]。或命巾车[55]，或棹[56]孤舟。既窈(yǎo)窕(tiǎo)[57]以寻壑，亦崎岖而经丘。木欣欣以向荣，泉涓涓[58]而始流。羡[59]万物之得时，感吾生之行休[60]！

已矣乎[61]！寓形宇内[62]复几时，曷不委心[63]任去留[64]？胡为遑遑[65]欲何之？富贵非吾愿，帝乡[66]不可期[67]。怀良辰以孤往，或植杖[68]而耘耔(zǐ)[69]。登东皋[70]以舒啸[71]，临清流而赋诗。聊乘化[72]以归尽，乐夫天命[73]复奚疑！

---

54 畴：已耕作的田地。 55 巾车：有帷幕的车子。 56 棹：船桨，这里是划船的意思。 57 窈窕：幽深曲折的样子。 58 涓涓：细水缓流的样子。 59 羡：羡慕。 60 行休：将要结束，指死亡。 61 已矣乎：相当于"算了吧"。 62 寓形宇内：寄身世上，指活在世上。 63 委心：指随心。 64 任去留：随意去留，即死生由命的意思。 65 遑遑：匆忙急迫的样子。 66 帝乡：即仙境。 67 期：希望。 68 植杖：把手杖放在一边。 69 耘耔：除草培土，指从事农业劳动。耘，除草。耔，培土。 70 皋：水边高地。 71 舒啸：放声长啸，一说指徐徐发出啸声。 72 乘化：顺应大自然的变化规律。 73 乐夫天命：乐天知命。

欣赏指南

陶渊明(365—427)，一说名潜，字渊明，又字元亮，死后朋友私谥"靖节"，所以又称靖节先生，浔阳柴桑(今江西九江)人，东晋文学家。他曾任彭泽令等职，后辞官归隐田园。他是我国古代伟大的山水田园诗人之一。他的文章朴实无华，具有自然和谐之美。有《陶渊明集》。

本文作于晋安帝义熙元年(公元405年)冬，是作者辞去彭泽令回家时所作。文章表现了作者对污浊现实的不满，描写了他摆脱官场束缚、回到田园的喜悦心情和向往淳朴的田园生活的高洁情趣，"倚南窗以寄傲，审容膝之易安"是这种情感的典型表现，同时作者也流露出"乐天知命"的消极情绪。全文感情真切率直，语言自然和谐，有如一首优美的抒情诗。

桃花源记

陶渊明

晋太元[1]中，武陵[2]人捕鱼为业。缘溪行，忘路之远近。忽逢桃花林，夹岸数百步，中无杂树，芳草鲜美，落英[3]缤纷。渔人甚异之，复前行，欲穷[4]其林。

林尽水源，便得一山，山有小口，仿佛若有光。便舍船，从口入。初极狭，才通人。复行数十步，豁然开朗。土地平旷，屋舍俨然[5]，有良田、美池、桑竹之属。阡陌交通，鸡犬相闻。其中往来种作，男女衣着，悉如外人[6]。黄发垂髫（tiáo）[7]，并怡然自乐。

见渔人，乃大惊，问所从来。具答之。便要（yāo）[8]还家，设酒杀鸡作食。村中闻有此人，咸来问讯。自云先世避秦时乱，率妻子[9]邑人来此绝境[10]，不复出焉，遂与外人间隔。问今是何世，乃不知有汉，无论[11]魏、晋。此人一一为具言所闻，皆叹惋。余人各复延[12]至其家，皆出酒食。停

---

1 太元：东晋孝武帝（司马曜）的年号（公元 376—396 年）。　2 武陵：郡名，郡治在今湖南常德。　3 落英：即落花。英，花。　4 穷：动词，穷尽。　5 俨然：整齐的样子。　6 悉如外人：完全和桃花源外边的人一样。悉，都。　7 黄发垂髫：老人和小孩。黄发，指老年人。垂髫，指儿童。髫，小儿垂发。　8 要：通"邀"，约请。　9 妻子：老婆和孩子。　10 绝境：与外界隔绝的地方。　11 无论：更不用说。　12 延：邀请。

数日,辞去。此中人语云:"不足为外人道也。"

既出,得其船,便扶[13]向路[14],处处志之。及郡下,诣[15]太守,说如此。太守即遣人随其往,寻向所志[16],遂迷,不复得路。

南阳[17]刘子骥,高尚士也,闻之,欣然规往[18]。未果,寻[19]病终。后遂无问津[20]者。

---

13 扶:沿着。　14 向路:来时走的路。　15 诣:往见。　16 寻向所志:寻找当初所做的标记。　17 南阳:郡名,郡治在今河南南阳。　18 规往:计划前往。　19 寻:不久。　20 问津:问路,这里有探访寻找的意思。

欣赏指南

本文是作者虚构的以寄托其社会理想的作品,它描绘了一幅没有压迫、没有剥削、人人劳动、平等自由的社会生活图景。这在一定程度上反映了农民的愿望,也反映了作者对当时社会的不满和否定,标志着作者对理想社会所做的进一步探求。从仕途回归田园,再从田园向往"桃源",反映了陶渊明思想的变化、发展和对社会认识的深化。千百年来"世外桃源"成为人们心目中理想社会或虚幻世界的代称,就是因为这篇文章。本文于虚构情节中杂以真人姓名,既增悬念,又添真实感。文中情节曲折新奇,故事首尾完整,更是引人入胜,发人深思。所谓"不知有汉,无论魏、晋",寓意良深,回味悠长,不愧为历代传诵的名篇。

五柳先生传

陶渊明

先生不知何许¹人也，亦不详其姓字，宅边有五柳树，因以为号焉。闲静少言，不慕荣利。好读书，不求甚解²。每有会意，便欣然忘食。性嗜酒，家贫不能常得。亲旧知其如此，或置酒而招之。造³饮辄（zhé）尽，期⁴在必醉；既醉而退，曾不⁵吝情⁶去留⁷。环堵萧然⁸，不蔽风日。短褐穿结⁹，箪（dān）瓢屡空¹⁰，晏如¹¹也。常著文章自娱，颇示己志。忘怀得失，以此自终。

赞¹²曰：黔（qián）娄¹³之妻有言："不戚戚¹⁴于贫贱，不汲汲¹⁵于富贵。"味其言¹⁶，兹若人之俦¹⁷乎？衔觞（shāng）¹⁸

---

1 何许：何处，什么地方。　2 不求甚解：不刻意寻求过分深奥的解释。也就是指读书只求领会要旨，不过分地咬文嚼字。　3 造：到。　4 期：希望。　5 曾不：毫不，一点也不。　6 吝情：顾惜，在乎。　7 去留：偏义复词，偏指留。

8 环堵萧然：指居室简陋，穷困无物。环堵，四面的墙壁，这里指房屋。萧然，冷落、空洞的样子。　9 短褐穿结：粗布短衣上到处都是破洞和补丁。短褐，粗布短衣。穿，破烂。结，打补丁。　10 箪瓢屡空：指经常缺吃少喝。箪，竹制食器。瓢，饮器。　11 晏如：安然自在的样子。　12 赞：史家对所传人物或事件的总结和评述。本文是陶渊明用史传体写的，所以用"赞"来对自己作评论。

13 黔娄：春秋时鲁国人，清贫自守，不愿出仕。　14 戚戚：忧虑的样子。

15 汲汲：竭力追求的样子。　16 味其言：体会她所说的这些话。　17 俦：同类。　18 衔觞：即饮酒。

赋诗,以乐其志,无怀氏[19]之民欤?葛天氏之民欤?

---

19 无怀氏:与下文的"葛天氏"都是传说中的上古帝王,据说在他们的时代,民风极为淳朴。

欣赏指南

　　这是陶渊明托名五柳先生而作的一篇自传,约作于他 56 岁时。文章描述了五柳先生的个性风貌、生活态度和性格志向,表现了他不慕荣利、旷达自任、安贫乐道的情怀。在创作手法上,本文吸取了史传文学叙议结合的特点,写得平淡真实,自然活泼。全文质朴无华,文短意长,体现了陶文的独特风格。

过江诸人

刘义庆

过江[1] 诸人，每至美日[2]，辄相邀新亭[3]，藉（jiè）卉[4] 饮宴。周侯[5] 中坐[6] 而叹曰："风景不殊[7]，正自有山河之异[8]！"皆相视流泪。唯王丞相[9] 愀（qiǎo）然[10] 变色曰："当戮力王室[11]，克复[12]神州，何至作楚囚相对[13]？"

---

[1] 过江：西晋末，匈奴族刘曜等攻破洛阳、长安，俘晋怀、愍二帝，中原人士纷纷过江避难。琅邪王司马睿在南方建立政权，定都建业（今江苏南京），为晋元帝，史称东晋。　[2] 美日：佳日，指风和日丽的日子。　[3] 新亭：为三国时吴所建，故址在今江苏南京南。　[4] 藉卉：这里指坐在草地上。藉，垫，坐卧在某物上。卉，草的总称。　[5] 周侯：指周颤，字伯仁，晋元帝时为宁远将军、荆州刺史，官至尚书左仆射。侯，当时对人的尊称。　[6] 中坐：即席间。　[7] 不殊：没有不同。　[8] 山河之异：山河发生了变异。指当时北方广大地区被少数民族统治者所占领。　[9] 王丞相：指王导，字茂弘，出身士族，西晋末，为琅邪王司马睿献策移镇建业。司马睿称帝后，王导任丞相。　[10] 愀然：脸变色的样子。　[11] 戮力王室：为东晋王朝尽力。戮力，尽力。　[12] 克复：攻克收复。　[13]"何至"句：怎么会到了像囚犯似的彼此相对悲泣的地步呢？楚囚，《左传·成公九年》记载，楚人钟仪被晋俘虏，晋人称他为楚囚；这里泛指囚犯。

欣赏指南

刘义庆（403—444），彭城（今江苏徐州）人，南朝宋文学家。他袭封临川王，爱好文学，史称其"才词虽不多，然足为宗室之表"，撰有《世说新语》一书。《世说新语》是现存最完整的魏晋时期的轶事类笔记小说集，全书分德行、言语等三十六门，主要记载了汉末到东晋士族的轶

事和言谈。它对后世小说的发展产生了重要的影响,同时也具有一定的史料价值。

　　《过江诸人》所描写的是一次宴饮的场面。作者善于剪裁,不写宴席摆设,也不描绘山河美景,而是集中记述人物对话,主旨十分突出。显然,作者所称道的是王导志在恢复的宏愿,对周𫖮等人"楚囚相对"的精神状态提出了委婉的批评。著名的"新亭对泣"的典故即出于此文。

王子猷居山阴

刘义庆

王子猷（yóu）[1] 居山阴[2]，夜大雪，眠觉[3]，开室，命酌酒，四望皎然[4]。因起彷徨，咏左思[5]《招隐诗》，忽忆戴安道[6]。时戴在剡（shàn）[7]，即夜乘小船就之。经宿方至[8]，造[9]门不前而返。人问其故。王曰："吾本乘兴而行，兴尽而返，何必见戴？"

---

[1] 王子猷：名徽之，字子猷，王羲之的儿子。 [2] 山阴：即今浙江绍兴。 [3] 觉：醒。 [4] 皎然：洁白光明的样子。 [5] 左思：西晋著名诗人，所作《招隐诗》描写隐居田园的乐趣。 [6] 戴安道：即戴逵，字安道，谯郡铚县（今安徽宿州）人，学问广博，善于为文，又精音乐、书、画，隐居不仕。 [7] 剡：即今浙江嵊州。 [8] 经宿方至：经过一夜才到达。 [9] 造：到。

欣赏指南

本文写王子猷雪夜访问戴安道的故事。乘兴而去，兴尽而返，并不执著于目的，是当时文人任性洒脱、张扬个性的典型反映。所谓的魏晋风度，由此管中窥豹，可见一斑。

床头捉刀人

刘义庆

　　魏武[1] 将见匈奴使，自以形陋[2]，不足雄远国[3]，使崔季珪[4] 代，帝自捉刀[5] 立床头。即毕，令间谍[6] 问曰："魏王何如？"匈奴使答曰："魏王雅望非常[7]，然床头捉刀人，此乃英雄也。"魏武闻之，追杀此使。

---

1 魏武：指曹操。曹操生前封魏王，死后谥武，曹丕即位后追尊他为武帝。
2 形陋：史书记载，曹操身材矮小。　3 不足雄远国：不足以在外国使者面前称雄。　4 崔季珪：即崔琰，字季珪。《三国志》载："琰声姿高畅，眉目疏朗，须长四尺，甚有威重。" 5 捉刀：握刀。　6 间谍：秘密刺探消息的人。　7 雅望非常：指仪表非凡。雅，仪表之美。

欣赏指南

　　本文用简练的笔触写出了曹操的外表、气质，但其目的却是通过曹操捉刀代立的故事表现曹操最突出的性格——谲诈。全文篇幅虽短，但人物形象刻画却十分传神，是《世说新语》中的佳篇。

芜 城 赋

鲍 照

泋(mǐ)迤(yǐ)[1]平原,南驰苍梧[2]涨海[3],北走紫塞[4]雁门[5],柂(duò)以漕渠[7],轴[8]以昆岗[9]。重关复江[10]之隩(yù)[11],四会五达之庄[12]。当昔全盛[13]之时,车挂[14]辖(wèi)[15],人驾[16]肩;廛(chán)[17]闬(hàn)[18]扑地[19],歌吹沸天。孳[20]货盐田,铲利铜山,才力雄富,士马[21]精妍[22]。故能侈[23]秦法,佚[24]周令,划[25]崇墉(yōng)[26],刳(kū)[27]浚洫[28],图[29]修世[30]以[31]休命[32]。是以板筑[33]雉堞(dié)[34]之殷,井幹(hán)[35]

---

1 泋迤:地势平坦、接连不断的样子。　2 苍梧:今广西梧州。　3 涨海:即南海。　4 紫塞:长城。秦所筑长城,土色皆紫,故称紫塞。　5 雁门:即雁门关。　6 柂:引导,沟通。　7 漕渠:运粮的河渠,这里指邗沟。　8 轴:车轴,代指车。　9 昆岗:一名阜岗,亦名昆仑岗,在广陵(今江苏江都县东北)西北。　10 重关复江:指交通上所经过的重重河流和关口。　11 隩:水涯深邃的地方。　12 庄:这里是指四通八达的大路。　13 全盛:指广陵没有遭到破坏的时候,指吴王刘濞时。14 挂:指互相牵挂。　15 辖:车轴头。　16 驾:凌驾,这里指抬起。　17 廛:民居的区域。　18 闬:里门。　19 扑地:遍地。　20 孳:通"滋",繁殖。　21 士马:军士和马匹,指军队。　22 精妍:精美。　23 侈:扩大。　24 佚:超过。　25 划:开,这里是建筑的意思。　26 崇墉:高的城墙。　27 刳:开凿,挖掘。　28 浚洫:深的护城河。　29 图:希望。　30 修世:永世。　31 以:与的意思。　32 休命:好命运。　33 板筑:一作"版筑",造墙的工具。这里指夯土筑墙。　34 雉堞:城上矮墙,即城垛口,也称女墙。　35 井幹:木柱相交,如井上的木栏。这里当指支起栏架,构筑烽橹。一说,井幹为汉时楼名,武帝所筑,这里泛指城楼。

烽³⁶橹³⁷之勤³⁸,格³⁹高五岳,袤⁴⁰广三坟⁴¹,崒(zú)⁴²若断岸⁴³,矗(chù)⁴⁴似长云。制磁石⁴⁵以御冲,糊赪(chēng)壤⁴⁶以飞⁴⁷文⁴⁸。观基扃(jiōng)⁴⁹之固护,将⁵⁰万祀⁵¹而一君。出入⁵²三代⁵³,五百余载,竟瓜剖而豆分⁵⁴。

泽葵⁵⁵依井,荒葛⁵⁶罥(juàn)⁵⁷途。坛⁵⁸罗虺(huǐ)⁵⁹蜮(yù)⁶⁰,阶斗麏(jūn)⁶¹鼯(wú)⁶²。木魅山鬼,野鼠城狐,风嗥雨啸⁶³,昏见晨趋。饥鹰砺吻⁶⁴,寒鸱吓雏⁶⁵。伏暴藏虎,乳血餐肤⁶⁶。崩榛⁶⁷塞路,峥嵘⁶⁸古逵(kuí)⁶⁹。白杨早落,塞草前衰。棱棱⁷⁰霜气,蓚蓚⁷¹风威。孤蓬自振⁷²,惊沙坐飞⁷³。灌莽⁷⁴杳而无际,丛薄⁷⁵纷其相依。通池⁷⁶既已夷⁷⁷,峻隅⁷⁸又已颓。直视千里外,唯见起黄埃。凝思寂听,心伤已摧。

---

36 烽:指烽火台。　37 橹:用来守御的望楼。　38 勤:尽力。　39 格:格局,指高度。　40 袤:南北的长度。　41 三坟:解释不一,一说指三州。　42 崒:高峻的样子。　43 断岸:陡峭的河岸。　44 矗:直立而又齐平的样子。　45 制磁石:指用磁石做门。　46 赪壤:红土。　47 飞:飞动,这里指画出。　48 文:通"纹",指图案。　49 基扃:代指城门。扃,门户。　50 将:欲,打算。　51 万祀:万年。　52 出入:经历。　53 三代:指汉、魏、晋。　54 瓜剖豆分:比喻广陵城的崩毁破坏。　55 泽葵:莓苔。56 葛:蔓草。　57 罥:缠绕,牵挂。　58 坛:堂。　59 虺:蝮,一种毒蛇。　60 蜮:短狐,射工,一种毒虫,相传能含沙射人。　61 麏:獐子。　62 鼯:飞鼠,能飞行上树,昼伏夜出。　63 风嗥雨啸:在风雨中嗥叫。　64 饥鹰砺吻:饥饿的老鹰擦着嘴,准备捕食。砺,磨。吻,嘴。　65 寒鸱吓雏:饥寒的鹞鹰对着小鸟怒叫。　66 乳血餐肤:即以血为乳,以肉为餐。肤,这里指肉。　67 榛:丛生的灌木。　68 峥嵘:阴森的样子。69 逵:这里指四通八达的道路。　70 棱棱:形容霜气严寒。　71 蓚蓚:形容风声劲疾。　72 振:飞起。　73 坐飞:无故而飞。　74 灌莽:丛生的草木。75 丛薄:草木丛生处。　76 通池:这里指城壕。　77 夷:指填平。　78 峻隅:高峻的城角。

若夫藻扃[79]黼(fú)帐[80]，歌堂舞阁之基，璇渊[81]碧树[82]，弋林钓渚之馆[83]，吴蔡齐秦之声[84]，鱼龙雀马[85]之玩，皆薰[86]歇[87]烬[88]灭，光沉响绝。东都[89]妙姬[90]，南国[91]丽人，蕙心纨质[92]，玉貌绛唇[93]，莫不埋魂幽石，委[94]骨穷尘，岂忆同舆[95]之愉乐，离宫[96]之苦辛哉？

天道如何，吞恨者多。抽琴命操[97]，为芜城之歌。歌曰：边风急兮城上寒，井径[98]灭兮丘陇[99]残。千龄兮万代，共尽兮何言！

---

79 藻扃：这里指画有文饰的门窗。藻，文采。扃，门窗，门户。　80 黼帐：上面有图案文饰的帷帐。黼，黑白相间的斧形花纹。　81 璇渊：玉池。璇，美玉。
82 碧树：玉树。　83 弋林钓渚之馆：指打猎钓鱼的地方。弋，用绳系在箭上射。
84 吴蔡齐秦之声：这里代指美女的歌唱、弹奏。　85 鱼龙雀马：指供赏玩的东西。一说，指各种戏法和技艺。　86 薰：这里指燃烧香料所发出的香气。
87 歇：停止。　88 烬：指所燃香料的灰烬。　89 东都：指洛阳。　90 姬：美女。
91 南国：泛指江南地区。　92 蕙心纨质：指女子美好的仪态或高洁的品性。
93 绛唇：朱唇。　94 委：弃。　95 同舆：与皇帝同车游玩。　96 离宫：行宫，这里指失宠的后妃所住的宫室。　97 命操：谱曲。命，命名。操，琴的曲调。
98 井径：田间小路。井，指井田，这里泛指田亩。　99 丘陇：指坟墓。

欣赏指南

　　鲍照(414—466)，字明远，东海(今江苏涟水)人，南朝宋文学家。他与谢灵运、颜延之并称为"元嘉三大家"。他的诗文充满愤世嫉俗的不平之气，风格俊逸，语言清新。有《鲍参军集》。
　　本文是鲍照凭吊广陵(今江苏江都县东北)故城的作品。文章前半部分铺写战乱前广陵的繁华，后半部分用夸张的笔法描绘了战乱后的荒凉景象，今昔对比，具有十分强烈的感染力。全文极力运用渲染和夸张的手法来突出不同的景象，文辞奇警有力，形象鲜明生动，被后人誉为"赋家之绝境"。

北山移文

孔稚珪

钟山之英[1]，草堂[2] 之灵，驰烟驿路[3]，勒移[4] 山庭[5]。

夫以耿介[6] 拔俗之标[7]，潇洒出尘之想，度[8] 白雪以方[9] 洁[10]，干[11]青云而直上，吾方知之矣。若其亭亭物表，皎皎霞外，芥千金而不眄(miàn)，屣(xǐ)万乘(shèng)其如脱。闻凤吹于洛浦[12]，值[13] 薪歌于延濑(lài)[14]，固亦有焉。岂期[15]终始参差[16]，苍黄翻覆[17]，泪翟子[18]之悲，恸(tòng)[19] 朱公[20]之哭。乍[21]回迹[22]以心染[23]，或先贞[24]而后黩(dú)[25]，何

---

1 英：神灵。　2 草堂：草堂寺，在钟山南。　3 驿路：古代供驿马传送文书的官道。　4 勒移：刻写移文。　5 山庭：山的前庭，这里指山前。　6 耿介：光明正直。　7 标：仪表风度。　8 度：忖度，有自以为的意思。　9 方：比。　10 洁：纯洁。　11 干：凌驾。　12 洛浦：洛水边。《列仙传》载，周灵王的太子晋，好吹笙作凤鸣，常漫游于伊、洛二水之间，后成仙而去。　13 值：遇上。　14 延濑：长河。《文选》吕向注说，苏门先生游于延濑，遇一砍柴人，问他：你就这样过一生吗？砍柴人答道：我听说圣人无所企求，只是以道德为本，我砍柴为生有什么值得奇怪和悲哀的呢？于是歌二章而去。　15 岂期：哪里料想。
16 终始参差：指前后不一。　17 苍黄翻覆：比喻变化无常。苍黄，青色和黄色。　18 翟子：指墨子，名翟。《淮南子·说林》："墨子见练丝而泣之，为其可以黄，可以黑。"　19 恸：大哭。　20 朱公：指杨朱，战国时思想家。《淮南子·说林》："杨子见歧路而哭之，为其可以南，可以北。"　21 乍：刚，才。　22 回迹：指隐居。　23 心染：内心被功名之念浸染。24 贞：正，高洁。　25 黩：污浊。

其谬哉！呜呼，尚生²⁶不存，仲氏²⁷既往²⁸，山阿（ē）寂寥，千载谁赏！

世有周子²⁹，俊俗之士，既文既博，亦玄³⁰亦史。然而学遁东鲁³¹，习隐南郭³²，偶吹³³草堂，滥巾³⁴北岳。诱我松桂，欺我云壑。虽假容³⁵于江皋³⁶，乃缨³⁷情于好爵。

其始至也，将欲排³⁸巢父，拉³⁹许由，傲百氏，蔑王侯。风情⁴⁰张日⁴¹，霜气横秋。或叹幽人⁴²长往⁴³，或怨王孙⁴⁴不游。谈空空⁴⁵于释部⁴⁶，核⁴⁷玄玄⁴⁸于道流⁴⁹。务光⁵⁰何足比，涓子⁵¹不能俦⁵²。

---

26 尚生：指尚长，字子平，东汉隐士。　27 仲氏：指仲长统，字公理，东汉末政论家，史载州郡召他做官，他总是称病不就。　28 既往：已成往事。　29 周子：旧说指南齐周颙。周颙，字彦伦，汝南安城人，他曾于钟山西立隐舍，虽有妻子，独处山舍。这里的"周子"，恐系假托。　30 玄：指玄学，当时盛行的一种以老庄学说为基础，综合儒家经义的哲学思想。　31 学遁东鲁：即学东鲁之遁。东鲁，指春秋时隐士颜阖。《庄子·让王》记载鲁君派人用重币聘他为官，他却支开使者逃走了。　32 习隐南郭：即习南郭之隐。南郭，指南郭子綦，古代隐士，相传他能做到精神脱离躯体。　33 偶吹：指滥竽充数，用南郭先生的典故，说明周子是假隐士。　34 滥巾：不是隐士而滥戴隐士的头巾，假充隐士。35 假容：伪装。　36 江皋：江边。　37 缨：系。　38 排：摈斥。　39 拉：摧折。40 风情：与下文"霜气"均指风度气概。　41 张日：与下文"横秋"都是形容傲气之盛。　42 幽人：指隐士。　43 长往：久已逝去。　44 王孙：指贵族子弟。45 空空：佛家语，十八空之一。　46 释部：指佛经。　47 核：探究。　48 玄玄：道家语，指"道"的微妙深奥。　49 道流：道家学派。　50 务光：传说中的古代隐士，商汤让位于他，他拒不接受，负石沉水而死。　51 涓子：传说中的古代隐士。　52 俦：匹敌。

及其鸣驺（zōu）[53]入谷[54]，鹤书[55]赴陇[56]，形驰魄散，志变神动[57]。尔乃[58]眉轩[59]席次[60]，袂[61]耸[62]筵上，焚芰（jì）制[63]而裂荷衣[64]，抗[65]尘容[66]而走[67]俗状。风云凄其带愤，石泉咽而下怆，望林峦而有失，顾草木而如丧。

至其纽[68]金章[69]，绾墨绶[70]，跨属城[71]之雄，冠百里[72]之首。张[73]英风[74]于海甸[75]，驰妙誉于浙右[76]。道帙[77]长殡[78]，法筵[79]久埋。敲扑[80]喧嚣[81]犯其虑，牒[82]诉[83]倥（kǒng）偬（zǒng）[84]装其怀。琴歌既断，酒赋无续。常绸缪[85]于结课[86]，每纷纶[87]于折狱[88]。笼[89]张赵[90]于往图[91]，驾[92]卓鲁[93]于

---

53 鸣驺：指古代达官贵人出行时，前呼后拥的车马侍从。鸣，指喝道。驺，古时掌管车马的官。　54 谷：山谷，山中。　55 鹤书：书体名，又叫鹤头书。古时征召贤士的诏书用这种书体书写，所以称这种诏书为鹤书。　56 赴陇：指来到山里。　57“形驰”二句：以上二句是说周子接到诏书后激动得神魂颠倒，当隐士的心志立即改变。　58 尔乃：于是。　59 眉轩：指眉飞色舞。　60 席次：筵席之上。　61 袂：衣袖。　62 耸：高举。　63 芰制：用菱叶裁制的衣裳，指隐者的服饰。　64 荷衣：用荷叶编成的衣服。　65 抗：高举，这里指显露。　66 尘容：与下文“俗状”均指世俗小人的庸俗面目和举止。　67 走：表现出。　68 纽：与下文“绾”均指系上、佩带。　69 金章：铜印。　70 墨绶：黑色绶带。　71 属城：指一郡所属的各县。　72 百里：县境大约方圆百里，这里指一县之地。　73 张：张扬，夸耀。　74 英风：美好的声音。75 海甸：海滨。　76 浙右：浙水之右，即钱塘江之南。　77 道帙：指道家书籍。　78 长殡：与下句“久埋”同义，均指长期弃置不顾。　79 法筵：宣讲佛法的坐席。　80 敲扑：拷打犯人。　81 喧嚣：审讯犯人的喧哗之声。　82 牒：公文。　83 诉：诉状。　84 倥偬：紧张忙乱的样子。　85 绸缪：纠缠，束缚。　86 结课：考课，对官吏政绩的例行考核。　87 纷纶：忙碌。　88 折狱：断案。　89 笼：包揽。　90 张赵：指西汉名臣张敞和赵广汉，二人都做过京兆尹。　91 往图：以往的政绩记载。　92 驾：凌驾，超越。　93 卓鲁：指东汉奉法循理的官吏卓茂和鲁恭，二人都做过县令。

前录[94]。希踪[95]三辅豪[96]，驰声[97]九州牧[98]。使我高霞孤映，明月独举，青松落阴，白云谁侣？涧户摧绝[99]无与归[100]，石径荒凉徒延伫[101]。至于还飙[102]入幕，写雾[103]出楹[104]，蕙帐[105]空兮夜鹄怨，山人去兮晓猿惊。昔闻投簪[106]逸海岸，今见解兰缚尘缨[107]。

于是南岳献嘲，北垄[108]腾笑，列壑争讥，攒（cuán）峰[109]耸诮（qiào）[110]。慨游子[111]之我欺，悲无人以赴吊[112]。故其林惭无尽，涧愧不歇，秋桂遣风，春萝罢月，骋[113]西山[114]之逸议[115]，驰[116]东皋[117]之素谒[118]。

今又促装[119]下邑[120]，浪拽[121]上京[122]。虽情投于魏阙[123]，或[124]假步[125]于山扃（jiōng）[126]。岂可使芳杜[127]厚颜，

94 前录：指历史记载，义同"往图"。录，簿籍。　95 希踪：希图追踪。　96 三辅豪：治理三辅有政绩的官吏。三辅，汉代称京兆、左冯翊、右扶风这三个京畿地方相当于郡的政区为三辅。　97 驰声：传扬美名。　98 九州牧：指全国各地的地方行政长官。　99 摧绝：崩塌断裂。　100 无与归：无人归来。　101 延伫：久立等待。　102 还飙：旋风。　103 泻雾：流动的雾。　104 楹：堂前的柱子。
105 蕙帐：用蕙草编成的帷帐，隐士所用。　106 投簪：即脱掉乌纱帽，指弃官。
107 解兰缚尘缨：指弃隐入仕。兰，指兰佩，隐士所佩。尘缨，世俗的冠带。
108 北垄：即北山。　109 攒峰：聚在一起的山峰，即群峰。　110 诮：嘲讽，讥笑。
111 游子：离家远游的人，这里指周子。　112 吊：慰问。　113 骋：传播。
114 西山：指首阳山，伯夷、叔齐隐居的地方。115 逸议：隐者的清议。　116 驰：义同上句"骋"。　117 东皋：与"西山"同义，在这里均泛指隐士所居之地。
118 素谒：贫士的议论。　119 促装：急速整理行装。　120 下邑：相对京城而言的属县，这里指周子任职的县。　121 浪拽：荡桨，这里指乘船。　122 上京：指当时的京城建业。　123 魏阙：指朝廷。　124 或：又。　125 假步：借道。
126 山扃：山门，这里指北山。　127 芳杜：香草，即杜若。

薜荔[128]无耻，碧岭再辱，丹崖重滓[129]。尘[130]游躅[131]于蕙路，污渌池[132]以洗耳[133]。宜扃[134]岫幌[135]，掩云关，敛轻雾，藏鸣湍，截[136]来辕[137]于谷口，杜[138]妄辔[139]于郊端。于是丛条瞋（chēn）胆[140]，叠颖[141]怒魄[142]，或飞柯[143]以折轮，乍低枝而扫迹。请回俗士[144]驾，为君[145]谢[146]逋（bū）客[147]。

---

128 薜荔：香草名。　129 重滓：重新受到玷污。滓，污秽。　130 尘：污染。
131 游躅：游踪，这里指隐者留下的足迹。　132 渌池：清水池。　133 洗耳：
《高士传》载，尧让天下给许由，许由不受。尧又召他为九州长，许由厌恶听见
了这些话，洗耳于颍水之滨。　134 扃：关闭。　135 岫幌：山中云气形成的帷
幔。　136 截：止，断。　137 来辕：来车。　138 杜：拒绝。　139 妄辔：擅自前
来的车马。　140 瞋胆：使肝胆发怒。　141 叠颖：指重重叠叠的野草。
142 怒魄：使魂魄发怒。　143 柯：树枝。　144 俗士：世俗之徒，指周子。
145 君：指北山神灵。　146 谢：辞绝。　147 逋客：指周子。逋，逃亡。

欣赏指南

　　孔稚珪（447—501），字德璋，会稽山阴（今浙江绍兴）人，南朝齐文学家。他官曾至御史中丞、太子詹事，博学能文，后人辑其著作为《孔詹事集》。

　　移文是古代用于晓谕、责让和声讨的一种文体，类似于檄文。本文名为"移文"，实是赋体。六朝时，隐逸之风盛行，隐居山林不仅是士人逃避现实的手段，同时也往往是标榜清高、求名求官的进身之阶。在这篇文章中，作者假托北山神灵之口，淋漓尽致地揭露了那些故作清高但实则醉心利禄的假隐士的丑态。全文以丰富的想象力，采取拟人化的手法，把山林草木描绘得活灵活现、有声有色。本文文笔犀利，新颖别致，得寓言之精髓，有诗歌之神韵，不愧是历代传诵不衰的名篇。

别　赋

江　淹

黯然销魂¹者,唯别而已矣!况秦吴兮绝国²,复燕宋兮千里。或春苔兮始生,乍³秋风兮暂起。是以行子⁴肠断,百感凄恻⁵。风萧萧而异响,云漫漫⁶而奇色。舟凝滞⁷于水滨,车逶迟⁸于山侧。棹(zhào)容与而讵前⁹,马寒鸣而不息。掩金觞而谁御¹⁰,横玉柱而沾轼¹¹。居人¹²愁卧,怳若有亡¹³。日下壁而沈¹⁴彩,月上轩¹⁵而飞光。见红兰之受露,望青楸之离¹⁶霜。巡层楹¹⁷而空掩,抚锦幕¹⁸而虚凉。知离梦之踯(zhí)躅(zhú)¹⁹,意别魂之飞扬²⁰。

故别虽一绪,事乃万族²¹。

---

1 黯然销魂:因极度悲伤而失魂落魄。黯然,心神沮丧的样子。销魂,形容极度悲伤,神思茫然,仿佛魂离形体。　2 绝国:指距离极为辽远的邦国。绝,极远,隔绝。　3 乍:忽然。　4 行子:游子,出行的人。　5 凄恻:哀伤。　6 漫漫:无边无际的样子。　7 凝滞:停留不进。　8 逶迟:徘徊不前的样子。　9 棹容与而讵前:小船徘徊不前。棹,船桨,这里代指船。容与,迟缓不前的样子。讵,岂,哪里。　10 掩金觞而谁御:盖着酒杯,谁也不再喝酒。掩,盖,覆。金觞,金酒杯。御,用。　11 横玉柱而沾轼:放下琴瑟(伤心而去),泪水打湿了车前的横木。横,横放着,放下。玉柱,琴瑟上支弦的弦码,这里代指琴瑟。沾,指泪流沾湿。轼,古代车上扶手的横木。　12 居人:指送别的人。　13 怳若有亡:神思不定,好像若有所失。怳,神思不定的样子。　14 沈:隐没,消失。　15 轩:窗。　16 离:遭受。　17 层楹:这里指高楼。　18 锦幕:锦缎做的帷帐。　19 踯躅:停步不前的样子。　20 飞扬:飘荡,这里指心神不安。　21 万族:类别繁多。族,类。

至若龙马²²银鞍，朱轩²³绣轴²⁴，帐饮东都，送客金谷²⁵。琴羽²⁶张²⁷兮箫鼓陈²⁸，燕赵歌兮伤美人。珠与玉兮艳暮秋，罗与绮兮娇上春²⁹。惊驷马之仰秣³⁰，耸³¹渊鱼之赤鳞。造³²分手而衔涕³³，感寂寞而伤神。

乃有剑客惭恩³⁴，少年报士，韩国³⁵赵厕³⁶，吴宫³⁷燕市³⁸。割慈忍爱³⁹，离邦去里。沥泣⁴⁰共诀⁴¹，抆（wèn）血⁴²相视。驱征马而不顾⁴³，见行尘之时起。方衔感⁴⁴于一剑，非买价于泉里⁴⁵。金石震而色变⁴⁶，骨肉悲而心死⁴⁷。

或乃边郡未和，负羽⁴⁸从军，辽水⁴⁹无极⁵⁰，雁山⁵¹参云⁵²。

---

22 龙马：指骏马。古代八尺以上的马称为龙马。　23 朱轩：红色车子。　24 绣轴：彩画的车轴。　25 帐饮东都，送客金谷：这两句引用疏广、石崇的事，来比喻显贵者的送别。西汉疏广、疏受告老还乡，公卿大夫数百人在长安东都门外为他们饯行。帐饮，古代送行，在郊野道旁设置帷帐，饮宴送别。东都，指长安东都门。金谷，地名，亦叫金谷涧，在今河南洛阳，晋石崇曾筑园林于此，世称金谷园。　26 琴羽：指琴中发出的羽声。羽，五音之一，声音最细。　27 张：这里指弹奏。　28 陈：这里指吹打。　29 "珠与玉"二句：指歌伎盛妆，胜过春秋美景。上春，初春。　30 仰秣：指马在低头吃草时，听到琴声，仰头咀嚼。秣，牲口饲料，这里指马吃草。　31 耸：使惊动。　32 造：到，至。　33 衔涕：含泪。　34 惭恩：感恩。　35 韩国：指聂政刺死韩相侠累事。　36 赵厕：指豫让谋刺赵襄子事。37 吴宫：指专诸刺死吴王僚事。　38 燕市：指荆轲刺秦王事。　39 割慈忍爱：指忍痛离开父母妻子。　40 沥泣：流泪。　41 诀：决绝，长别。　42 抆血：擦血。抆，拭，擦。　43 不顾：不回顾，不留恋。　44 衔感：怀念恩德。　45 泉里：指死后。　46 "金石"句：荆轲与秦舞阳见秦王时，秦王使卫士持戟而立，既而钟鼓并发，舞阳大恐，面如死灰色。　47 "骨肉"句：指聂政刺杀侠累后自杀，他的姐姐聂嫈悲叹弟弟身死而名声不扬，于是在尸旁宣布聂政姓名，随后自杀。　48 羽：指箭。　49 辽水：今辽宁境内的辽河。与下文"雁山"在文中都是代指边塞。　50 无极：没有穷尽。　51 雁山：指雁门山，在今山西。　52 参云：直入云中。

闺中风暖，陌上草薰[53]。日出天而耀景[54]，露下地而腾文[55]。镜朱尘[56]之照烂，袭青气[57]之氤氲[58]。攀桃李兮不忍别，送爱子兮沾罗裙。

至如一赴绝国[59]，讵相见期，视乔木[60]兮故里，诀北梁[61]兮永辞。左右兮魂动，亲宾兮泪滋[62]。可班荆兮赠恨[63]，唯樽酒兮叙悲。值秋雁兮飞日[64]，当白露兮下时。怨复怨兮远山曲，去复去兮长河湄[65]。

又若君居淄右[66]，妾家河阳[67]，同琼佩[68]之晨照，共金炉之夕香。君结绶[69]兮千里，惜瑶草[70]之徒芳。惭幽闺[71]之琴瑟，晦高台之流黄[72]。春宫閟(bì)[73]此青苔色，秋帐含兹明月光。夏簟(diàn)清兮昼不暮，冬釭(gāng)凝[74]兮夜何长。织锦曲[75]兮泣已尽，回文诗兮影独伤。

---

53 薰：香气。　54 耀景：闪耀着光彩。耀，照耀。景，光彩。　55 腾文：呈现出花纹。腾，起。　56 朱尘：红色的承尘（天花板）。一说，指红尘，即飘游的尘埃。　57 青气：薰炉中香烟。一说，指春天的暖气。　58 氤氲：云气缭绕的样子。　59 绝国：遥远的地方。　60 乔木：高大的树木。　61 北梁：指北边的桥梁。　62 泪滋：泪多。　63 班荆兮赠恨：在路边相送，铺开柴荆，坐下来共诉离恨。班，铺，布。荆，泛指柴木。赠恨，陈说离恨。　64 值秋雁兮飞日：当秋雁南飞的日子。　65 湄：水草相交的地方，水边。　66 淄右：淄水之西。淄水，在今山东。右，地理上以西为右。　67 河阳：在今河南孟县。一说，河阳指黄河北边。　68 琼佩：玉佩。　69 结绶：指出仕，做官。绶，系印的丝带。　70 瑶草：香草，这里代指上文中的"妾"。　71 幽闺：深闺。　72 流黄：一种黄色的绢，这里指帷幕。　73 閟：关闭。　74 釭凝：灯光明亮。釭，灯盏。凝，聚。　75 织锦曲：指回文诗，诗中字句回环往复，皆可诵读。晋代苏蕙思念丈夫作回文诗，用五色丝织成，所以用织锦曲代指回文诗。

倘有华阴[76]上士，服食[77]还山。术既妙而犹学，道已寂[78]而未传[79]。守丹灶而不顾[80]，炼金鼎[81]而方坚。驾鹤上汉[82]，骖(cān)[83]鸾腾天，暂游万里，少别千年。唯世间兮重别，谢[84]主人兮依然[85]。

下有[86]芍药之诗[87]，佳人之歌[88]。桑中[89]卫女，上宫陈娥[90]。春草碧色，春水渌[91]波。送君南浦[92]，伤如之何！至乃秋露如珠，秋月如珪[93]，明月白露，光阴往来，与子之别，思心徘徊。

是以别方不定[94]，别理千名[95]，有别必怨，有怨必盈，使人意夺神骇，心折骨惊[96]。虽渊云[97]之墨妙，严乐[98]之笔

---

76 华阴：即华山之北，华山为古时道士隐居修炼的地方。一说，华阴即今陕西省华阴县。　　77 服食：指吃丹药，求做神仙。　　78 寂：安静，这里指最高境界。
79 未传：未得真传。　　80 不顾：不顾念人世。　　81 金鼎：指炼丹药的鼎。
82 汉：天汉，银河。　　83 骖：一车驾三马，此作"乘"讲。　　84 谢：告辞。　　85 依然：依恋的样子。　　86 下有：下界人间，与"上士"对比而言。　　87 芍药之诗：指描写男女相爱的《诗经·郑风·溱洧》一诗，其中有"维士与女，伊其相谑，赠之以芍药"的句子。88 佳人之歌：指汉武帝时李延年作的歌，其中有"北方有佳人，绝世而独立。一顾倾人城，再顾倾人国"的句子。　　89 桑中：与下文的"上官"都是指男女约会的地方。　　90 娥：美女。　　91 渌：清澈。　　92 浦：水边。　　93 珪：上尖下方的瑞玉。　　94 别方不定：指离别的具体情况不同。
95 别理千名：离别的原因各式各样。　　96 心折骨惊：即骨折心惊，形容离别的痛苦。　　97 渊云：指汉代辞赋家王褒（字子渊）和扬雄（字子云）。　　98 严乐：指汉代严安、徐乐，两人都曾上书论时政，被任为郎中。

108

精,金闺之诸彦[99],兰台[100]之群英,赋有凌云之称[101],辩有雕龙之声[102],谁能摹暂离之状,写永诀之情者乎?

---

[99] 金闺之诸彦:这里代指著名文人。金闺,指金马门,汉时被征召来的能人贤士待诏金马门以备顾问。彦,俊彦,贤士。 [100] 兰台:汉时宫中藏书之处,也指文豪会聚之地。 [101] 赋:指司马相如的《大人赋》。《史记·司马相如列传》说司马相如奏《大人赋》,武帝大悦,飘飘然有凌云之气。 [102] 雕龙:比喻辩术美妙,如同雕镂龙文。战国时齐人驺奭,擅长辩论,时人称为"雕龙奭"。

欣赏指南

　　江淹(444—505),字文通,济阳考城(今河南兰考)人,南朝齐梁间文学家。他少有才名,壮年后不甚得志,但创作丰富,老年富贵尊荣,才思减退,时人称为"江郎才尽"。有《江文通集》。

　　本文是一篇主题和题材都较为新颖的抒情之赋。文章先从行者与居者两面总述离别之悲,然后分述各类人物、各种情形的别离,以表现离别在人们生活中的普遍性,并达到反复渲染离愁别恨的目的。作者善于用精丽的语言、移情的笔法,描绘出特定场合中的环境气氛,衬托各类人物的憾恨之情、离别之悲,具有很强的感染力。尤其为人们所传诵的恋人之别一段,语言自然流畅,音调悦耳动听,成为我国古代文学作品中极富诗情画意的抒情文字。

恨 赋

江 淹

试望平原,蔓草¹萦(yíng)骨²,拱木³敛魂⁴。人生到此,天道宁(nìng)论⁵!于是仆⁶本恨人⁷,心惊不已,直⁸念古者⁹,伏恨¹⁰而死。

至如秦帝¹¹按剑¹²,诸侯西驰¹³,削平天下,同¹⁴文共规¹⁵。华山¹⁶为城,紫渊¹⁷为池¹⁸。雄图既溢¹⁹,武力未毕²⁰。方²¹架鼋(yuán)鼍(tuó)²²以为梁,巡海右²³以送日²⁴。一旦魂断²⁵,宫车晚出²⁶。

若乃赵王²⁷既虏²⁸,迁²⁹于房陵³⁰,薄暮³¹心动,昧旦³²神

---

1 蔓草:蔓生的野草。 2 萦骨:缠绕尸骨。 3 拱木:两手合抱之树。本指坟墓前的树木,这里借指墓地。 4 敛魂:聚集鬼魂。 5 宁论:难道还有什么可说。宁,难道。 6 仆:作者自谦的称呼。 7 恨人:志不得伸、心怀遗憾的人。 8 直:一直。 9 古者:指古代那些"伏恨而死"的人。 10 伏恨:抱憾。 11 秦帝:指秦始皇。 12 按剑:指用兵。 13 西驰:指向秦俯首称臣。秦在西,六国诸侯在东,所以说"西驰"。 14 同:义同下文"共",统一。 15 规:法规。 16 华山:五岳中的西岳,在陕西华阴。 17 紫渊:古代的河名,在今陕西。 18 池:护城河。 19 溢:超出,超绝。 20 毕:结束。 21 方:将要。 22 鼍:鳄鱼的一种,俗称"猪婆龙"。史书载,周穆王三十七年东至于九江,叱鼋鼍以为梁。 23 海右:即海西,古县名,故城在今江苏东海。 24 送日:这里指观看日落。 25 魂断:指死亡。 26 宫车晚出:皇帝死亡的委婉说法。宫车,皇帝上朝所乘坐的车子。 27 赵王:指赵国末代王赵迁。 28 虏:被俘虏,指赵王迁被秦兵俘虏。 29 迁:放逐。30 房陵:古县名,在今湖北房县。 31 薄暮:临近傍晚。 32 昧旦:黎明。

兴。别艳姬与美女，丧金舆及玉乘(shèng)[33]。置酒欲饮，悲来填膺(yīng)[34]。千秋万岁，为怨难胜[35]。

至如李君[36]降北，名辱身冤，拔剑击柱，吊影[37]惭魂。情往[38]上郡[39]，心留[40]雁门[41]。裂帛系书[42]，誓还[43]汉恩。朝露溘(kè)[44]至，握手何言[45]。

若夫明妃[46]去时，仰天太息[47]。紫台[48]稍[49]远，关山无极[50]。摇风[51]忽起，白日西匿，陇[52]雁少飞，代[53]云寡色[54]。望君王兮何期[55]，终芜绝[56]兮异域。

至乃敬通[57]见抵[58]，罢归田里。闭关却扫，塞门不事[59]。左对孺人[60]，顾弄[61]稚子[62]。脱略[63]公卿，跌宕[64]文史。

---

33 金舆及玉乘：指用金玉装饰的车辆。　34 膺：胸膛。　35 胜：禁得住，能承担。
36 李君：指李陵。汉武帝天汉二年，李陵率步兵五千击匈奴，战败被迫投降。
37 吊影：形影相吊，形容境孤苦可怜。　38 情往：相当于"情系"。　39 上郡：古郡名，在今陕西西安、榆林一带。　40 心留：义同"情往"。　41 雁门：古郡名，在今山西右玉。42 裂帛系书：指苏武的故事。《后汉书·苏武传》载，武帝天汉元年，苏武奉命出使匈奴被扣留，匈奴令其在北海牧羊十九年之久。昭帝时，汉屡求索，匈奴却谎称并无苏武。汉使用原苏武属吏常惠计，告诉单于"天子射上林中，得雁，足系帛书，言苏武等在某泽中"。单于才送苏武归汉。　43 还：报答。
44 溘：突然。　45 握手何言：指李陵为苏武饯行时，握手告别，口中无言。
46 明妃：汉元帝宫女王昭君，汉元帝将其赐予匈奴呼韩邪单于。晋避司马昭讳，称她为明妃，后人又称明妃。　47 太息：叹息。　48 紫台：指帝王居室。
49 稍：渐渐。　50 无极：没有尽头。　51 摇风：即飘风，旋风。　52 陇：指陇山，在今甘肃。　53 代：古地名，在今山西北部。　54 寡色：暗淡无光。　55 何期：何时是归期。　56 芜绝：草木枯死，这里指昭君老死异国。　57 敬通：东汉辞赋家冯衍，字敬通。58 见抵：被排挤。　59 "闭关"二句：指隐居不出。关，门闩。事，参与世事。　60 孺人：古称大夫的妻子。　61 顾弄：抚弄，戏逗。　62 稚子：幼儿。　63 脱略：轻慢。　64 跌宕：放纵不拘。

赍(jī)志[65]没地[66]，长怀[67]无已。

及夫中散[68]下狱，神气激扬，浊醪(láo)[69]夕引[70]，素琴[71]晨张[72]。秋日萧索，浮云无光。郁[73]青霞之奇意[74]，入修夜[75]之不旸(yáng)[76]。

或有孤臣[77]危涕，孽子[78]坠心[79]，迁客[80]海上[81]，流戍[82]陇阴[83]。此人[84]但闻悲风汩(yù)[85]起，血下沾衿；亦复含酸[86]茹叹[87]，销落湮没[88]。

若乃骑[89]叠迹，车屯[90]轨，黄尘匝[91]地，歌吹四起，无不烟断火绝[92]，闭骨泉里[93]。

已矣哉！春草暮[94]兮秋风惊[95]，秋风罢[96]兮春草生。绮罗毕[97]兮池馆尽[98]，琴瑟灭[99]兮邱垄[100]平。自古皆有死，莫不饮恨[101]而吞声[102]。

---

65 赍志：怀抱大志。　66 没地：指死亡。　67 长怀：这里指长恨。　68 中散：晋代嵇康曾任中散大夫，所以称嵇中散。　69 浊醪：浊酒。　70 引：持杯饮酒。71 素琴：指未加雕绘装饰的琴。　72 张：乐器上弦，这里指弹琴。　73 郁：浓盛、雄壮的样子。　74 青霞之奇意：指凌云壮志。青霞，青云。　75 修夜：长夜。76 旸：日出。　77 孤臣：孤立无助的臣子。　78 孽子：贱妾所生的庶子。79 坠心：与上句"危涕"互文见义，即心感危殆，涕泪坠落。　80 迁客：流徙或被贬至外地的人。　81 海上：泛指荒远之地。　82 流戍：流守边关的士兵。83 陇阴：陇山之北，泛指荒远之地。　84 此人：指上文的孤臣、孽子、迁客、流戍。85 汩：快，迅速。　86 含酸：指尝尽辛酸。　87 茹叹：饮恨长叹。　88 销落湮没：指死亡。　89 骑：骑马的人，一人一马叫一骑。　90 屯：聚集。　91 匝：环绕。　92 烟断火绝：人世生活结束，指死亡。　93 泉里：指黄泉。　94 暮：尽，末。　95 惊：震动。　96 罢：停止。　97 绮罗毕：指身穿绮罗的妻妾尽皆死亡。98 尽：指毁灭不存。　99 琴瑟灭：指抱琴弹唱的歌伎舞女全都死去。　100 邱垄：即丘陇，坟墓。　101 饮恨：含恨，抱憾。　102 吞声：忍受着不发出声音来。

　　《恨赋》与上面所选的《别赋》都是江淹的代表作品,被人誉为"千秋绝调"。本文生动地描写了各种不同类型人物的人生恨事,如帝王之恨、名将之恨、美人之恨、才士之恨、志士之恨、贫困之恨、兴衰之恨,在每一种类型中,又标举其中最有代表性的人物加以描绘。对这些人物的描写寄托了作者心中的怨愤之情,这种情绪又常常引起后来许多失意者的共鸣,这是《恨赋》流传的一个重要原因。全文洗练峻洁,无一冗词,音律和谐,语言精美,充分体现了江淹在赋体方面的艺术创作特色。

与陈伯之书

丘 迟

迟顿首[1]，陈将军足下[2]：无恙[3]，幸甚幸甚。将军勇冠三军，才为世出[4]，弃燕雀之小志，慕鸿鹄以高翔[5]。昔因机[6]变化，遭遇明主[7]；立功立事，开国称孤[8]。朱轮华毂[9]，拥旄（máo）[10]万里，何其壮也！如何一旦为奔亡之虏[11]，闻鸣镝（dí）[12]而股战，对穹庐[13]以屈膝，又何劣邪！

寻[14]君去就之际，非有他故，直[15]以不能内审诸己[16]，外受流言，沈迷猖獗，以至于此。圣朝赦罪责功[17]，弃瑕[18]录用，推赤心于天下，安反侧[19]于万物，将军之所知，不假[20]仆[21]一二谈[22]也。朱鲔（wěi）涉血于友于[23]，张绣剚（zì）

---

1 顿首：叩拜。古人书信首尾常用的客气语。　　2 足下：对对方的敬称。　　3 无恙：无忧，平安无事。是古人常用的问候语。恙，忧，病。　　4 才为世出：才能是当代杰出的。　　5 "弃燕雀"二句：指陈伯之怀抱远大的志向。　　6 因机：顺应时机。　　7 遭遇明主：碰到圣明的君主。遭遇，遇合。明主，英明的君主，这里指梁武帝萧衍。这两句指陈伯之当初背弃归梁。　　8 "立功"二句：指陈伯之建立了功业，得以封爵称孤。晋时封爵，自郡公至县男，都冠以开国之号，南北朝沿袭了这种做法。　　9 朱轮华毂：指华丽的车乘。　　10 旄：用牦牛尾装饰的旗子，这里指旄节。古代武官持节专制一方，称为"拥旄"。11 奔亡之虏：逃亡投敌的人。　　12 鸣镝：响箭。　　13 穹庐：毡帐，相当于现在的蒙古包。　　14 寻：推究，探求。　　15 直：但，仅。　　16 内审诸己：自己内心反复思考。　　17 赦罪责功：宽赦罪过，而要求被赦者立功赎罪。18 瑕：玉上的斑点，比喻过失、错误。　　19 反侧：指反复动摇的人。　　20 不假：无须，不用。　　21 仆：作者自称的谦词。　　22 一二谈：一一叙说。　　23 "朱鲔"句：朱鲔曾与刘玄杀汉光武帝刘秀之兄刘伯升，刘秀攻洛阳，朱鲔拒守，刘秀派岑彭前去劝降，表示"建大事不忌小怨"，朱鲔遂降。友于，指兄弟。

刃于爱子[24]，汉主[25]不以为疑，魏君[26]待之若旧。况将军无昔人之罪，而勋重于当世。夫迷途知返，往哲是与[27]；不远而复，先典攸高[28]。主上屈法[29]申恩，吞舟是漏[30]；将军松柏[31]不翦，亲戚[32]安居。高台[33]未倾，爱妾尚在，悠悠尔心，亦何可言[34]！今功臣名将，雁行有序。佩紫怀黄，赞帷幄[35]之谋；乘轺（yáo）[36]建节[37]，奉疆埸（yì）[38]之任。并刑马作誓[39]，传之子孙。将军独靦（miǎn）颜[40]借命[41]，驱驰毡裘之长（zhǎng）[42]，宁[43]不哀哉！

夫以慕容超[44]之强，身送东市[45]；姚泓[46]之盛，面缚西都[47]。故知霜露所均[48]，不育异类[49]；姬汉旧邦[50]，无取杂

---

24 "张绣"句：东汉末年，张绣与曹操交战，曹军败，曹操为流矢所中，长子曹昂遇害。后张绣投降曹操，封列侯。刜，刺杀。爱子，指曹操的长子曹昂。
25 汉主：指光武帝刘秀。　26 魏君：指曹操。　27 与：赞许。　28 先典攸高：（这是）古代的典籍所推崇的。先典，古代的典籍，这里指《易经》。攸，所。高，推崇。　29 屈法：轻法。　30 吞舟是漏：比喻法网宽疏。　31 松柏：指陈家的祖坟。古人常在墓侧植松柏作为辨识的标记。　32 亲戚：指父母兄弟等。
33 高台：指陈家住宅。　34 "悠悠"二句：只要你心里仔细思量一下，还有什么可说的呢！　35 帷幄：军中帐幕。　36 轺：轻便小车。　37 建节：指将旄节插立车上。节，符节。皇帝遣使在外所持凭证。　38 疆埸：边境。　39 刑马作誓：古代诸侯会盟，杀白马，饮血为誓。刑，杀。　40 靦颜：强颜，羞愧的样子。
41 借命：偷生。　42 毡裘之长：指北魏君主。　43 宁：岂。　44 慕容超：南燕君主。　45 东市：原为汉代长安行刑场所，后泛指刑场。史载，慕容超大掠淮北，被刘裕擒获，解至南京斩首。　46 姚泓：后秦君主。　47 西都：指长安。刘裕北伐破长安，生擒姚泓。　48 霜露所均：霜露分布的地方，指天地之间。均，分布。　49 异类：古代对少数民族的侮辱性称呼。　50 姬汉旧邦：指北方中原一带，原为周汉故国。姬，周天子姓。

种[51]。北虏[52]僭盗中原,多历年所[53],恶积祸盈,理至焦烂[54]。况伪孽[55]昏狡[56],自相夷戮[57];部落携离[58],酋豪猜贰[59]。方当系颈[60]蛮邸[61],悬首藁街[62],而将军鱼游于沸鼎[63]之中,燕巢于飞幕[64]之上,不亦惑乎!

暮春三月,江南草长,杂花生树,群莺乱飞。见故国[65]之旗鼓,感平生于畴日[66],抚弦登陴(pí)[67],岂不怆恨[68]!所以廉公之思赵将[69],吴子之泣西河[70],人之情也,将军独无情哉!想早励良规[71],自求多福。

当今皇帝盛明,天下安乐。白环西献[72],楛(hù)矢东来[73]。夜郎[74]滇池[75],解辫请职[76];朝鲜昌海[77],蹶角受化[78]。

---

51 杂种:古代对少数民族的侮辱性称呼。 52 北虏:指北魏。虏,对少数民族侮辱性的称呼。 53 年所:年代。 54 焦烂:指灭亡。 55 伪孽:指北魏统治集团。 56 昏狡:昏庸狡诈。 57 自相夷戮:自相残杀。 58 携离:分崩离析。 59 猜贰:指互相猜忌,各怀二心。 60 系颈:以绳系颈,表示投降请罪。 61 蛮邸:外族首领入朝时所居馆舍。 62 藁街:汉京城长安街名,蛮邸即设于此。 63 沸鼎:盛满沸水的烹器。 64 飞幕:飞动摇荡的帐幕。 65 故国:指梁朝。 66 畴日:昔日。 67 陴:城上矮墙。 68 怆恨:悲哀。 69 廉公之思赵将:指廉颇想再为赵将。廉颇为赵国名将,后赵悼襄王不用他,他怒而奔魏,魏王不能信用,廉颇想复用于赵王。 70 吴子之泣西河:指战国军事家吴起为魏守西河,魏武侯听信谗言将他召回,吴知道自己一走,西河将被秦占领,临行望西河而哭泣。 71 良规:好的打算,指归梁。 72 白环西献:传说舜时,西王母来朝,献白玉环。 73 楛矢:用楛木制成的箭。相传武王伐纣时,肃慎氏献楛矢石弩。 74 夜郎:今贵州桐梓一带。 75 滇池:在今云南昆明。 76 解辫请职:解开发辫,请求封职,表示归顺。 77 昌海:今新疆罗布泊。 78 蹶角:以额角叩地,表示归服。

唯北狄⁷⁹野心,崛强沙塞⁸⁰之间,欲延岁月之命耳。中军临川殿下⁸¹,明德茂亲⁸²,总⁸³兹戎重⁸⁴,吊民⁸⁵洛汭(ruì)⁸⁶,伐罪⁸⁷秦中⁸⁸。若遂⁸⁹不改,方思仆言。聊布⁹⁰往怀⁹¹,君其详⁹²之。丘迟顿首。

---

79 北狄:指北魏。　80 沙塞:沙漠边塞。　81 中军临川殿下:指萧宏。萧宏为临川郡王,时为中军将军。殿下,汉魏后对太子、诸王的尊称。　82 茂亲:至亲。萧宏为武帝萧衍之弟。　83 总:主持,统领。　84 戎重:军事重任。85 吊民:慰问百姓。　86 洛汭:洛水隈曲之处,在今河南巩县一带。　87 伐罪:讨伐罪人。　88 秦中:今陕西中部地区。　89 遂:因循,照旧。　90 布:陈述。　91 往怀:昔日的友情。　92 详:指详加考虑。

欣赏指南

　　丘迟(463—508),字希范,吴兴乌程(今浙江吴兴)人,南朝齐梁间文学家。他曾为永嘉太守、中书郎,所以又称丘中郎。有《丘中郎集》。

　　陈伯之,齐末为江州刺史,梁时封为丰城县公。武帝天监元年(公元502年),他率部投降北魏。天监四年(公元505年),临川王萧宏领兵北征,陈伯之率兵相拒。萧宏命记室丘迟写下了这封劝降信。信中首先斥责陈不明大义,忘恩降敌;继而申明梁以宽大为怀,既往不咎,从正面劝其归降;然后具体分析双方的斗争形势及陈本人处境的危险,晓以利害,从双方军事力量的对比中令其觉悟而归降。文中还以陈的父母妻妾安好、江南故国风景如画动之以情。史载陈伯之得书后,即于次年三月在寿阳(今安徽寿县)率众归降。本文为骈体书信,用典精当,文辞工丽,委曲婉转,新颖别致,既有说服力,又富于艺术感染力。文中"暮春三月,江南草长,杂花生树,群莺乱飞"一段尤为后人传诵。

三　峡

郦道元

自三峡[1]七百里中，两岸连山，略无阙处[2]。重岩叠嶂（zhàng）[3]，隐天蔽日，自非亭午[4]夜分[5]，不见曦（xī）[6]月。至于夏水襄陵[7]，沿溯阻绝[8]。或王命[9]急宣，有时朝发白帝[10]，暮到江陵[11]，其间千二百里，虽乘奔[12]御风[13]，不以疾也。春冬之时，则素湍[14]绿潭[15]，回清倒影[16]。绝巘（yǎn）[17]多生柽（chēng）[18]柏，悬泉瀑布，飞漱（shù）[19]其间，清荣峻茂[20]，良多趣味。每至晴初[21]霜旦[22]，林寒涧肃[23]，常有高猿长啸，属（zhǔ）引[24]凄异，空谷传响，哀转久绝[25]。故渔者歌曰："巴东[26]三峡巫峡长，猿鸣三声泪沾裳！"

---

1 三峡：长江三峡，瞿塘峡、巫峡、西陵峡的合称。　2 略无阙处：丝毫没有缺口的地方。阙，通"缺"，空缺。　3 嶂：像屏障一样直立的山峰。　4 亭午：正午。　5 夜分：夜半。　6 曦：日光，这里指太阳。　7 襄陵：（大水）漫过山岗。襄，上。陵，山岗。　8 沿溯阻绝：上下的交通都被断绝。沿，顺流而下。溯，逆流而上。　9 王命：指皇帝的诏命。　10 白帝：城名，在今重庆奉节。　11 江陵：今属湖北荆州。　12 乘奔：乘着奔驰的马。　13 御风：驾着风。　14 素湍：白色的急流。　15 绿潭：绿色的深水。　16 回清倒影：在回旋的清水中，倒映着两岸的影像。　17 绝巘：险峻的山峰。　18 柽：河柳。　19 飞漱：飞溅喷洒。　20 清荣峻茂：水清树繁，山高草盛。清，指泉水清澈。荣，指树木繁密。峻，指山峰峻峭。茂，指草长茂盛。　21 晴初：初晴的日子。　22 霜旦：下霜的早晨。　23 林寒涧肃：林涧清冷。　24 属引：连续不断。　25 哀转久绝：（鸣声）悲哀婉转，很长时间才消失。　26 巴东：指今重庆奉节、云阳、巫山等地。

郦道元(约 470—527),字善长,范阳涿郡(今河北涿州)人,北魏时期著名的地理学家、散文家。他历任冀州镇东府长史、御史中尉等职。性好学,博览群书,喜欢游历,曾遍游全国的名山大川,考察水道变迁和城邑兴废等地理现象,写成了《水经注》40 卷,具有很高的科学价值和文学价值。

本文选自《水经注·江水注》。文章描写了三峡两岸高峻的山势、奔流的江水以及四时景色的变化,突出了三峡险与幽的特点。全文笔调清新,用语准确,写景时注重渲染气氛,写出了山水的神韵。本文是历代传诵的名篇,对后世游记文学的发展有很大的影响。

与朱元思书

吴 均

风烟[1]俱净，天山共色，从流[2]飘荡，任意东西。自富阳[3]至桐庐[4]，一百许[5]里，奇山异水，天下独绝。

水皆缥碧[6]，千丈见底，游鱼细石，直视无碍。急湍甚箭[7]，猛浪若奔[8]。夹岸高山，皆生寒树[9]；负势[10]竞上[11]，互相轩邈[12]；争高直指[13]，千百成峰。泉水激石，泠（líng）泠[14]作响；好鸟相鸣，嘤嘤[15]成韵。蝉则千转[16]不穷，猿则百叫无绝。鸢（yuān）飞戾天[17]者，望峰息心；经纶[18]世务者，窥谷忘反[19]。横柯[20]上蔽，在昼犹昏；疏条[21]交映，有时见日。

---

1 风烟：指笼罩在江上的烟雾。　2 从流：随水漂流。从，随着。　3 富阳：今浙江富阳。　4 桐庐：今浙江桐庐。　5 许：表示约数。　6 缥碧：苍青色。　7 急湍甚箭：水流湍急比飞箭速度还要快。　8 猛浪若奔：浪势凶猛如奔马。　9 寒树：耐寒常绿的树。　10 负势：凭依地势。　11 竞上：争着向上。　12 互相轩邈：互争高远。轩，高。邈，远。　13 争高直指：形容群峰争高，直指天空。　14 泠泠：形容水声清越。　15 嘤嘤：鸟鸣的声音。　16 转：原指鸟鸣，这里指蝉鸣。　17 鸢飞戾天：比喻想飞黄腾达的人。鸢，鹞鹰。戾，至。　18 经纶：原指整理蚕丝，后引申为规划、管理的意思。　19 反：通"返"，返回。　20 横柯：树木的横枝。　21 疏条：稀疏的枝条。

吴均(469—520),字叔庠,吴兴故鄣(今浙江安吉)人,南朝梁著名的文学家。他的文章工于写景,风格清新流丽,时人多仿效,称为"吴均体"。有《吴朝请集》和小说《续齐谐记》。

本文是吴均写给朱元思的一封信,介绍自己从富阳至桐庐沿途所见的景色。文中着墨不多,但却描绘出一幅祖国南方秀丽江山的美景。全文语言明快生动,意境清幽,对后世的山水游记影响较大。从唐代柳宗元的《小石潭记》到明代袁中郎的《西山十记》,都可以明显地看到这篇文章带给他们的启发。

哀江南赋序

庾 信

粤¹ 以戊辰之年²，建亥之月³，大盗移国，金陵瓦解⁴。余乃窜身⁵荒谷，公私⁶涂炭⁷。华阳⁸奔命⁹，有去无归¹⁰。中兴¹¹道销¹²，穷于甲戌¹³。三日哭于都亭¹⁴，三年囚于别馆¹⁵，天道¹⁶周星¹⁷，物极不反。傅燮(xiè)之但悲身世，无处求生¹⁸；袁安之每念王室，自然流涕¹⁹。昔桓君山²⁰之志事，杜元凯²¹之平生，并有著书，咸能自序。潘岳²²之文采，

---

1 粤：发语词。　2 戊辰之年：梁武帝太清二年（公元 548 年）。　3 建亥之月：农历十月。　4 "大盗"二句：指梁武帝太清二年八月，侯景作乱，十月，攻陷金陵。移国，指篡国。　5 窜身：逃亡。　6 公私：公室和私家，指朝廷和百官。7 涂炭：陷于泥涂、炭火之中，比喻遭遇灾难。　8 华阳：华山之阳，此指江陵。9 奔命：这里是指奉使奔走西魏。　10 有去无归：指自己被留在西魏，不得南归。　11 中兴：指梁元帝平定侯景之乱，使梁复兴。　12 道销：国运消亡。13 穷于甲戌：指梁元帝承圣三年（公元 554 年），西魏攻破江陵，梁元帝被杀。14 都亭：都下之亭。三国时，蜀将罗宪守永安城，听说刘禅降魏，率领部属在都亭哭了三天。这里是庾信借喻自己哭梁元帝。　15 别馆：指客馆，使者所居。16 天道：自然之道。　17 周星：岁星十二年绕天一周，所以叫周星。　18 "傅燮"二句：傅燮是东汉人，为汉阳太守，王国和韩遂围攻汉阳时，他的儿子劝他弃城回乡，他慨然叹息道："世乱不能养浩然之志，食禄又欲避其难乎？吾行何之，必死于此。"于是战死。这里借以表示自己羁留异国，只能悲身逢厄运，困死他乡。　19 "袁安"二句：袁安是东汉人，为司徒，当时外戚专权，皇帝幼弱，袁安每与人谈及国事，往往呜咽流涕。　20 桓君山：指桓谭，字君山，著有《新论》。　21 杜元凯：指杜预，字元凯，著有《春秋左氏经传集解》。　22 潘岳：字安仁，晋人，曾作《家风诗》。

始述家风；陆机²³之辞赋，先陈世德。信年始二毛²⁴，即逢丧乱，藐是²⁵流离，至于暮齿²⁶。燕歌²⁷远别，悲不自胜；楚老相逢，泣将何及²⁸。畏南山之雨²⁹，忽践秦庭³⁰；让东海之滨³¹，遂餐周粟³²。下亭³³漂泊，高桥³⁴羁旅。楚歌非取乐之方，鲁酒无忘忧之用³⁵。追为此赋，聊以记言，不无危苦之辞，惟以悲哀为主。

日暮途远，人间何世！将军³⁶一去，大树飘零；壮士³⁷不还，寒风萧瑟。荆璧³⁸睨（nì）柱，受连城而见欺；载书³⁹

---

23 陆机：字士衡，晋人，作过《祖德赋》《述先赋》二赋。　　24 二毛：头发斑白。庾信当侯景乱时年才三十六岁，刚出现灰白的头发。　　25 藐是：或作"狼狈"。藐，小。是，此，指自己。　　26 暮齿：晚年。　　27 燕歌：燕太子丹在易水送别荆轲，荆轲临别作歌："风萧萧兮易水寒，壮士一去兮不复还。"这里是庾信自比出使西魏，一去不返。　　28 楚老：楚地父老。汉末楚人龚胜，仕汉为光禄大夫，王莽篡位，不应征而饿死。死后有楚地父老来吊，哭得很悲痛。这里是说自己没有能像龚胜那样不事二君，有愧于故人。　　29 畏南山之雨：传说南山有玄豹，当雾雨天便不出来，为的是保护皮毛。这里是说，自己本来也有避害全身的思想，可是后来终于奉命出使到西魏来了。　　30 秦庭：指西魏，作者把自己比作来秦庭求救的申包胥。　　31 让东海之滨：指伯夷、叔齐相互辞让君位，逃至海滨。　　32 遂餐周粟：是说自己没能像伯夷、叔齐那样不食周粟，而做了西魏的官。　　33 下亭：地名。汉代孔嵩宿于下亭，马被人家偷去。　　34 高桥：一作"皋桥"，在苏州市阊门内。汉代皋伯通住在这里，梁鸿曾在他家做佣工。这里是庾信用孔嵩、梁鸿的羁旅漂泊来比喻自己的不幸遭遇。　　35 "楚歌"二句：楚歌虽好，不能使人欢乐；鲁酒虽好，不能让人忘忧。　　36 将军：指后汉的冯异。冯异为人谦虚谨慎，当别人自夸军功时，他常常独自倚树不语，军中称他为"大树将军"。　　37 壮士：指荆轲。　　38 荆璧：即和氏璧。这是用蔺相如完璧归赵的故事。　　39 载书：即盟书。这是用毛遂说服楚王定下楚赵合纵抗秦盟约的故事。

横阶，捧珠盘而不定。钟仪君子，入就南冠之囚[40]；季孙行人，留守西河之馆[41]。申包胥[42]之顿地[43]，碎之以首；蔡威公[44]之泪尽，加之以血。钓台移柳[45]，非玉关[46]之可望；华亭[47]鹤唳（lì），岂河桥之可闻！

孙策[48]以天下为三分，众才一旅[49]；项籍用江东之子弟，人唯八千[50]。遂乃分裂山河，宰割天下。岂有百万义师，一朝卷甲，芟（shān）夷[51]斩伐，如草木焉？江淮无涯岸之阻，亭壁[52]无藩篱之固。头会箕（jī）敛者[53]，合从（zòng）缔交[54]；锄耰（yōu）棘矜[55]者，因利乘便。将非江表王气[56]，

40"钟仪"二句：指春秋时楚人钟仪曾被囚于晋，后钟仪奏出南国的音乐，范文子称他是君子。这里用钟仪比喻自己被扣留在西魏。　41"季孙"二句：春秋时鲁国的季孙意如随鲁昭公去参加诸侯的盟会，晋国不准鲁国与盟，并把季孙意如扣留西河。这也是庾信比喻自己被扣西魏。行人，使者。　42申包胥：春秋时楚大夫。春秋时吴攻楚，楚大夫申包胥到秦国求救，秦国不肯出兵，申包胥倚墙而立，痛哭七日，直到秦国答应出兵救楚，才"九顿首而坐"。　43顿地：顿首至地。　44蔡威公：春秋时，蔡威公见国家将亡，闭门哭了三日三夜，泪尽继之以血。　45钓台移柳：这里借以比喻故国的风物。钓台，在武昌。晋陶侃驻兵武昌时，曾在钓台种过很多柳树。移，一作"栘（yí）"，是近似白杨的一种树。　46玉关：玉门关，在今甘肃敦煌。　47华亭：在今上海松江，是晋代陆机的故乡。　48孙策：孙权之兄，三国时吴国的开国者。　49一旅：五百人。　50"项籍"二句：指项羽开始起兵于江东时，有精兵八千人。　51芟夷：除草，这里用来比喻杀人之多。当侯景作乱时，梁朝的军队号称百万，但在侯景的进攻之下，纷纷败逃。侯景攻克梁都金陵，大肆屠杀，极其残酷。　52亭壁：亭障、壁垒，监视和防御敌人的工事。　53头会箕敛者：指下级主管征收赋税的官吏。　54合从缔交：指相互联合结盟。　55棘矜：带尖的木棍子。秦末农民起义时，曾用农具木棍等作为兵器。　56江表王气：指南朝的王朝命运。江表，指建康一带，从吴到梁五个朝代都建都于建康，前后共约三百年。

终于三百年乎？是知并吞六合⁵⁷，不免轵(zhǐ)道之灾⁵⁸；混一车书⁵⁹，无救平阳之祸⁶⁰。呜呼！山岳崩颓，既履危亡之运；春秋迭代，必有去故之悲。天意人事，可以凄怆伤心者矣！况复舟楫路穷，星汉⁶¹非乘槎(chá)⁶²可上；风飙(biāo)道阻，蓬莱⁶³无可到之期。穷者欲达其言，劳者须歌其事。陆士衡闻而抚掌⁶⁴，是所甘心；张平子见而陋之⁶⁵，固其宜矣。

---

57 六合：天地四方，指天下。　58 轵道之灾：刘邦入关，秦王子婴奉符玺在轵道旁迎降。轵道，亭名。　59 混一车书：即车同轨、书同文，指统一天下。
60 平阳之祸：指西晋的怀、愍二帝先后被刘聪、刘曜捉到平阳遭到杀害的事情。平阳，今山西临汾。　61 星汉：天河。　62 槎：木筏。　63 蓬莱：传说中的海上仙山，这里指家乡。　64 "陆士衡"句：指陆机初到洛阳时，拟作《三都赋》，听说左思在写《三都赋》，便抚掌嘲笑，以为左思不自量力。　65 "张平子"句：指汉代张衡见到班固的《两都赋》，认为鄙陋，于是自己另作《两京赋》。

欣赏指南

庾信(513—581)，字子山，南阳新野(今河南新野)人，南北朝时期文学家。他曾为梁朝御史中丞，后出使西魏，梁亡后被强留在北方，先仕西魏，后仕北周。早年他的诗赋多绮丽之作，后期作品常有"乡关之思"，萧瑟悲凉，对后代影响较大。有《庾子山集》。

《哀江南赋》是庾信晚年流落在北朝时，为哀痛梁朝的灭亡而作。"哀江南"出自《楚辞·招魂》中的"魂兮归来哀江南"。由于赋文篇幅过长，这里选录的是作者在赋前所写的序言。序言"悲身世""念王室""述家风""陈世德"，写得"凄怆伤心"，极富艺术感染力。文中的句式以四、六言为主，灵活多变；对偶中间有散句，纵横自如。本文多用典故，联想丰富，形成了厚重的风格，代表了南北朝时期骈赋的最高成就。

谏太宗十思疏

魏　徵

臣闻求木之长(zhǎng)者,必固其根本;欲流之远者,必浚(jùn)[1] 其泉源;思国之安者,必积其德义。源不深而望流之远,根不固而求木之长,德不厚而思国之安,臣虽下愚,知其不可,而况于明哲乎?人君当神器[2] 之重,居域中[3] 之大,不念居安思危,戒奢以俭,斯亦伐根以求木茂,塞源而欲流长也。

凡昔元首[4],承天景[5] 命,善始者实繁,克[6] 终者盖寡。岂取之易守之难乎?盖在殷忧[7],必竭诚以待下;既得志,则纵情以傲物。竭诚则胡越为一体,傲物则骨肉为行路。虽董[8] 之以严刑,振[9] 之以威怒,终苟免而不怀仁,貌恭而不心服。怨不在大,可畏惟人;载舟覆舟,所宜深慎。

诚能见可欲则思知足以自戒,将有作[10] 则思知止以安人,念高危则思谦冲而自牧[11],惧满盈[12] 则思江海下百川,乐盘游[13] 则思三驱以为度[14],忧懈怠则思慎始而敬终,虑

---

1 浚:疏通。　2 神器:指帝位。　3 域中:指天地之间。　4 元首:指君主。
5 景:大。　6 克:能够。　7 殷忧:深重的忧患。　8 董:监督。　9 振:通"震",镇压。　10 作:兴作,这里指兴建宫室等。　11 自牧:自我修养。牧,养。　12 满盈:溢出,这里用来比喻骄傲自满。　13 盘游:打猎游乐。　14 三驱以为度:以一年打猎三次为限度。

壅(yōng)蔽¹⁵ 则思虚心以纳下，惧谗邪则思正身以黜(chù)¹⁶恶，恩所加则思无因喜以谬赏，罚所及则思无以怒而滥刑。总此十思，宏兹九德¹⁷，简¹⁸能而任之，择善而从之，则智者尽其谋，勇者竭其力，仁者播其惠，信者效其忠。文武并用，垂拱而治¹⁹。何必劳神苦思，代百司之职役哉！

---

15 壅蔽：蒙蔽，闭塞。　16 黜：排斥，罢免。　17 宏兹九德：发扬九种美德。宏，扩大，发扬。九德，古代的九种道德标准，指忠、信、敬、刚、柔、和、固、贞、顺。　18 简：选拔。　19 垂拱而治：指君王可以垂衣拱手，不用操劳而天下太平。垂拱，垂衣拱手，形容不费力。

欣赏指南

　　魏徵(580—643)，字玄成，巨鹿(今河北平乡)人，后移居相州内黄(今属河南)，唐初的政治家和历史学家。唐太宗时拜谏议大夫，封郑国公，以直言敢谏著称。有《魏郑公文集》。

　　本文是贞观十一年(公元637年)魏徵写给唐太宗的奏章。唐太宗执政初年励精图治，社会安定，经济繁荣。后来唐太宗志得意满，生活上逐渐奢侈起来。魏徵对此深以为忧，几次上疏进谏，不断用前代历史教训来提醒太宗，本文是其中的一篇。文章首先指出国君必须"居安思危""戒奢以俭"，国家才可以"垂拱而治"；又通过历代帝王的兴衰荣辱为例，说明守成难于创业，总结了"载舟覆舟"的历史教训；最后引出"十思"的规谏，告诫太宗要戒骄戒躁戒奢。全文写得语重心长，感情真挚，语言简洁生动，常常灵活运用比喻说明道理，是历代奏章中难得的佳作。

讨武曌檄

骆宾王

　　伪临朝武氏¹者，性非和顺，地实寒微。昔充太宗下陈²，曾以更衣入侍。洎（jì）乎晚节，秽乱春宫³。潜隐先帝之私，阴图后房之嬖（bì）⁴。入门见嫉，蛾眉⁵不肯让人；掩袖工谗⁶，狐媚偏能惑主。践元后于翚（huī）翟（dí）⁷，陷吾君于聚麀（yōu）⁸。加以虺（huī）蜴（yì）⁹为心，豺狼成性，近狎邪僻¹⁰，残害忠良，杀姊屠兄，弑（shì）君鸩（zhèn）母¹¹。人神之所同嫉，天地之所不容。犹复包藏祸心，窥窃神器¹²。君之爱子¹³，幽¹⁴之于别宫；贼之宗盟¹⁵，

---

1 武氏：即武则天，名曌（zhào）。　2 下陈：下列，地位较低的宫妃，这里指武则天曾为唐太宗的才人。　3 洎乎晚节，秽乱春宫：这两句指武则天本是太宗的才人，但后来却和太子（高宗）发生暧昧关系。洎，及。晚节，晚年，指当人才的后期。春宫，即东宫，太子所居之官。　4 嬖：宠幸。　5 蛾眉：原以蚕蛾的触须比喻女子修长而美丽的眉毛，这里借指美女。　6 掩袖工谗：指楚王夫人郑袖的掩鼻之计，这里说武则天善于进谗。　7 践元后于翟翟：指武则天登上皇后的宝座，用上了皇后的车子和礼服。践，登上。元后，正官皇后。翚翟，指皇后的车服。　8 陷吾君于聚麀：指武则天原是太宗的才人，后来当上高宗的皇后，使高宗陷于禽兽之行。聚麀，两头雄性的鹿共有一头雌性的鹿。9 虺蜴：指毒蛇和蜥蜴。　10 近狎邪僻：亲近奸佞之人。狎，亲近。邪僻，指不正派的人。　11 弑君鸩母：谋杀君王，毒死皇后。弑，臣下杀害君王。鸩，鸟名，其羽毛有毒，用以浸酒，饮之即死。据史书，并没有武则天杀害高宗的记载。

12 神器：帝位。　13 爱子：指中宗李显。高宗死后，李显继位，被武则天废为庐陵王，另立李旦为帝。　14 幽：囚禁。　15 宗盟：亲属和党羽。

委之以重任。呜呼！霍子孟[16]之不作，朱虚侯[17]之已亡。燕啄皇孙，知汉祚（zuò）之将尽[18]；龙漦（lí）帝后，识夏庭之遽（jù）衰[19]。

　　敬业皇唐旧臣，公侯冢（zhǒng）子[20]。奉先君之成业，荷本朝之厚恩。宋微子[21]之兴悲，良有以也；袁君山[22]之流涕，岂徒然哉！是用气愤风云，志安社稷。因天下之失望，顺宇内之推心，爰举义旗，以清妖孽。南连百越[23]，北尽三河[24]，铁骑成群，玉轴[25]相接。海陵[26]红粟，仓储之积靡穷；江浦黄旗[27]，匡复之功何远？班声[28]动而北风起，剑气冲而南斗（dǒu）平。喑（yīn）呜则山岳崩颓，叱（chì）咤（zhà）则风云变色。以此制敌，何敌不摧？以此图功，何功不克？

---

16 霍子孟：即霍光，汉昭帝时，以大司马大将军辅政，是安定西汉王朝的重臣。　17 朱虚侯：即刘章，汉高祖子齐惠王肥的次子，封朱虚侯。高祖死后，他联合大臣诛灭吕氏，拥立文帝，稳定了西汉王朝。　18 "燕啄"二句：这里借汉成帝皇后赵飞燕杀死皇子之事，暗指武则天先后杀害许多皇子，致使唐室倾危。祚，皇位，国运。　19 "龙漦"二句：神龙的口水流淌在帝王的后宫里，标志着夏王朝快要衰亡了。传说夏代衰亡时，有二龙降临宫廷，夏帝将龙吐的涎沫用木盒装起封闭。周厉王时打开木盒，龙涎流出，化为大鳖，进入后宫，一宫女感而有孕，生褒姒，褒姒后来成为周幽王的王后，受到宠幸，招致西周的灭亡。龙漦，古代传说中神龙的涎沫。遽，急速。　20 冢子：嫡长子。　21 宋微子：名启，殷纣王的庶兄，封于宋，故称宋微子。殷朝灭之后，他路过殷都的废墟，悲伤不已，作《麦秀》表示哀悼。　22 袁君山：汉朝人，名安，字君山，因痛恨外戚专权，言及国事，常痛哭流涕。　23 百越：古代越族有百种，故称。这里指越人所居的偏远的东南沿海。　24 三河：洛阳附近河东、河内、河南三郡，是当时政治中心所在的中原之地。　25 玉轴：指战车。　26 海陵：古县名，在今江苏省泰州市，汉代曾在此置粮仓。　27 黄旗：指王者之旗。　28 班声：马嘶鸣声。

公等或居汉地，或叶（xié）周亲[29]，或膺（yīng）[30]重寄于话言，或受顾命[31]于宣室。言犹在耳，忠岂忘心？一抔（póu）之土未干，六尺之孤何托[32]！倘能转祸为福，送往事居[33]，共立勤王之勋，无废大君[34]之命，凡诸爵赏，同指山河[35]。若其眷恋穷城[36]，徘徊歧路，坐昧先几之兆，必贻后至之诛[37]。请看今日之域中，竟是谁家之天下！

---

29 叶周亲：身份地位合于至亲，指和唐朝有宗室或婚姻的关系。叶，通"协"。
30 膺：接受。　31 顾命：君王临死时的遗命。　32"一抔"二句：先帝的坟土尚未干透，幼主不知何处寄托。六尺之孤，指继承皇位的新君，即唐中宗。　33 送往事居：送走死者，侍奉生者。往，死者，指高宗。居，生者，指中宗。　34 大君：指唐高宗。　35"凡诸"二句：指有功者授予爵位，子孙永享，可以共指山河为誓。36 穷城：孤立无援的城邑。　37"坐昧"二句：指看不清事先的征兆，迟迟不响应号召的一定会招来杀身之祸。昧，不分明。先几之兆，事前的预兆。贻，留。

欣赏指南

骆宾王（约638—？），婺州义乌（今浙江义乌）人，初唐文学家。他与卢照邻、王勃、杨炯齐名，并称"初唐四杰"。年轻时即以才学著称，初在道王府供职，高宗时因事入狱，后遇赦。随徐敬业起兵讨伐武则天，兵败后不知所终。存有《骆丞集》。

本文一作《代李（徐）敬业传檄天下文》。公元684年，武则天废中宗，徐敬业等以匡复中宗帝业为借口，在扬州起兵反武。当时，骆宾王在徐敬业手下掌文书职，代徐敬业写下了这篇著名的讨伐武则天的檄文。文中极力渲染了武则天淫乱弑逆的罪行，说明起兵讨伐刻不容缓，并号召唐朝的宗室旧臣同心勤王，恢复大唐的基业。在这篇文章中，作者将形象的比喻和历史典故运用到对偶句和排比句中，因而气势磅礴，词锋锐利，号召力强，足以动军心、振士气。

滕王阁序

王　勃

　　豫章故郡，洪都新府[1]。星分翼轸（zhěn）[2]，地接衡庐[3]。襟三江而带五湖[4]，控蛮荆而引瓯（ōu）越[5]。物华天宝，龙光射牛斗（dǒu）之墟[6]；人杰地灵，徐孺下陈蕃之榻[7]。雄州雾列，俊采[8]星驰。台隍枕夷夏之交[9]，宾主尽东南之美。都督阎公之雅望，棨（qǐ）戟（jǐ）[10]遥临；宇文新州[11]之懿（yì）范，襜（chān）帷[12]暂驻。十旬[13]休暇，胜友如云；千里逢迎，高朋满座。腾蛟起凤，孟学士之词宗[14]；紫

---

1 "豫章"二句：指南昌是汉代豫章郡的治所，唐代改豫章郡为洪州府。　2 星分翼轸：古时按二十八星宿的方位来划分区域，其中翼、轸两星座的分野在楚。这里指南昌属于楚地。　3 衡庐：衡山和庐山。　4 襟三江而带五湖：指南昌以三江为襟，以五湖为带。三江，指长江流经鄱阳湖后，分荆江、松江、浙江三道入海。五湖，指太湖、鄱阳湖、青草湖、丹阳湖、洞庭湖。　5 控蛮荆而引瓯越：控制楚地，连接瓯越。蛮荆，即楚地，古称楚为南蛮地区。瓯越，即东瓯，指今浙江地区。　6 龙光射牛斗之墟：宝剑的光芒直射斗牛之间。相传晋朝初年，牛斗星宿之间常有紫气照射，结果在豫章郡的丰城牢狱的地下掘得宝剑二把。牛斗，两星宿名。墟，区域。　7 徐孺下陈蕃之榻：东汉豫章太守陈蕃不轻易接待宾客，惟独给豫章名士徐孺专设一榻。这句意思是说，俊杰之士受到贤明主人的殷勤礼遇。　8 俊采：指人才。　9 台隍枕夷夏之交：南昌城处在荆州和扬州的交界处。台隍，指南昌城。枕，处在。夷夏，这里指荆州和扬州。
10 棨戟：古代官员出行时的前导仪仗，有丝绸套或经过油漆的木戟。　11 宇文新州：复姓宇文的新州刺史。　12 襜帷：车上的帷幕，这里代指车马。
13 十旬：十日为一旬。唐制，每逢旬日，百官退值休沐，称为旬休。　14 词宗：词章的宗师，意指才华出众，为文章界的领袖。

电青霜[15]，王将军之武库。家君作宰[16]，路出名区；童子何知，躬逢胜饯（jiàn）。

时维九月，序属三秋[17]。潦（lǎo）水[18]尽而寒潭清，烟光凝而暮山紫。俨（yǎn）骖（cān）騑（fēi）于上路[19]，访风景于崇阿（ē）[20]；临帝子[21]之长洲，得天人之旧馆。层台耸翠，上出重霄；飞阁翔丹，下临无地。鹤汀（tīng）凫（fú）渚（zhǔ）[22]，穷岛屿之萦回；桂殿兰宫，即冈峦之体势。披绣闼（tà），俯雕甍（méng）[23]，山原旷其盈视，川泽纡其骇瞩[24]。

闾（lú）阎[25]扑地，钟鸣鼎食[26]之家；舸（gě）舰[27]迷津，青雀黄龙之舳[28]。云销雨霁，彩彻区明。落霞与孤鹜（wù）[29]齐飞，秋水共长天一色。渔舟唱晚，响穷彭蠡（lǐ）[30]之滨；雁阵惊寒，声断衡阳之浦。

遥襟甫畅，逸兴遄（chuán）[31]飞。爽籁[32]发而清风生，

---

15 紫电、青霜：都是宝剑名。　16 家君作宰：家父为县令。宰，县令。　17 三秋：晚秋季节，即农历九月。　18 潦水：雨后地上的积水。　19 俨骖騑于上路：整治车马，登上大路。俨，通"严"，整治，收拾。骖騑，驾在车前两侧的马，左称骖，右称騑，这里指车马。　20 崇阿：高大的山陵。　21 帝子：指滕王李元婴，他是唐高祖李渊之子，故称。　22 鹤汀凫渚：白鹤栖息在水边，野鸭聚集在小洲。渚，水中小洲。　23 "披绣闼"二句：推开雕刻精致的门扇，俯瞰装饰华美的屋脊。甍，屋脊。　24 川泽纡其骇瞩：迂回的河流湖泽让人望之心寒。纡，迂回曲折。瞩，注视。　25 闾阎：里巷的大门，这里指住宅。　26 钟鸣鼎食：古代贵族鸣钟列鼎而食。　27 舸舰：大船。　28 青雀黄龙之舳：船的形状像青雀、黄龙。舳，通"舳"，船尾的把舵处，这里代指船。　29 鹜：鸭子，这里指野鸭。　30 彭蠡：湖名，即今江西省的鄱阳湖。　31 遄：急速。　32 爽籁：参差不齐的排箫。爽，参差。

132

纤歌凝而白云遏（è）。睢（suī）园绿竹[33]，气凌彭泽[34]之樽；邺（yè）水朱华[35]，光照临川[36]之笔。四美具，二难并[37]。穷睇（dì）眄（miàn）[38]于中天，极娱游于暇日。天高地迥（jiǒng），觉宇宙之无穷；兴尽悲来，识盈虚[39]之有数。望长安于日下，目吴会（kuài）于云间[40]。地势极而南溟（míng）深，天柱高而北辰远。关山难越，谁悲失路之人？萍水相逢，尽是他乡之客。怀帝阍（hūn）[41]而不见，奉宣室[42]以何年？

嗟乎！时运不齐，命途多舛（chuǎn）[43]，冯唐易老，李广难封[44]。屈贾谊于长沙，非无圣主；窜梁鸿[45]于海曲，岂乏明时？所赖君子见机，达人知命。老当益壮，宁移白首[46]之心？穷且益坚，不坠青云之志[47]。酌贪泉而觉爽，

---

33 睢园绿竹：西汉梁孝王刘武的睢阳菟园，刘武时常在园中召集文士宴饮赋诗。　34 彭泽：县名，今属江西省，这里指陶潜，他曾当过彭泽令，好饮酒。
35 朱华：指荷花。　36 临川：郡名，这里指谢灵运，他曾任临川内史。　37 "四美具"二句：良辰、美景、赏心、乐事四美俱全，贤主、嘉宾难得一起聚会。
38 睇眄：本指斜视，这里指观览。　39 盈虚：月圆月缺，指事业成败、人生贵贱等。　40 "望长安"二句：遥望京师长安在日之下，指点吴郡（今苏州）在云中。
41 帝阍：皇宫的大门，这里指京城。　42 宣室：汉朝未央宫前殿正室名。
43 舛：不顺，错乱。　44 "冯唐"二句：汉代冯唐年老，难以再为官；飞将军李广一生立下无数战功，但始终没有封侯。冯唐，西汉人，汉武帝求贤良，冯唐被举荐出来，但年已九十多，不能任职。　45 梁鸿：东汉人，因得罪汉章帝，避居齐鲁之间的吴地。　46 白首：指年老。　47 青云之志：比喻远大崇高的志向。

处涸辙而相欢[48]。北海虽赊[49]，扶摇[50]可接；东隅已逝，桑榆非晚[51]。孟尝[52]高洁，空余报国之情；阮籍[53]猖狂，岂效穷途之哭？

勃，三尺[54]微命，一介书生。无路请缨，等终军之弱冠[55]；有怀投笔，慕宗悫（què）之长风[56]。舍簪笏（hù）[57]于百龄，奉晨昏[58]于万里。非谢家之宝树[59]，接孟氏之芳邻。他日趋庭，叨（tāo）陪鲤对[60]；今兹捧袂（mèi）[61]，喜托龙门。杨意不逢，抚凌云而自惜[62]；钟期既遇，奏流水以何惭[63]？

48"酌贪泉"二句：喝了贪泉的水，神志更觉得清爽；处在干涸的车辙内，心情却依然欢乐。这两句比喻有德行的人在污浊的环境里能保持节操，在艰苦的环境里仍能安贫乐道。　49赊：远。　50扶摇：自下而上的旋风。　51"东隅"二句：晨光虽已逝去，日暮为时未晚。这里比喻早年的时光虽已逝去，珍惜将来的岁月为时还不晚。　52孟尝：东汉人，曾任合浦太守，有政绩，却不被重用，后辞官隐居。53阮籍：晋代著名诗人，"竹林七贤"之一，有时驾车出行，到无路处便恸哭而返，借以宣泄不满于现实的苦闷心情。　54三尺：原指士人的服饰，绅长三尺。55"无路"二句：指自己和终军年龄相同，却没有请缨报国的机会。请缨，汉武帝时终军请求武帝赐给他长缨，缚住南越王，带回皇宫。弱冠，古代以二十岁为弱年，行冠礼，表示成年。　56"有怀"二句：指自己心存班超那样投笔从戎的志向，羡慕宗悫乘风破浪的壮心。宗悫，南朝宋人，少年时，叔父问其志向，他说"愿乘长风破万里浪"。　57簪笏：古代官员插在帽上上的冠簪和朝见皇帝时用的手板，这里代指官职。　58奉晨昏：古代子女对父母早晚问安的礼节，这里指侍奉父母。　59谢家之宝树：本指谢玄，这里喻贤能子弟。　60叨陪鲤对：指孔鲤接受父亲孔丘教育之事。叨，多承、多谢之意。　61捧袂：捧着衣襟而行进，形容恭谨的样子。　62"杨意"二句：此处意谓未遇推荐的人，只能抚凌云之赋而自惜。汉武帝时，杨得意为武帝身边管狗的小官，司马相如由于他的引荐，才得到汉武帝的赏识。凌云，武帝读相如《大人赋》后，飘飘然有凌云之感。　63"钟期"二句：今天既然遇上钟子期这样的知音，弹上一曲《高山流水》又有什么惭愧的？钟期，春秋时人，他最会理解琴音，俞伯牙鼓琴，意在流水，子期听了就说"洋洋若江河"。这里王勃自比伯牙，把阎公比作钟子期。

嗚呼！胜地不常，盛筵难再，兰亭已矣，梓泽丘墟[64]。临别赠言，幸承恩于伟饯；登高作赋，是所望于群公。敢竭鄙怀，恭疏短引[65]，一言均赋，四韵俱成。请洒潘江，各倾陆海云尔[66]。

---

[64] 梓泽丘墟：金谷园已成废墟。梓泽，晋代石崇金谷园的别名。　[65] 恭疏短引：恭敬地写下短序。疏，条陈，引申为写的意思。　[66]"请洒"二句：请各位宾客竭尽文才，写出像潘岳、陆机那样的好作品来。潘江、陆海，指潘岳、陆机之才，钟嵘《诗品》中说："陆才如海，潘才如江。"

欣赏指南

　　王勃（649—676），字子安，绛州龙门（今山西河津）人，唐代文学家，"初唐四杰"之一。少时便博学多才，授朝散郎。后任沛王府修撰、虢州参军，犯死罪，遇赦。后往交趾探父，渡海时溺水惊悸而死。他文才出众，工于五言律绝，散文语言清新，风格刚健。有《王子安集》。

　　本文是一篇饯别序文，又名《秋日登洪府滕王阁饯别序》。作者用生动的文笔，由远及近，从一般过渡到个别，层层铺叙，一气呵成，描绘了滕王阁秋景的壮丽和宴饮欢娱的情形；同时即景生情，抒写自己怀才不遇的愤懑，表现了希望建功立业、报效国家的壮志。全文结构谨严，前半侧重写景，后半着重抒情，前后呼应，脉络清晰。文章辞藻华美，对仗工稳，音调和谐，佳句迭出，"落霞与孤鹜齐飞，秋水共长天一色"已成为千古名句。文中用典繁多且比较贴切，较少晦涩芜杂的毛病，情文并茂，是初唐文学的代表作之一。

与东方左史虬[1]《修竹篇》序

陈子昂

东方公足下：文章道弊五百年[2]矣。汉魏风骨[3]，晋宋莫传，然而文献有可征[4]者。仆尝暇时观齐梁间诗，彩丽竞繁，而兴寄[5]都绝，每以永叹[6]。思古人常恐逶（wēi）迤（yí）[7]颓靡，风雅不作，以耿耿[8]也。一昨于解三[9]处见明公[10]《咏孤桐篇》，骨气端翔，音情顿挫，光英朗练，有金石声[11]，遂用洗心饰视，发挥幽郁[12]。不图正始之音[13]，复睹于兹，可使建安作者相视而笑。解君曰："张茂先、何敬祖[14]，东方生与其比肩。"仆亦以为知言[15]也。故感叹雅制[16]，作《修竹诗》一篇，当有知音以传示之。

---

1 东方左史虬：东方虬，武则天当政时任左史，是陈子昂的诗友。 2 五百年：指从西晋到唐初这段时间。 3 汉魏风骨：即建安风骨。 4 征：查考。 5 兴寄：寄托情志的比兴手法。 6 永叹：长叹。 7 逶迤：曲折绵延的样子。 8 耿耿：心中不安。 9 解三：人名，生平不详。 10 明公：对东方虬的尊称。 11 有金石声：指诗文音调铿锵。 12"遂用"二句：于是洗涤心灵，擦亮眼睛，发抒忧郁之情。 13 正始之音：指《国风》的优良传统。 14 张茂先、何敬祖：指张华和何劭，他们都是西晋著名文人。 15 知言：有见识的话。 16 雅制：此指东方虬的《咏孤桐篇》，已失传。

欣赏指南

陈子昂（661—702），字伯玉，梓州射洪（今四川射洪）人，唐初诗文革新运动的积极倡导者,也是唐初著名文学家,诗、文皆名于世。武则天时曾拜麟台正字,后拜右拾遗,直言敢谏。曾随武攸宜讨伐契丹,参谋军事,然不为所用。后因父病解职回乡,被诬入狱,迫害致死。其诗标举汉魏,提倡建安风骨;其文摒弃六朝浮艳之风,上承两汉文风。有《陈子昂集》。

　　这是陈子昂为东方虬所作《修竹篇》诗所写的一篇序。在序中陈子昂着重指出了自风雅及于汉魏诗歌的进步传统,以及晋宋以来诗歌的弊病,要求诗歌创作恢复"正始之音",提倡"兴寄",以匡正六朝文学的颓靡之音。这虽是陈子昂诗歌理论的一个纲领,但也适用于广义的文章写作。只是从文学自身发展的继承性来说,陈子昂对于六朝文学一概抹杀,却又不是很恰当。

山中与裴秀才迪书

王　维

　　近腊月下[1]，景气[2]和畅，故山殊可过。足下方温经[3]，猥（wěi）[4]不敢相烦。辄便往山中，憩（qì）[5]感配寺，与山僧饭讫而去。北涉玄灞[6]，清月映郭。夜登华子冈，辋（wǎng）水沦涟[7]，与月上下；寒山远火，明灭林外；深巷寒犬，吠声如豹；村墟夜舂，复与疏钟相间。此时独坐，童仆静默，多思曩（nǎng）昔携手赋诗，步仄（zè）径[8]，临清流也。

　　当待春中，草木蔓发，春山可望，轻鲦（tiáo）[9]出水，白鸥矫翼[10]，露湿青皋[11]，麦陇朝（zhāo）雊（gòu）[12]。斯之不远，倘能从我游乎？非子天机[13]清妙者，岂能以此不急之务相邀？然是中有深趣矣！无忽[14]。因驮黄檗（bò）人往[15]，不一[16]。山中人王维白。

---

1 腊月下：农历十二月下旬。下，月末。　　2 景气：景物气候。　　3 温经：温习经书。　　4 猥：轻易，随便。　　5 憩：休息。　　6 玄灞：幽深的灞水。灞，河名，在今陕西西安附近。　　7 辋水沦涟：辋水微波荡漾。　　8 仄径：山间小路。仄，狭窄。　　9 轻鲦：轻捷的鲦鱼。鲦，一种白色狭长鱼。　　10 矫翼：举翅飞翔。矫，举起。　　11 青皋：青青的河畔。皋，水边的高地。　　12 朝雊：清晨野鸡的鸣叫声。雊，雄性野鸡鸣叫。　　13 天机：这里指天然的本性。　　14 无忽：不要忽略。　　15 因驮黄檗人往：指借着运药人前去之便，带给你这封信。黄檗，一种芸香料的植物，可以入药。　　16 不一：不一一详述。

王维(701—761),字摩诘,太原祁(今山西祁县)人,唐代著名的诗人。曾官至尚书右丞,世称王右丞。王维前期的人生态度比较积极,40岁以后由于政治上的挫折等原因,过着亦官亦隐的生活。有《王右丞集》。

王维隐居辋川别业时常与诗人裴迪浮舟啸咏,弹琴赋诗。本文就是王维从长安回辋川别墅后邀请裴迪来游的书信。作者以细致的笔触和清新秀丽的语言,描绘了辋川山庄的景色:山村冬夜的月色波光、寒林灯火、疏钟犬吠,山村春日的春山春树、皋青鸥白、草绿麦翠,无不充满了诗情画意。这是一篇别具一格的书简,清丽幽雅,更有绘画所不及之处,较好地反映了王维文章的特色。

与韩荆州书

李 白

白闻天下谈士[1] 相聚而言曰:"生不用封万户侯[2],但愿一识韩荆州。"何令人之景慕一至于此?岂不以有周公之风,躬吐握之事[3],使海内豪俊奔走而归之,一登龙门[4]则声价十倍!所以龙蟠(pán)凤逸之士[5],皆欲收名定价于君侯[7]。君侯不以富贵而骄之,寒贱而忽之,则三千之中有毛遂[8],使白得颖脱而出[9],即其人焉。

白,陇西布衣,流落楚汉。十五好剑术,遍干(gān)[10]诸侯;三十成文章,历抵[11]卿相。虽长不满七尺,而心雄万夫。皆王公大人,许与气义[12]。此畴(chóu)曩(nǎng)[13]心迹,安敢不尽于君侯哉!

---

1 谈士:游谈之士,这里指当时一些为功名利禄奔走的人。　2 万户侯:食邑万户的侯爵,此处借指显贵。　3 "岂不以"二句:(谈士仰慕你,)难道不是因为您具有周公的作风,像他一样,为接待贤士,常常中断吃饭和梳洗。周公,即姬旦,周文王子,武王弟,因封地在周,故称周公。吐握,吐哺(口中食物)握发,周公为接待贤士,常常"一饭三吐哺,一沐三握发"。　4 龙门:在今山西河津西北黄河两岸,传说江海大鱼能跳过此门者即化为龙。后称士人被名人接引而声价增长为登龙门。　5 龙蟠凤逸之士:比喻隐居待时的贤士。　6 收名定价:获取美名,奠定声望。　7 君侯:对尊贵者的称呼,这里指韩荆州。　8 毛遂:战国时赵国平原君的门客,秦国攻打赵国时,他自荐随平原君出使楚国求救,立下了功劳。　9 颖脱而出:比喻充分显示其才能。颖,指锥尖。　10 干:谒见。　11 历抵:一一拜见。　12 许与气义:赞许(我的)气概和道义。　13 畴曩:往日,从前。

君侯制作侔(móu)神明[14]，德行动天地，笔参造化[15]，学究天人。幸愿开张心颜，不以长揖见拒。必若接之以高宴，纵之以清谈，请日试万言，倚马可待[16]。今天下以君侯为文章之司命[17]，人物之权衡，一经品题，便作佳士。而今君侯何惜阶前盈尺之地，不使白扬眉吐气、激昂青云耶？

昔王子师[18]为豫州，未下车即辟(bì)[19]荀慈明[20]，既下车，又辟孔文举[21]。山涛[22]作冀州，甄拔三十余人，或为侍中、尚书，先代所美。而君侯亦一荐严协律[23]，入为秘书郎[24]；中间崔宗之、房习祖、黎昕、许莹之徒，或以才名见知，或以清白见赏。白每观其衔恩抚躬[25]，忠义奋发，白以此感激，知君侯推赤心于诸贤之腹中，所以不归他人而愿委身国士[26]。倘急难有用，敢效微躯。

且人非尧舜，谁能尽善？白谟猷(yóu)[27]筹画，安能自

14 制作侔神明：政绩堪与神明相比。制作，制礼作乐的省称，这里指政绩。侔，相等。　15 笔参造化：文笔精妙可与自然造化同功。参，参与。造化，自然的创造。　16 倚马可待：东晋时袁宏随桓温北征，受命作文，他倚马前而作，手不辍笔，顷刻成文，而文极佳妙。这里比喻文思敏捷。　17 司命：原为掌管人之寿命的神，此指判定文章优劣的权威。　18 王子师：即王允，东汉人，灵帝时为豫州刺史。　19 辟：征辟，聘请。　20 荀慈明：即荀爽，东汉人，以好学贤能著称。　21 孔文举：即孔融，字文举，东汉末名士，曾任北海相。　22 山涛：字巨源，西晋名士，"竹林七贤"之一。　23 严协律：姓严的协律，名不详。协律，官名，属太常侍，管乐律。　24 秘书郎：秘书省官，掌管藏书及抄写事务。25 衔恩抚躬：指自身受恩，思量如何报答。　26 国士：全国最杰出的人，这里指韩荆州。　27 谟猷：谋略，谋划。

衿？至于制作[28]，积成卷轴，则欲尘秽视听[29]，恐雕虫小技[30]，不合大人。若赐观刍（chú）荛（ráo）[31]，请给笔纸，兼之书人。然后退扫闲轩，缮写呈上。庶青萍、结绿，长价于薛、卞之门[32]。幸推下流[33]，大开奖饰，惟君侯图之。

---

[28] 制作：指诗文。　[29] 尘秽视听：这句是谦言自己的作品可能玷污了韩荆州的耳目。　[30] 雕虫小技：虫书、刻符为当时学童所习书体，纤巧难工。比喻微不足道的技能。　[31] 刍荛：割草为刍，打柴为荛。这里是李白谦指自己的作品。　[32] "庶青萍"二句：希望青萍剑、结绿玉能在薛烛和卞和的赏识下提高价值。暗指自己的诗文也许会得到韩朝宗的赏识，提高身价。　[33] 下流：指地位低的人，这里谦指自己。

欣赏指南

李白（701—762），字太白，号青莲居士，祖籍陇西成纪（今甘肃秦安），唐代伟大的浪漫主义诗人。他曾被荐为翰林供奉，但因性情高傲，不为权贵所容而被迫辞官。其文留传不多，但气势奔放，辞采瑰丽。有《李太白集》。

本文是一篇书信体散文。韩荆州指韩朝宗，当时韩朝宗任荆州长史，乐于识拔后进，士人争相投靠。因此，李白写信给他，希望得到他的援引和荐举。信中表现出李白坦荡、自信的性格和远大的政治抱负，他迫切希望得到一个施展才能的机会，以便成就一番事业。文章语言流畅，气势豪迈，虽然夹杂了某些阿谀之词，但也情辞恳切，充分体现了李白与众不同的豪情壮志。

春夜宴诸从弟桃李园序

李 白

夫天地者,万物之逆旅[1];光阴者,百代之过客。而浮生[2]若梦,为欢几何?古人秉烛夜游[3],良有以也[4]。况阳春召我以烟景[5],大块[6]假我以文章[7]。会桃李之芳园,序[8]天伦之乐事。群季[9]俊秀,皆为惠连[10];吾人咏歌,独惭康乐[11]。幽赏未已,高谈转清。开琼筵以坐花[12],飞羽觞(shāng)[13]而醉月。不有佳作,何申雅怀?如诗不成,罚依金谷酒数[14]。

---

1 逆旅:旅馆。　2 浮生:人生变化无常,飘浮不定。　3 秉烛夜游:语出《古诗十九首》:"昼短苦夜长,何不秉烛游?"秉,执持,拿。　4 良有以也:确实是有原因的。以,原因。　5 烟景:春天的景色,常呈现烟雾朦胧的样子。　6 大块:指天地。　7 文章:指自然景物如锦绣交织成文。　8 序:通"叙",记述。
9 群季:指众位弟弟。　10 惠连:南朝诗人谢灵运的族弟谢惠连,他工诗文,擅书画。作者以惠连喻诸弟有才华。　11 独惭康乐:自愧无灵运之才。这是作者自谦的话。康乐,南朝诗人谢灵运袭封康乐公,世称谢康乐。　12 开琼筵以坐花:坐在花丛中设宴。琼筵,比喻丰盛的筵席。以,而。　13 羽觞:椭圆形两边有耳的酒杯。觞,酒杯。　14 罚依金谷酒数:按金谷宴客先例,罚酒三杯。晋代石崇家有金谷园,常宴客园中,当筵赋诗,不成者罚酒三杯。

欣赏指南

本文一作《春夜宴桃李园序》,是用骈体写成的优美的抒情小品,也是李白的传世名篇之一。它以清新飘逸的风格和洒脱的笔调,刻画

了如诗如画的意境:春天的夜晚风和月朗,作者和他的从弟们聚会于芳香的桃李园,饮酒赋诗,畅叙天伦之乐,喜抒各自雅怀。文章以天地宇宙为广阔背景,慨叹人生短暂,表达出抓紧时光、莫负良辰的期望,有一种引人向上、进取不息的感染力量。全文或骈或散,清新俊逸,豪气干云。

吊古战场文

李 华

浩浩乎，平沙无垠，夐（xiòng）[1]不见人。河水萦带，群山纠纷[2]。黯兮惨悴，风悲日曛。蓬断草枯，凛若霜晨。鸟飞不下，兽铤[3]亡群。亭长[4]告余曰："此古战场也，常覆三军[5]。往往鬼哭，天阴则闻。"伤心哉！秦欤？汉欤？将近代欤？

吾闻夫齐、魏[6]征戍，荆、韩召募。万里奔走，连年暴露。沙草晨牧，河冰夜渡。地阔天长，不知归路。寄身锋刃，腷（bì）臆[7]谁诉？秦、汉而还，多事四夷。中州耗斁（dù）[8]，无世无之。古称戎、夏[9]，不抗王师[10]。文教失宣，武臣用奇。奇兵有异于仁义，王道迂阔[11]而莫为。呜呼！噫嘻！

吾想夫北风振漠，胡兵伺便，主将骄敌，期门[12]受战。野竖旄（máo）旗，川回组练[13]。法重心骇，威尊命贱。利

---

1 夐：远，辽阔。　2 纠纷：重叠交错的样子。　3 铤：疾走的样子。　4 亭长：古代十里一长亭，置亭长。　5 三军：周制，天子置六军，诸侯置三军。此处泛指军队。　6 齐、魏：与下文中的荆、韩都是战国时期的国家。这里泛指战国时代。　7 腷臆：心情苦闷、郁结。　8 耗斁：损耗破坏。　9 戎、夏：泛指少数民族和汉族。　10 王师：古代对帝王军队的称呼。　11 王道迂阔：指礼乐仁义等治理天下的准则迂腐空疏。　12 期门：军营的大门。　13 组练：组甲和练袍，军士穿的两种甲衣。这里指披上铠甲的军队。

145

镞穿骨,惊沙入面。主客[14]相搏,山川震眩。声析[15]江河,势崩雷电。至若穷阴[16]凝闭,凛冽海隅[17],积雪没胫,坚冰在须,鸷鸟休巢,征马踟蹰,缯(zēng)纩(kuàng)[18]无温,堕指裂肤。当此苦寒,天假强胡,凭陵[19]杀气,以相剪屠。径截辎(zī)重[20],横攻士卒。都尉新降,将军覆没。尸填巨港之岸,血满长城之窟。无贵无贱,同为枯骨。可胜[21]言哉?鼓衰兮力尽,矢竭兮弦绝,白刃交兮宝刀折,两军蹙(cù)[22]兮生死决。降矣哉,终身夷狄。战矣哉,骨暴沙砾。鸟无声兮山寂寂,夜正长兮风淅淅。魂魄结兮天沉沉,鬼神聚兮云幂幂[23]。日光寒兮草短,月色苦兮霜白。伤心惨目,有如是耶?

吾闻之:牧[24]用赵卒,大破林胡,开地千里,遁逃匈奴。汉倾天下,财殚力痡(pū)[25]。任人[26]而已,其在多乎?周逐猃(xiǎn)狁(yǔn)[27],北至太原,既城朔方[28],全师而还。饮至策勋[29],和乐且闲,穆穆棣(dì)棣[30],君臣之间。秦起长城,竟海为关,荼毒生灵,万里朱殷(yān)[31]。汉击匈奴,

---

14 主客:指防守者和入侵者。　15 析:分离,劈开。　16 穷阴:穷冬,极其寒冷之时。　17 海隅:海边,这里指边塞。　18 缯纩:指丝织品和丝绵。　19 凭陵:倚仗。　20 辎重:军用物资的总称。　21 胜:尽。　22 蹙:接近,迫近。23 幂幂:浓深阴暗的样子。　24 牧:李牧,战国时赵国名将,曾多次击败匈奴。25 痡:过度疲劳。　26 任人:指用人得当。　27 猃狁:古代北方的一个少数民族,即匈奴的前身。　28 既城朔方:在北方筑城防御。　29 饮至策勋:在宗庙举行祭祀和饮宴,记功授爵。饮至,古代盟会、征伐归来后,告祭于宗庙,举行宴饮。策勋,把功勋记载在简策上。　30 穆穆棣棣:和平恭敬和文雅安和的样子。　31 朱殷:赤黑色,指凝血的颜色。

虽得阴山，枕骸遍野，功不补患。

苍苍蒸民[32]，谁无父母？提携捧负，畏其不寿。谁无兄弟，如足如手？谁无夫妇，如宾如友？生也何恩？杀之何咎？其存其没，家莫闻知。人或有言，将信将疑。悁(juàn)悁[33]心目，寝寐见之。布奠倾觞[34]，哭望天涯。天地为愁，草木凄悲。吊祭不至，精魂何依？必有凶年[35]，人其流离。呜呼！噫嘻！时耶？命耶？从古如斯。为之奈何？守在四夷[36]。

---

32 蒸民：百姓。　　33 悁悁：忧愁郁闷的样子。　　34 布奠倾觞：陈列祭品，倒酒祭祀。觞，酒杯。　　35 凶年：荒年。　　36 守在四夷：这里指要用仁德使四方归服，都来为天子守卫国土，就没有战争的祸患了。

欣赏指南

李华(约715—约774)，字遐叔，赵州赞皇(今属河北)人，唐代散文家。曾官监察御史，因得罪权贵被贬为右补阙，后隐居山阳。他擅长古文，是唐代古文运动的先驱者。有《李遐叔集》。

本文通过对古战场的详细描绘和对战争恐怖气氛的渲染，抒发了作者厌战、反战的情绪和深切怜悯士兵的感情，字里行间饱含着忧国忧民的感伤情调。本文为唐代古文的滥觞，它虽然采用骈文的形式，以四言铺叙为主，但句式灵活多样，音韵和谐，明白流畅。文章融情于景，融情于论，情文并茂，是一篇充满真情实感的优秀骈文，为历代选家所瞩目。

马 说

世有伯乐[1]，然后有千里马。千里马常有，而伯乐不常有。故虽有名马，只辱于奴隶人[2]之手，骈(pián)[3]死于槽枥[4]之间，不以千里称也。

马之千里者，一食[5]或尽粟一石(dàn)，食(sì)[6]马者不知其能千里而食也。是马也，虽有千里之能，食不饱，力不足，才美不外见(xiàn)[7]，且欲与常马等不可得，安求其能千里也？

策[8]之不以其道，食之不能尽其材，鸣之而不能通其意，执策而临之，曰："天下无马。"呜呼！其[9]真无马邪？其真不知马也！

---

1 伯乐：春秋时人，姓孙名阳，字伯乐，以善于相马著称。 2 奴隶人：地位低下的仆役。 3 骈：并列。 4 槽枥：指马厩。 5 一食：数量词，一餐。 6 食：通"饲"，喂养。 7 见：通"现"，表现出来。 8 策：马鞭，这里作动词，鞭打、驱赶之意。 9 其：副词，难道。

欣赏指南

韩愈(768—824)，字退之，邓州南阳(今属河南)人，祖籍河北昌黎，故世称韩昌黎，唐代著名文学家。他曾任监察御史、刑部侍郎等职，因上书谏迎佛骨，被贬潮州。他是唐代古文运动的倡导者，"唐宋八大家"之一，主张"文以载道"，力反六朝以来的淫靡文风，提倡散体和文风改革,初步奠定了唐宋时代的古文基础。韩愈的散文气势雄健,生气流动,富于逻辑性和规范性。有《韩昌黎全集》。

　　这是一篇带有寓言性质的杂文。文中借千里马不遇伯乐来比喻奇才异能之士受压抑和被埋没,抒发了自己怀才不遇的愤懑之情,含蓄而尖锐地讽刺了封建统治者不能识别和任用人才。全文托物喻理,讽刺辛辣,论证透辟,形象鲜明,发人深思,富有强烈的艺术感染力。

师　说

古之学者必有师。师者，所以传道受业解惑[1]也。人非生而知之者，孰能无惑？惑而不从师，其为惑也，终不解矣。生乎吾前，其闻道也固先乎吾，吾从而师之；生乎吾后，其闻道也亦先乎吾，吾从而师之。吾师[2]道也，夫庸[3]知其年之先后生于吾乎？是故无贵无贱，无长（zhǎng）无少，道之所存，师之所存也。

嗟乎！师道[4]之不传也久矣，欲人之无惑也难矣。古之圣人，其出人也远矣，犹且从师而问焉；今之众人，其下[5]圣人也亦远矣，而耻学于师。是故圣益圣，愚益愚。圣人之所以为圣，愚人之所以为愚，其[6]皆出于此乎？爱其子，择师而教之；于其身也，则耻师焉，惑矣！彼童子之师，授之书而习其句读（dòu）[7]者也，非吾所谓传其道解其惑者也。句读之不知，惑之不解，或师焉，或不（fǒu）[8]焉，

---

1 传道受业解惑：传授道理，授予专业知识，解答疑难问题。受，通"授"。业，泛指儒家经典。　2 师：这里作动词，学习的意思。　3 庸：岂，难道，表示反问的语气。　4 师道：从师学习的道理。　5 下：低于。　6 其：表揣测语气的副词。
7 句读：指文字诵读。古人称语意尽处叫句，语意未尽须略作停顿处叫读。
8 不：通"否"。

小学而大遗[9]，吾未见其明也。巫医[10]、乐师、百工[11]之人，不耻相师。士大夫之族，曰师曰弟子云者，则群聚而笑之。问之，则曰："彼与彼年相若也，道相似也。"位卑则足羞，官盛则近谀。呜呼！师道之不复，可知矣！巫医、乐师、百工之人，君子[12]不齿[13]，今其智乃反不能及，其可怪也欤！

圣人无常[14]师。孔子师郯（tán）子、苌（cháng）弘、师襄、老聃（dān）[15]。郯子之徒，其贤不及孔子。孔子曰："三人行，则必有我师。"是故弟子不必不如师，师不必贤于弟子，闻道有先后，术业有专攻，如是而已。

李氏子蟠（pán），年十七，好古文，六艺经传（zhuàn）[16]皆通习之，不拘于时，学于余。余嘉其能行古道，作《师说》以贻（yí）[17]之。

---

9 小学而大遗：指学习句读而不解答疑难问题。　10 巫医：古代把用祝祷、占卜等迷信方法或兼用药物医治疾病为业的人，连称为巫医。　11 百工：泛指手工业者。　12 君子：这里指地位高的人，即士大夫。　13 不齿：不与同列，即看不起。齿，并列。　14 常：固定，一定。　15 "孔子"句：孔子曾经向郯子、苌弘、师襄、老聃学习。郯子，春秋时郯国的国君，孔子曾向他请教关于官职的问题。苌弘，东周敬王时大夫，孔子曾向他请教古乐。师襄，春秋时鲁国的乐官，孔子曾向他学习弹琴。老聃，即老子，孔子曾向他请教礼仪。　16 六艺经传：六经的经文和传文。六艺，指六经，即《诗》《书》《礼》《乐》《易》《春秋》六部儒家经典。经，六经本文。传，后人解释儒家经典的著作。　17 贻：赠送。

欣赏指南

　　说，是议论文的一种。这篇文章是针对当时士大夫阶层耻于相师

的不良风气有感而发,从理论上阐述了老师的作用和从师的重要性。它首先指出老师的职能和作用在于"传道受业解惑",提出"人非生而知之者",必须后天从师学习,并提出择师的原则——"道之所存,师之所存";接着批评当时的士大夫"耻学于师"的不良风气,通过对比论证指出他们的错误;最后阐明"圣人无常师""闻道有先后,术业有专攻""师不必贤于弟子"的正确观点。全文主题明确,逻辑严密,论证透彻,句式灵活,富于强烈的感情色彩,鲜明地体现了韩文雄健明快的艺术风格。

进 学 解

韩 愈

　　国子先生晨入太学[1]，招诸生立馆下，诲之曰："业精于勤，荒于嬉；行成于思，毁于随[2]。方今圣贤相逢，治具毕张[3]。拔去凶邪，登崇[4] 俊良。占小善者[5] 率以录，名一艺者[6] 无不庸[7]。爬罗剔抉[8]，刮垢磨光。盖有幸而获选，孰云多而不扬。诸生业患不能精，无患有司[9] 之不明；行患不能成，无患有司之不公。"

　　言未既[10]，有笑于列者曰："先生欺余哉！弟子事先生，于兹有年矣。先生口不绝吟于六艺之文，手不停披于百家之编；纪事者必提其要，纂言者必钩其玄[11]；贪多务得，细大不捐；焚膏油[12] 以继晷(guǐ)[13]，恒兀兀[14] 以穷年。先生之业，可谓勤矣。觝(dǐ)排异端[15]，攘斥佛老；补苴(jū)

---

1 国子先生晨入太学：国子先生早上走进太学。国子先生，唐代对国子博士的尊称，此为韩愈自称。太学，指国子监，是设在京都的最高学府。　2 随：因循随俗，随波逐流。　3 治具毕张：法制健全。治具，治理的工具，主要指法令。张，建立，确立。　4 登崇：选用，推重。　5 占小善者：具有一点优点的人。　6 名一艺者：精通一种经书的人。艺，经。　7 庸：任用。　8 爬罗剔抉：搜罗选拔人才。爬罗，搜罗。剔抉，删除不好的，挑选好的。　9 有司：主管的官吏。10 既：完毕。　11 纂言者必钩其玄：对理论性的著作一定要探索它深奥的旨意。纂言者，辑录言论的，指理论著作。　12 膏油：油脂，指灯烛。　13 晷：日影，指白昼。　14 兀兀：勤勉不懈的样子。　15 觝排异端：抵制、批驳异端学说。异端，儒家称儒家以外的学说、学派为异端。

罅（xià）漏，张皇幽眇[16]；寻坠绪[17]之茫茫，独旁搜而远绍[18]；障百川而东之，回狂澜[19]于既倒。先生之于儒，可谓有劳矣。沉浸酴（nóng）郁，含英咀华[20]，作为文章，其书满家。上规姚姒（sì）[21]，浑浑[22]无涯，周《诰（gào）》殷《盘》，佶（jí）屈聱（áo）牙[23]，《春秋》谨严，《左氏》浮夸，《易》奇而法，《诗》正而葩；下逮[24]《庄》《骚》，太史所录；子云、相如，同工异曲。先生之于文，可谓闳（hóng）其中而肆其外矣。少始知学，勇于敢为；长通于方，左右具宜。先生之于为人，可谓成矣。然而公不见[25]信于人，私不见助于友，跋前疐（zhì）后，动辄得咎[26]。暂为御史，遂窜[27]南夷。三年博士，冗（rǒng）不见（xiàn）治[28]。命与仇谋，取败几时[29]。冬暖而儿号寒，年丰而妻啼饥。头童齿豁[30]，竟死何裨（bì）[31]？不知虑此，而反教人为[32]？"

16"补苴"二句：弥补儒学的缺漏，发扬光大它精深微妙的义理。苴，本指鞋底的衬垫，这里作动词，填补的意思。张皇，发扬。　17坠绪：这里指衰落不振的儒家道统。　18绍：继承。　19狂澜：狂涛巨浪，比喻异端。　20"沉浸"二句：心神沉浸在内容醇厚的书籍里，仔细地咀嚼、体会其中精华。英、华，都是花的意思，这里指文章中的精华。　21上规姚姒：向上取法虞、夏时代的典章。姚姒，相传虞舜姓姚，夏禹姓姒。　22浑浑：深远的样子。　23"周《诰》"二句：周代的诰书和殷代的《盘庚》，多么的艰涩拗口难读。周《诰》，《尚书》中的《周书》。殷《盘》，《尚书》中的《盘庚》。佶，曲折。聱牙，拗口，艰深。　24逮：及，到。　25见：被，在动词前表示被动。　26"跋前"二句：处境困难，一动便惹祸获罪。跋，踩。疐，绊。　27窜：贬逐，流放。　28冗不见治：指担任的都是闲散官职，不能施展政治才能。冗，闲散。见，表现，显露。　29几时：不一定什么时候，即随时。　30头童齿豁：头秃了，牙齿脱落了。　31裨：补益。　32为：语助词，表示疑问。

先生曰："吁！子来前！夫大木为宋(máng)[33]，细木为桷(jué)[34]，欂(bó)栌(lú)侏儒，椳(wēi)闑(niè)扂(diàn)楔(xiē)[35]，各得其宜，施以成室者，匠氏之工也。玉札丹砂，赤箭青芝，牛溲(sōu)马勃，败鼓之皮[36]，俱收并蓄，待用无遗者，医师之良也。登明选公，杂进巧拙，纡(yū)馀[37]为妍，卓荦(luò)[38]为杰，校短量长，惟器是适者，宰相之方[39]也。昔者孟轲好辩，孔道以明，辙[40]环天下，卒老于行；荀卿守正，大论是弘，逃谗于楚，废死兰陵。是二儒者，吐辞为经，举足为法，绝类离伦，优入圣域[41]，其遇于世何如也？今先生学虽勤而不由其统[42]，言虽多而不要[43]其中，文虽奇而不济于用，行虽修而不显于众。犹且月费俸钱，岁靡(mí)廪粟[44]，子不知耕，妇不知织，乘马从徒，安坐而食，踽常途之役役[45]，窥陈编以盗窃[46]。然而圣主不加

---

33 宋：屋上横梁。　34 桷：屋椽。　35"欂栌"二句：指用来造房子的各种木料。欂栌，斗拱，柱顶上承托栋梁的方木。侏儒，梁上短柱。椳，门枢臼。闑，门中央所竖的短木，在两扇门相交处。扂，门闩之类。楔，门两旁长木柱。
36"玉札"四句：指各种贵重的或贱价的药材。玉札，地榆。丹砂，朱砂。赤箭，天麻。青芝，又名龙芝。以上四种是贵重的药材。牛溲，牛尿，一说车前草。马勃，马屁菌。败鼓之皮，年久败坏的鼓皮。以上三种是贱价药材。　37 纡馀：宽缓从容的样子。　38 卓荦：超群出众。　39 方：指治国之术。　40 辙：车轮痕迹。　41"绝类"二句：远远超越常人，进入圣人境地，绰绰有余。优，有余。　42 其统：指儒家学说纲领。　43 要：掌握。　44"犹且"二句：尚且每月浪费国家的俸钱，每年消耗仓库里的粮食。靡，耗费。廪，米仓。　45 踽常途之役役：追随世俗常规之道而劳苦奔走。役役，劳苦奔走的样子。　46 窥陈编以盗窃：看看古书东抄西摘。陈编，古旧书籍。

155

诛，宰臣不见斥，兹非其幸欤？动而得谤，名亦随之，投闲置散，乃分之宜[47]。若夫商财贿之有亡[48]，计班资之崇庳[49]，忘己量之所称，指前人之瑕疵（cī），是所谓诘（jié）匠氏之不以杙（yì）为楹（yíng）[50]，而訾（zǐ）[51] 医师以昌阳引年，欲进其豨（xī）苓[52]也。"

---

47 "投闲"二句：安置在闲散的职位上，是理所当然的。　48 商财贿之有亡：计较家产财物的有无。亡，通"无"。　49 计班资之崇庳：计较品级的高低。班资，班列资格，指官位品级。庳，通"卑"，低。　50 以杙为楹：用小木桩做柱子。51 訾：诋毁。　52 豨苓：又名猪苓，一种泻药。

欣赏指南

　　进学解，即对学业和品行有所进益的辨析。这篇文章是韩愈被贬后所写。作者假托国子先生和学生关于进德修业的对话，借学生之口代自己鸣不平，以发泄自己才高被黜、不被重用的悲愤，从一个侧面含蓄而幽默地揭露了当时当政者不识贤愚和用人不当的弊端。《进学解》是韩愈的传世名作，文中骈散杂糅，韵白相间。在语言上，作者把古代语言和当时口语加工提炼，创造出大量生动活泼、富于表现力的词语，如"同工异曲""含英咀华""贪多务得""兼收并蓄"等，都已成为今天的常用成语了。

送董邵南游河北序

燕(yān)赵[1]古称多感慨悲歌之士。董生[2]举进士，连不得志于有司[3]，怀抱利器[4]，郁郁适兹土。吾知其必有合[5]也。董生勉乎哉！

夫以子之不遇时，苟慕义强仁[6]者，皆爱惜焉。矧(shěn)[7]燕赵之士，出乎其性者哉！然吾尝闻风俗与化移易，吾恶(wū)[8]知其今不异于古所云耶？聊以吾子之行卜[9]之也。董生勉乎哉！

吾因子有所感矣。为我吊望诸君[10]之墓，而观于其市，复有昔时屠狗者[11]乎？为我谢曰："明天子在上，可以出而仕矣！"

---

1 燕赵：燕国和赵国，指今河北一带地区。　2 董生：指董邵南。　3 有司：有关的主管官吏，这里指主持进士考试的礼部官员。　4 利器：本指精良的工具，这里比喻杰出的才能。　5 合：遇合，即受到赏识重用。　6 慕义强仁：向往道义，以仁义自勉。强，勉励。　7 矧：何况，况且。　8 恶：何，怎么，表示疑问。　9 卜：推测。　10 望诸君：战国时燕国名将乐毅，他辅佐燕昭王击破齐国，成就霸业，后被诬陷，离燕归赵，赵封其为望诸君。　11 屠狗者：指高渐离，他曾以屠狗为业，后替荆轲报仇，未遂而死。这里泛指不得志的隐居市井的豪侠义士。

这篇文章是作者为学生董邵南去河北而写的临别赠言。当时董邵南在京城怀才不遇,准备去藩镇割据的河北找出路。作者忠于朝廷,反对割据,内心里是不愿学生离开京城的,所以送别时感情非常复杂,既激励董生要努力上进,又劝诫他要不忘朝廷。文章真情流露,词约意丰,含蓄曲折,用典耐人寻味,是韩文中具有代表性的作品。

陋　室　铭

刘禹锡

　　山不在高，有仙则名；水不在深，有龙则灵。斯是陋室，惟吾德馨[1]。苔痕上阶绿，草色入帘青。谈笑有鸿儒[2]，往来无白丁[3]。可以调素琴[4]，阅金经[5]。无丝竹[6]之乱耳，无案牍[7]之劳形。南阳诸葛庐[8]，西蜀子云亭[9]。孔子云："何陋之有？"

---

1 德馨：德行美好。　　2 鸿儒：这里泛指博学之士。　　3 白丁：未得功名的平民，这里指没有文化的人。　　4 素琴：不加雕绘装饰的琴。　　5 金经：古代用泥金为颜料抄写的佛经。　　6 丝竹：弦管乐器，此处泛指音乐。　　7 案牍：指官场文书。　　8 南阳诸葛庐：诸葛亮隐居南阳时的草庐。　　9 西蜀子云亭：西汉扬雄在成都筑茅屋而居，称"草玄亭"。子云，扬雄的字。

欣赏指南

　　刘禹锡（772—842），字梦得，洛阳（今河南洛阳）人，唐代著名的文学家、哲学家。他曾和柳宗元等一同参加当时的政治革新运动，运动失败后，遭到贬谪，之后仕途始终不顺。晚年隐居不出，直至终老。他的诗歌通俗清新，散文简洁晓畅。他和白居易颇多唱和，齐名当时，世称"刘白"。有《刘梦得文集》。

　　铭，为文体的一种，常以诫勉自己为主旨。本文短小精悍，作者借赞美简陋的居室，把自己超凡脱俗的志行和安贫乐道的情趣，表达得淋漓尽致。虽然其中也流露出作者孤芳自赏的思想，但毕竟瑕不掩瑜。文章通篇用韵，音调和谐，自然流畅，极具音乐之美。

种树郭橐驼传

柳宗元

郭橐(tuó)驼[1]，不知始何名。病偻(lǚ)[2]，隆然伏行[3]，有类橐驼者，故乡人号之"驼"。驼闻之曰："甚善，名我固当。"因舍其名，亦自谓"橐驼"云。其乡曰丰乐乡，在长安西。驼业种树，凡长安豪家富人为观游及卖果者，皆争迎取养。视驼所种树，或移徙，无不活，且硕茂蚤实以蕃(fán)[4]。他植者虽窥伺效慕，莫能如也。

有问之，对曰："橐驼非能使木寿且孳(zī)[5]也，能顺木之天[6]，以致其性[7]焉尔。凡植木之性，其本[8]欲舒，其培欲平，其土欲故[9]，其筑欲密。既然已，勿动勿虑，去不复顾。其莳(shì)[10]也若子，其置也若弃，则其天者全而其性得矣。故吾不害其长(zhǎng)而已，非有能硕茂之也；不抑耗其实而已，非有能蚤而蕃之也。他植者则不然，根拳[11]而土易[12]，其培之也，若不过焉则不及。苟有能反是者，则又爱之太殷，忧之太勤，且视而暮抚，已去而复顾，甚者爪其肤以验其生枯，摇其本以观其疏密，而木之性日

---

1 橐驼：骆驼，这里指驼背。　2 偻：背脊弯曲。　3 隆然伏行：背脊高起，弯腰而行。　4 蚤实以蕃：果实结得又早又多。蚤，早。蕃，繁多。　5 孳：繁殖很多。　6 天：天性，自然规律。　7 性：本性。　8 本：树根。　9 故：旧，指原来培植树苗的土。　10 莳：种植。　11 根拳：根部弯曲，不得舒展。　12 土易：换用新土。

以离¹³矣。虽曰爱之，其实害之；虽曰忧之，其实仇之。故不我若也。吾又何能为哉？"

问者曰："以子之道，移之官理¹⁴，可乎？"驼曰："我知种树而已，官理非吾业也。然吾居乡，见长（zhǎng）人者好烦其令¹⁵，若甚怜焉，而卒以祸。旦暮吏来而呼曰：'官命促尔耕，勖（xù）¹⁶尔植，督尔获，蚤缫（sāo）¹⁷而绪，蚤织而缕¹⁸，字¹⁹而幼孩，遂²⁰而鸡豚。'鸣鼓而聚之，击木而召之。吾小人辍飧（sūn）饔（yōng）²¹以劳吏者，且不得暇，又何以蕃吾生而安吾性邪？故病且怠。若是，则与吾业者其亦有类乎？"

问者嘻曰："不亦善夫！吾问养树，得养人术。"传其事以为官戒也。

---

13 离：违背。　　14 官理：做官治民。唐人避高宗李治讳，把"治"写作"理"。
15 长人者好烦其令：做官的人烦琐地发布命令。　　16 勖：勉励。　　17 蚤缫而绪：早早煮茧抽取蚕丝。而，你们的。绪，丝头。　　18 缕：纱。　　19 字：抚养。
20 遂：生长，养育。　　21 飧饔：晚饭和早饭。

欣赏指南

柳宗元（773—819），字子厚，河东（今山西运城）人，人称柳河东，唐代进步的思想家和杰出的文学家，古文运动的领袖，"唐宋八大家"之一。他曾参加王叔文集团的政治革新，被贬为永州司马，后改任柳州刺史。他的散文峭拔矫健，山水游记尤为后人称颂。有《柳河东集》。

这是一篇寓言体的文章。文章通过叙述郭橐驼植树能顺应树木自然生长的天性，指出官吏治民也该顺应人民生活的要求，不要去骚扰压榨人民。作者以种树喻治民，抨击了那些徒然扰民的昏官庸吏，表达了革除弊政的主张。本文名为传记，重在记言，把抽象的道理讲得生动形象。此外，文章语言平易，议论深刻，言近旨远，发人深思。

捕蛇者说

柳宗元

　　永州之野产异蛇，黑质而白章[1]，触草木，尽死，以啮（niè）[2] 人，无御之者。然得而腊（xī）[3] 之以为饵，可以已大风、挛（luán）踠（wǎn）、瘘（lòu）、疠（lì）[4]，去死肌，杀三虫[5]。其始，太医以王命聚之[6]，岁赋[7] 其二，募有能捕之者，当其租入[8]。永之人争奔走焉。

　　有蒋氏者，专其利[9] 三世矣。问之，则曰："吾祖死于是，吾父死于是，今吾嗣[10] 为之十二年，几[11] 死者数（shuò）矣。"言之，貌若甚戚者。余悲之，且曰："若毒之乎[12]？余将告于莅（lì）事者[13]，更若役，复若赋，则何如？"

　　蒋氏大戚，汪然[14] 出涕曰："君将哀而生之乎？则吾斯役之不幸，未若复吾赋不幸之甚也。向[15]吾不为斯役，则久已病[16]矣。自吾氏三世居是乡，积于今，六十岁矣，而乡

---

1 黑质而白章：黑底白花。章，花纹。　2 啮：咬。　3 腊：干肉，这里作动词，指风干。　4 "可以"句：可以治好麻风、手足弯曲、脖子肿和恶疮。已，止。　5 三虫：指三尸之虫。道家以为人的脑、胸、腹内有三种作祟的虫。　6 "太医"句：太医奉皇帝的命令征集这种蛇。太医，为帝王治病的医生，也称御医。　7 赋：动词，征收。
8 当其租入：用蛇抵租税。当，抵偿。　9 专其利：专门享有这种捕蛇抵税的权利。
10 嗣：继承。　11 几：几乎，差一点。　12 若毒之乎：你怨恨捕蛇这差事吗？若，你。　13 莅事者：主管这件事的官吏，指地方官。莅，亲临视察。　14 汪然：眼泪满眶的样子。　15 向：从前，这里有假使的意思。　16 病：困苦不堪。

邻之生日蹙(cù)[17]，殚其地之出，竭其庐之入[18]，号呼而转徙，饥渴而顿踣(bó)[19]，触风雨，犯寒暑，呼嘘毒疠[20]，往往而死者相藉[21]也。曩(nǎng)与吾祖居者，今其室十无一焉；与吾父居者，今其室十无二三焉；与吾居十二年者，今其室十无四五焉，非死则徙尔。而吾以捕蛇独存。悍吏之来吾乡，叫嚣乎东西，隳(huī)突[22]乎南北，哗然而骇者，虽鸡狗不得宁焉。吾恂(xún)恂[23]而起，视其缶(fǒu)[24]，而吾蛇尚存，则弛然而卧。谨食(sì)之，时而献焉。退而甘食其土之有，以尽吾齿[25]。盖一岁之犯死者二焉，其余则熙熙而乐，岂若吾乡邻之旦旦有是哉！今虽死乎此，比吾乡邻之死则已后矣，又安敢毒邪？"

余闻而愈悲。孔子曰："苛政猛于虎[26]也"。吾尝疑乎是，今以蒋氏观之，犹信。呜呼！孰知赋敛之毒，有甚是蛇者乎！故为之说，以俟夫观人风[27]者得焉。

---

17 蹙：窘迫。　18 "殚其地"二句：他们把地里的全部出产、家里的全部收入，都拿去交了赋税。殚，尽。　19 踣：这里指倒毙。　20 呼嘘毒疠：呼吸有毒的瘟疫之气。　21 相藉：一个压着一个，形容很多。　22 隳突：破坏骚扰。　23 恂恂：小心谨慎的样子。　24 缶：小口大肚的瓦罐。　25 以尽吾齿：以尽我的天年。齿，年纪。　26 苛政猛于虎：苛酷的赋税比老虎还凶猛。　27 人风：即民风。唐人避唐太宗李世民的名讳，凡遇"民"字皆写为"人"。

欣赏指南

本文通过记述蒋氏三代冒死捕蛇以抵偿租税的悲惨遭遇，揭露并控诉了中唐时期封建统治者横征暴敛、残酷剥削人民的罪行，并由此得出"苛政猛于虎"的结论，表现了作者对劳动人民的深切同情。文章犀利深刻，逻辑性很强，广泛运用对比和反衬的手法，文笔简洁生动。

始得西山宴游记

柳宗元

自余为僇（lù）人[1]，居是州，恒惴栗[2]。其隙[3] 也，则施（yì）施[4] 而行，漫漫[5] 而游，日与其徒[6] 上高山，入深林，穷回溪，幽泉怪石，无远不到。到则披草而坐，倾壶而醉。醉则更[7] 相枕以卧。卧而梦，意有所极，梦亦同趣。觉而起，起而归。以为凡是州之山水有异态者，皆我有也，而未始知西山之怪特。

今年九月二十八日，因坐法华西亭，望西山，始指异[8] 之。遂命仆人，过湘江，缘染溪，斫（zhuó）[9] 榛（zhēn）莽，焚茅茷（fá）[10]，穷山之高而止。攀援而登，箕（jī）踞（jù）[11] 而遨，则凡数州之土壤，皆在衽（rèn）席[12] 之下。其高下之势，岈（xiā）然[13] 洼然，若垤（dié）[14] 若穴。尺寸千里，攒蹙（cù）累积，莫得遁隐。萦青缭白[15]，外与天际[16]，四望如一。然后知是山之特立，不与培（pǒu）塿（lǒu）[17] 为类。悠悠

---

1 僇人：有罪的人，这里指被贬谪的人。僇，通"戮"。　　2 惴栗：忧惧的样子。 3 隙：空隙，指闲暇时间。　　4 施施：徐徐而行的样子。　　5 漫漫：无边际的样子，形容随兴而游。　　6 其徒：指自己的同伴。　　7 更：更换，交替。　　8 异：感觉奇特。　　9 斫：用刀斧等砍。　　10 茅茷：即茅草。茷，草叶盛多的样子。 11 箕踞：坐时两脚伸直岔开，形似簸箕。　　12 衽席：古代寝卧用的席子。 13 岈然：山谷深邃的样子。　　14 垤：小土堆。　　15 萦青缭白：指山水缭绕。青，指山。白，指水。　　16 际：连，合。　　17 培塿：小土丘。

乎与灏(hào)气[18]俱,而莫得其涯;洋洋乎与造物者游,而不知其所穷。引觞(shāng)满酌,颓然就醉,不知日之入。苍然暮色,自远而至;至无所见,而犹不欲归。心凝形释,与万化冥合[19]。然后知吾向之未始游,游于是乎始,故为之文以志[20]。

是岁,元和四年也。

---

18 灏气:一作"颢气",指弥漫于天地间的大气。　19 "心凝"二句:自己的精神从身体的拘束中解放出来,与大自然合而为一。　20 志:记。

欣赏指南

本文为"永州八记"中的第一篇。"永州八记"是柳宗元被贬柳州后所写的一组记游小品文,作者寄情山水,借景抒情,寓言泄愤,以排遣谪居生活的苦闷。这些游记文笔优美,意境清新,对后世的游记文学产生了很大影响。本文记叙了作者偶然发现西山、宴游胜景的过程。在对西山景色的渲染中,在沉醉山水之乐的描写中,也隐隐流露出作者孤苦寂寞的情怀。

小石潭记

柳宗元

从小丘西行百二十步，隔篁竹[1]，闻水声，如鸣佩环，心乐之。伐竹取道，下见小潭，水尤清冽[2]。全石以为底，近岸，卷石底以出，为坻（chí）[3]为屿，为嵁（kān）[4]为岩。青树翠蔓，蒙络摇缀，参差披拂。

潭中鱼可百许头，皆若空游无所依。日光下澈，影布石上，怡然[5]不动；俶（chù）尔[6]远逝，往来翕（xī）忽[7]，似与游者相乐。

潭西南而望，斗折蛇行[8]，明灭可见。其岸势犬牙差互，不可知其源。坐潭上，四面竹树环合，寂寥无人，凄神寒骨，悄怆[9]幽邃。以其境过清，不可久居，乃记之而去。

同游者：吴武陵、龚古，余弟宗玄。隶而从者，崔氏二小生：曰恕己，曰奉壹。

---

1 篁竹：竹林。　2 清冽：清澈。　3 坻：水中高地。　4 嵁：不平的岩石。　5 怡然：愉悦的样子。　6 俶尔：骤然，迅速的样子。　7 翕忽：轻快疾速的样子。　8 斗折蛇行：像北斗七星那样曲折，像蛇屈曲爬行的样子。　9 悄怆：冷寂悲伤。

欣赏指南

本文是"永州八记"的第四篇。这篇短文主要描绘了小石潭清幽绝俗的景色：竹树环合，水清石奇，游鱼活泼，溪流曲折，岸势参差，宛如画中。同时，作者借因景而喜的一时开朗心情，隐晦地暗喻出一种因贬而忧的孤独抑郁之情。

阿房宫赋

杜 牧

六王毕，四海一[1]，蜀山兀[2]，阿（ē）房（páng）出。覆压三百余里，隔离天日。骊山北构而西折，直走咸阳[3]。二川溶溶[4]，流入宫墙。五步一楼，十步一阁；廊腰缦（màn）回[5]，檐牙高啄[6]；各抱地势，钩心斗角[7]。盘盘[8]焉，困（qūn）困[9]焉，蜂房水涡，矗不知其几千万落。长桥卧波，未云何龙？复道行空，不霁何虹[10]？高低冥迷，不知西东。歌台暖响，春光融融；舞殿冷袖，风雨凄凄。一日之内，一宫之间，而气候不齐。

妃嫔（pín）媵（yìng）嫱（qiáng）[11]，王子皇孙，辞楼下殿，辇（niǎn）[12]来于秦。朝（zhāo）歌夜弦，为秦宫人。明

---

1 "六王"二句：指秦始皇灭掉六国，统一了天下。六王，指楚、齐、韩、赵、魏、燕六国之王。　2 兀：高而上平，指山上树林砍尽，只剩下光秃秃的山顶。　3 "骊山"二句：从骊山北边修建宫室，绵延不绝，再折而向西，直到咸阳。骊山，山名，在今陕西临潼东南。　4 二川溶溶：渭水和樊川缓缓流过。　5 廊腰缦回：走廊曲折回环。缦，无花纹的丝绸。　6 檐牙高啄：飞檐翘起像禽鸟往高处啄食。　7 钩心斗角：形容宫室的建筑结构错综精密，屋心檐角相互连接。8 盘盘：盘结旋绕的样子。　9 困困：屈曲聚集的样子。　10 "复道"二句：复道横空而过，不是雨过天晴，哪里来的彩虹？复道，楼阁间架木构成的通道，分上下两层，故称。霁，雨止。　11 妃嫔媵嫱：统指六国王侯的宫妃。妃，帝王的妾及太子王侯的妻。嫔，宫中女官。媵，后妃陪嫁的女子。嫱，宫中女官。12 辇来于秦：乘辇车来到秦都。

星荧荧，开妆镜也[13]；绿云扰扰，梳晓鬟（huán）也[14]；渭流涨腻[15]，弃脂水也；烟斜雾横，焚椒兰[16]也；雷霆乍惊，宫车过也；辘辘[17]远听，杳不知其所之也。一肌一容，尽态极妍[18]，缦立远视，而望幸焉[19]。有不得见者，三十六年[20]。燕（yān）赵之收藏，韩魏之经营，齐楚之精英，几世几年，取掠其人[21]，倚叠如山。一旦不能有，输来其间[22]。鼎铛（chēng）玉石，金块珠砾（lì）[23]，弃掷逦（lǐ）迤（yǐ）[24]，秦人视之，亦不甚惜。

　　嗟乎！一人之心，千万人之心也。秦爱纷奢，人亦念其家。奈何取之尽锱（zī）铢（zhū）[25]，用之如泥沙？使负栋[26]之柱，多于南亩之农夫；架梁之椽（chuán），多于机上之工女；钉头磷磷[27]，多于在庾（yú）[28]之粟粒；瓦缝参差，多于周身之帛缕[29]；直栏横槛，多于九土[30]之城郭；管弦呕（ōu）

13"明星"二句：妆镜闪烁，如同繁星。荧荧，明亮的样子。　　14"绿云"二句：梳理乌黑的头发像绿云缭绕。绿云，比喻女子乌黑的头发。扰扰，纷乱的样子。
15腻：油腻，腻垢。　　16椒兰：香料。　　17辘辘：车声。　　18妍：美丽。
19"缦立"二句：耐心地久立远视，盼望皇帝能够驾临，使她得到宠爱。缦立，久立。　　20"有不得"二句：指秦始皇在位共三十六年，许多宫女从来没有见过秦始皇的面。　　21人：即民。　　22"一旦"二句：一旦这些国家灭亡了，那些财物都被运输到阿房宫来。其间，指阿房宫中。　　23鼎铛玉石，金块珠砾：把鼎当锅，把玉当石，把黄金当土块，把珍珠当石子。铛，平底锅。　　24逦迤：连接不断的样子，这里指到处都是。　　25锱铢：古时的重量单位，此极言微小。
26负栋：支撑栋梁。　　27磷磷：本指石头突出水面的样子，这里形容建筑物上钉头突出的样子。　　28庾：露天的谷仓，泛指粮库。　　29帛缕：衣服上的丝线。
30九土：九州，指全国。

哑(yā)[31]，多于市人之言语。使天下之人，不敢言而敢怒。独夫[32]之心，日益骄固。戍卒叫，函谷举[33]，楚人一炬，可怜焦土[34]。

鸣呼！灭六国者，六国也，非秦也；族[35]秦者，秦也，非天下也。嗟夫！使六国各爱其人，则足以拒秦；使秦复爱六国之人，则递[36]三世可至万世而为君，谁得而族灭也？秦人不暇自哀，而后人哀之；后人哀之而不鉴之，亦使后人而复哀后人也。

---

31 呕哑：声音杂乱。　32 独夫：丧尽人心的暴君，指秦始皇。　33 "戍卒叫"二句：指陈涉、吴广揭竿起义，四方响应，刘邦攻破函谷关。举，攻克。　34 "楚人"二句：指楚人项羽焚烧秦宫室，可惜富丽堂皇的阿房宫变成了一片焦土。可怜，可惜。　35 族：灭。　36 递：传，接。

欣赏指南

杜牧(803—852)，字牧之，京兆万年(在今陕西西安)人，晚唐著名的文学家，世称"小杜"。有抱负，善论兵，曾任池州刺史、中书舍人。工诗文，其文既有雄姿英发的特点，也有清新俊逸的风格。有《樊川集》。

这篇赋写于唐敬宗宝历年间。作者在《上知己文章启》中说："宝历大起宫室，广声色，故作《阿房宫赋》。"可见本文是借古喻今、讽谏当世之作。文章通过对阿房宫兴废的描写，以夸张的手法揭露了秦朝统治者的奢侈荒淫，同时也对当时沉溺声色、大修宫殿的唐敬宗提出了劝谏。这篇赋充分体现出"体物写志"的特点，不仅发挥了赋体的长处，描写事物极尽铺排、夸张之能事，用语华美铿锵；而且突破藩篱，骈散结合，夹叙夹议，鞭辟入里，堪称传世佳作。

黄州新建小竹楼记

王禹偁

黄冈[1]之地多竹，大者如椽，竹工破之，刳（kū）[2]去其节，用代陶瓦，比屋皆然[3]，以其价廉而工省[4]也。

子城[5]西北隅[6]，雉堞圮（pǐ）毁[7]，榛莽[8]荒秽，因作小楼二间，与月波楼通。远吞山光，平挹（yì）江濑，幽阒（qù）辽敻（xiòng），不可具状[9]。夏宜急雨，有瀑布声；冬宜密雪，有碎玉声。宜鼓琴，琴调虚畅[10]；宜咏诗，诗韵清绝；宜围棋，子声丁（zhēng）丁然；宜投壶[11]，矢声铮铮然：皆竹楼之所助也。

公退之暇[12]，被（pī）鹤氅（chǎng）衣[13]，戴华阳巾[14]，手执《周易》一卷，焚香默坐，消遣世虑[15]。江山之外，第[16]见

---

1 黄冈：在今湖北黄冈，时为黄州州治所在地。　2 刳：剖开，挖空。3 比屋皆然：一间屋接一间屋都这样。　4 工省：省工，节省工时。　5 子城：大城外所属的小城。　6 隅：角落。　7 雉堞圮毁：城墙倒塌。雉堞，护城墙顶上的凹凸短墙。圮，坍塌，毁坏。　8 榛莽：丛生的草木。9 "远吞"四句：极目远眺，群山景色尽收眼底，左右顾盼，举手似可舀起江里湍急的流水，幽静辽远，不能一一描绘。吞，接纳，囊括。挹，舀。濑，湍急的水。阒，寂静。敻，远，深。　10 琴调虚畅：琴声清虚和畅。　11 投壶：把箭投入壶中的一种游戏。　12 公退之暇：办公结束后的空闲时间。　13 被鹤氅衣：披上鹤羽做的袍。被，披。鹤氅衣，鹤羽做的袍子，是道士的服装。　14 华阳巾：道士所戴的头巾。　15 消遣世虑：解除世俗的忧虑。　16 第：只。

风帆沙鸟、烟云竹树而已。待其酒力醒，茶烟歇，送夕阳，迎素月，亦谪居之胜概[17]也。

彼齐云、落星[18]，高则高矣，井幹（hán）、丽谯（qiáo）[19]，华则华矣，止于贮妓女，藏歌舞，非骚人[20]之事，吾所不取。

吾闻竹工云："竹之为瓦仅十稔（rěn）[21]，若重覆之，得二十稔。"噫！吾以至道[22]乙未[23]岁，自翰林出[24]滁[25]上；丙申，移广陵[26]；丁酉，又入西掖[27]；戊戌岁除日，有齐安[28]之命，己亥闰三月到郡。四年之间，奔走不暇，未知明年又在何处，岂惧竹楼之易朽乎？幸[29]后之人与我同志，嗣而葺（qì）之[30]，庶[31]斯楼之不朽也！

咸平二年八月十五日记。

---

17 胜概：美丽的光景。　18 齐云、落星：古代著名的高楼，分别为唐恭王（一说陈后主）和三国孙权所建。　19 井幹、丽谯：古代著名的高楼，分别为汉武帝和三国曹操所建。　20 骚人：诗人，这里泛指文人。　21 十稔：十年。稔，谷熟叫稔，庄稼一年一熟，所以称一年为一稔。　22 至道：宋太宗赵炅（jiǒng）的年号（公元 995—997 年）。　23 乙未：至道元年（公元 995 年）。　24 出：贬谪。25 滁：今安徽滁州。　26 广陵：今江苏扬州。　27 西掖：即中书省，官署名。28 齐安：黄冈，一说黄州。　29 幸：希望。　30 嗣而葺之：继续修缮竹楼。嗣，继承，继续。葺，修补，修缮。　31 庶：希望。

欣赏指南

王禹偁（954 1001），字元之，人称王黄州，济州巨野（今山东巨野）人，北宋文学家。他为人正直敢言，虽多次遭贬，但始终守正不阿。

他的诗文简雅清新，不同于宋初的浮靡文风。有自编诗文《小畜集》，后人辑佚的有《小畜外集》。

　　本文又名《黄冈竹楼记》，是作者著名的抒情小品。本文先写用竹子造屋的原因，次叙闲居竹楼的乐趣，再写作者超俗的生活及不慕权贵的情操，末尾由竹楼的易朽引发作者的身世之叹，并希望后来人能继续修葺竹楼，使其不朽。"不朽"二字是理解本文主旨的关键字眼，具有竹楼主人人品不朽的象征意义。本文构思巧妙，以竹起笔，竹连楼宇，再由竹楼引发作者的人生感慨，文笔简洁，自然平易，是宋初散文的代表作。

岳阳楼记

范仲淹

庆历[1]四年春,滕子京谪守巴陵郡[2]。越明年,政通人和,百废俱兴。乃重修岳阳楼,增其旧制,刻唐贤、今人诗赋于其上,属(zhǔ)[3]予作文以记之。

予观夫巴陵胜状,在洞庭一湖。衔远山,吞长江,浩浩汤(shāng)汤,横无际涯;朝晖夕阴,气象万千。此则岳阳楼之大观也,前人之述备矣。然则北通巫峡,南极潇湘,迁客[4]骚人,多会于此,览物之情,得无异乎?

若夫霪雨霏霏[5],连月不开,阴风怒号,浊浪排空;日星隐耀[6],山岳潜形;商旅不行,樯(qiáng)倾楫摧;薄暮冥冥,虎啸猿啼。登斯楼也,则有去国怀乡,忧谗畏讥,满目萧然,感极而悲者矣。

至若春和景明,波澜不惊,上下天光,一碧万顷;沙鸥翔集,锦鳞游泳;岸芷汀兰,郁郁青青。而或长烟一空,皓月千里,浮光跃金,静影沉璧[7],渔歌互答,此乐何极!登斯楼也,则有心旷神怡,宠辱偕忘,把酒临风,其喜洋洋者矣。

---

1 庆历:宋仁宗赵祯年号(公元 1041—1048 年)。　2 巴陵郡:岳州,在今湖南。
3 属:通"嘱"。　4 迁客:指被贬官的人。　5 霏霏:形容雨雪的细密。　6 耀:
光辉。　7"浮光"二句:月光照在浮动的水面上像跃动着万点金星,月光照在静静的水面上又如同一块洁白的璧玉。

嗟夫！予尝求古仁人之心，或异二者[8]之为，何哉？不以物喜，不以己悲；居庙堂[9]之高则忧其民，处江湖之远则忧其君。是进亦忧，退亦忧。然则何时而乐耶？其必曰"先天下之忧而忧，后天下之乐而乐"欤！噫！微斯人[10]，吾谁与归[11]？

时六年九月十五日。

---

8 二者：指上面所说的"感极而悲"和"其喜洋洋"两种心情。　9 庙堂：指朝廷。
10 微斯人：没有这种人。微，无。　11 吾谁与归：即"吾与谁归"，我还能和谁志同道合呢？

欣赏指南

范仲淹（989—1052），字希文，谥"文正"，苏州吴县（今江苏苏州）人，北宋政治家、散文家。曾官至枢密副使、参知政事，主持了以革除积弊为目的的庆历新政。他的文学观点强调致用，在诗、词、散文方面均颇有成就。有《范文正公文集》。

本文是一篇优美的抒情散文。作者先简述作"记"的缘由，然后对岳阳楼的景致进行了一番详细描述，因事入景、因景生情，在层层递进、层层深入之后，抒发了作者"不以物喜，不以己悲"的宏大胸襟，并在此基础上提出了"先天下之忧而忧，后天下之乐而乐"的高远意旨。文章写景抒情融为一体，行文跌宕起伏，富于变化，而且韵律铿锵，读来朗朗上口，是一篇千古流传的佳作。

朋 党 论

欧阳修

　　臣闻朋党之说，自古有之，惟幸[1] 人君辨其君子小人而已。

　　大凡君子与君子以同道为朋，小人与小人以同利为朋，此自然之理也。然臣谓小人无朋，惟君子则有之，其故何哉？小人所好者，利禄也；所贪者，财货也。当其同利之时，暂相党引[2] 以为朋者，伪也；及其见利而争先，或利尽而交疏，则反相贼害，虽其兄弟亲戚，不能相保。故臣谓小人无朋，其暂为朋者，伪也。君子则不然。所守者道义，所行者忠信，所惜者名节。以之修身，则同道而相益；以之事国，则同心而共济。终始如一，此君子之朋也。故为人君者，但当退小人之伪朋，用君子之真朋，则天下治矣。

　　尧之时，小人共工、驩(huān)兜等四人[3] 为一朋，君子八元、八恺[4] 十六人为一朋。舜佐尧，退四凶小人之朋，而进元、恺君子之朋，尧之天下大治。及舜自为天子，而皋、

---

1 幸：希望。　　2 党引：勾结，援引。　　3 共工、驩兜等四人：指共工、驩兜、鲧和三苗，传说为尧时逐臣，后人称"四凶"。　　4 八元、八恺：相传上古高辛氏有八个有才德的后裔，天下人称之"八元"；高阳氏有八个有德的人，天下人称之"八恺"。元，善良的人。恺，忠诚的人。

夔、稷、契（xiè）[5]等二十二人并列于朝，更相称美，更相推让，凡二十二人为一朋，而舜皆用之，天下亦大治。

《书》[6]曰："纣有臣亿万，惟亿万心；周有臣三千，惟一心。"纣之时，亿万人各异心，可谓不为朋矣，然纣以亡国。周武王之臣，三千人为一大朋，而周用[7]以兴。后汉献帝时，尽取天下名士囚禁之，目为党人。及黄巾贼起，汉室大乱，后方悔悟，尽解党人而释之，然已无救矣。唐之晚年，渐起朋党之论[8]。及昭宗时，尽杀朝之名士，或投之黄河，曰："此辈清流，可投浊流。"而唐遂亡矣。

夫前世之主，能使人人异心不为朋，莫如纣；能禁绝善人为朋，莫如汉献帝；能诛戮清流之朋，莫如唐昭宗之世。然皆乱亡其国。更相称美推让而不自疑，莫如舜之二十二臣，舜亦不疑而皆用之。然而后世不诮（qiào）[9]舜为二十二人朋党所欺，而称舜为聪明之圣者，以能辨君子与小人也。周武之世，举其国之臣三千人共为一朋，自古为朋之多且大莫如周，然周用此以兴者，善人虽多而不厌也。

嗟呼！治乱兴亡之迹，为人君者可以鉴矣！

---

5 皋、夔、稷、契：分别指舜时的刑法官皋陶、乐官夔、农官后稷和任掌教育之官的契。　6《书》：《尚书》。　7 用：因此。　8 唐之晚年，渐起朋党之论：指晚唐穆宗和宣宗年间的牛（僧孺）李（德裕）党争。　9 诮：讥笑。

　　欧阳修(1007—1072),字永叔,号醉翁,晚年又号六一居士,吉州吉水(今属江西)人,北宋著名的政治家、文学家,"唐宋八大家"之一。他曾官至枢密副使、参知政事,积极支持范仲淹的庆历新政。欧阳修大力提倡古文运动,促进了北宋文风的变革,他的文章具有平易舒畅的风格,代表着宋代文风的一个重要特点。有《欧阳文忠公文集》。

　　庆历三年(公元1043年)宋仁宗启用了改革派范仲淹等进行政治革新,后来范等被保守派诬陷为朋党,于是作者写下这篇文章,希望宋仁宗能辨别是非。作者在文章中指出朋党自古有之,不足为怪,关键是国君要善于分辨"小人之朋"和"君子之朋"。作者承认改革派是朋党,但它是君子之党,并非小人之党。这两个派别因结党的目的不同,所以性质不同、持续存在的时间不同,更为重要的是在国家兴亡治乱中所起的作用也不同。作者在论述二者于国有不同作用时,采用历史上正反不同的例子来进行论证,让人君在对比中鉴其利弊,晓其渊源,使其有决心与信心任用改革派人物,而不为守旧派所蛊惑。本文条理清晰,出语新奇,说服力较强,是流传千古的佳作。

醉翁亭记

欧阳修

环滁[1]皆山也。其西南诸峰,林壑尤美,望之蔚然而深秀者,琅(láng)琊(yá)[2]也。山行六七里,渐闻水声潺潺而泻出于两峰之间者,让泉也。峰回路转,有亭翼然临于泉上者,醉翁亭也。作亭者谁?山之僧智仙也。名之者谁?太守[3]自谓也。太守与客来饮于此,饮少辄醉,而年又最高,故自号曰醉翁也。醉翁之意不在酒,在乎山水之间也。山水之乐,得之心而寓之酒也。

若夫日出而林霏[4]开,云归而岩穴暝,晦明变化者,山间之朝暮也。野芳发而幽香,佳木秀而繁阴,风霜高洁,水落而石出者,山间之四时也。朝而往,暮而归,四时之景不同,而乐亦无穷也。

至于负者歌于涂[5],行者休于树,前者呼,后者应,伛(yǔ)偻(lǚ)提携[6],往来而不绝者,滁人游也。临溪而渔,溪深而鱼肥;酿泉为酒,泉香而酒洌[7]。山肴野蔌,杂然而

---

1 滁:指今安徽滁州。 2 琅琊:山名,位于今安徽滁州西南,醉翁亭就建在该山山麓上。 3 太守:宋时一州的长官称知军州事,泛称太守。本文的太守即作者。 4 林霏:树林中的雾气。 5 涂:通"途",道路。 6 伛偻提携:指老人小孩。伛偻,弯腰驼背的样子。提携,牵引而行。 7 洌:清。

前陈者,太守宴也。宴酣之乐,非丝非竹[8],射[9] 者中,弈者胜,觥(gōng)[10]筹[11]交错,起坐而喧哗者,众宾欢也。苍颜白发,颓然乎其间者,太守醉也。

已而夕阳在山,人影散乱,太守归而宾客从也。树林阴翳(yì)[12],鸣声上下,游人去而禽鸟乐也。然而禽鸟知山林之乐,而不知人之乐;人知从太守游而乐,而不知太守之乐其乐也。醉能同其乐,醒能述以文者,太守也。太守谓谁?庐陵欧阳修也。

---

8 非丝非竹:不是因为有丝竹一类的音乐。丝,指琴、瑟等弦乐器。竹,指笛、箫等管乐器。　9 射:指投壶。古代宴会时玩的一种游戏,把箭投入壶中,投中少的为负者,要罚酒。　10 觥:古代用兽角(后也用木或铜)制作的一种饮酒器皿。11 筹:竹片做的筹码,用来计算饮酒的数量。　12 翳:遮盖,遮蔽。

欣赏指南

仁宗庆历五年(公元1045年),范仲淹等被诬结党,欧阳修为他们辩护,结果被贬滁州,第二年他在滁州写下这篇经精心推敲而成的名作。文中作者自称"翁",其实当时他年近40岁,所以文中虽极力写"乐",以"乐"贯穿全文,但仅一个"翁"字便泄露了作者政治上失意的感伤情怀。本文开篇运用由远及近聚焦式的方法特写醉翁亭,给读者制造出一种期待的心理;在接下来的景物描写中,作者善用动静结合的方法,把亭上的自然景观和人文景观刻画得生动活泼;最后一段作者则运用了层层烘托的方法,娓娓道来太守的乐趣与众不同,而"太守谓谁"一句既呼应了首段,又有画龙点睛之妙。本文意境优美,格调清丽;句式散中有骈,读来铿锵富有节奏感。此外,作者创造性地于句末巧用二十一个"也"字,使文章更具一唱三叹、回环反复的韵味。

秋 声 赋

欧阳修

　　欧阳子方夜读书,闻有声自西南来者,悚然[1]而听之,曰:"异哉!"初淅沥以潇飒,忽奔腾而砰湃,如波涛夜惊,风雨骤至。其触于物也,鏦(cōng)鏦铮铮,金铁皆鸣;又如赴敌之兵,衔枚[2]疾走,不闻号令,但闻人马之行声。予谓童子:"此何声也?汝出视之。"童子曰:"星月皎洁,明河在天,四无人声,声在树间。"

　　予曰:"噫嘻悲哉!此秋声也,胡为而来哉?盖夫秋之为状也:其色惨淡,烟霏云敛;其容清明,天高日晶;其气慄冽,砭人肌骨;其意萧条,山川寂寥。故其为声也,凄凄切切,呼号奋发。丰草绿缛(rù)[3]而争茂,佳木葱茏而可悦。草拂之而色变,木遭之而叶脱。其所以摧败零落者,乃其一气之余烈。

　　"夫秋,刑官也,于时[4]为阴;又兵象也,于行为金[5]。是谓天地之义气,常以肃杀而为心。天之于物,春生秋实。

---

1 悚然:惊惧的样子。　2 衔枚:古代行军时,士兵口中要衔一形如筷子的东西,以防止喧哗。　3 缛:繁,繁密。　4 时:季节。　5 于行为金:以五行分配四时,旧说秋天属金。行,五行,即金、木、水、火、土。

故其在乐也，商声主西方之音，夷则为七月之律[6]。商，伤也，物既老而悲伤；夷，戮也，物过盛而当杀。

"嗟夫！草木无情，有时飘零。人为动物，惟物之灵，百忧感其心，万事劳其形。有动乎中[7]，必摇其精。而况思其力之所不及，忧其智之所不能，宜其渥然丹者[8]为槁木，黟(yī)然黑者[9]为星星[10]。奈何以非金石之质，欲与草木而争荣？念谁为之戕贼，亦何恨乎秋声？"

童子莫对，垂头而睡。但闻四壁虫声唧唧，如助予之叹息。

---

6 "商声"二句：旧说以五声分配四时，秋天为商声；以十二律分配十二月，七月为夷则。五声指宫、商、角、徵、羽，十二律指黄钟、大吕、太簇、夹钟、姑洗、中吕、蕤宾、林钟、夷则、南吕、无射、应钟。　7 有动乎中：心中有所触动。乎，于。
8 渥然丹者：指红润的容颜。渥然，润泽的样子。　9 黟然黑者：黑的头发。
10 星星：这里用以比喻白发。

欣赏指南

本文所描写的对象是无形无状的秋声，但作者运用诸多比喻，从听觉、视觉、联想等多角度来渲染描写秋声，抒发了作者浓厚的悲秋之慨和对政治、人生的深沉喟叹。文中各段衔接自然，表情绘物用以静写动、以动衬静、动静相间的方法来展开：先是写静夜中动感的秋声，童子出视却是"四无人声"；在确定为秋声后，作者便着意描绘"秋之为状"，并感叹类似于肃杀之秋的一些社会现象；但作者的一番大论换来的只是童子的"垂头而睡"和反衬万籁俱静的唧唧虫声，作者的心境一片悲凉。本文虽是篇文赋，但作者于行文中成功地增加了说理和议论成分，体现了作者对赋体的创新；文章以感叹词"异哉""噫嘻悲哉""嗟夫"等开段，这样，作者的唏嘘感慨之声就仿佛萦绕在读者的耳边。本文为宋代散文赋的典范，也是作者的代表作之一。

六 国 论

苏 洵

六国破灭，非兵不利，战不善，弊在赂秦。赂秦而力亏，破灭之道也。或曰："六国互¹丧，率²赂秦邪？"曰："不赂者以³赂者丧。盖失强援，不能独完⁴，故曰'弊在赂秦'也！"

秦以⁵攻取之外，小则获邑，大则得城，较秦之所得，与战胜而得者，其实百倍；诸侯之所亡⁶，与战败而亡者，其实亦百倍。则秦之所大欲，诸侯之所大患，固不在战矣。思厥⁷先祖父，暴（pù）⁸霜露，斩荆棘，以有尺寸之地。子孙视之不甚惜，举以予人，如弃草芥。今日割五城，明日割十城，然后得一夕安寝。起视四境，而秦兵又至矣。然则诸侯之地有限，暴秦之欲无厌⁹，奉之弥¹⁰繁，侵之愈急，故不战而强弱胜负已判矣。至于颠覆¹¹，理固宜然。古人云："以地事¹²秦，犹抱薪救火，薪不尽，火不灭。"此言得之。

齐人未尝赂秦，终继五国迁灭，何哉？与嬴¹³而不助五国也。五国既丧，齐亦不免矣。燕赵之君，始有远略，能守其土，义不赂秦。是故燕虽小国而后亡，斯用兵之效

---

1 互：交互，相继。　2 率：一概，全，都。　3 以：因为。　4 完：保全，使完整。
5 以：用，凭借。　6 亡：失去。　7 厥：其，他们的。　8 暴：通"曝"，显露，此处当冒着讲。　9 厌：通"餍"，满足。　10 弥：更，愈。　11 颠覆：指国家被灭亡。
12 事：侍奉。　13 与嬴：亲附秦国。与，亲附，跟从。嬴，秦王的姓，此指秦国。

也。至丹以荆卿为计[14]，始速祸焉。赵尝五战于秦，二败而三胜，后秦击赵者再[15]，李牧连却[16]之。洎(jì)[17]牧以谗诛，邯郸为郡[18]，惜其用武而不终也。且燕赵处秦革灭[19]殆尽之际，可谓智力孤危，战败而亡，诚[20]不得已。向使[21]三国各爱其地，齐人勿附于秦，刺客不行，良将犹在，则胜负之数，存亡之理，当与秦相较，或未易量[22]。

呜呼！以赂秦之地封天下之谋臣，以事秦之心礼[23]天下之奇才，并力西向，则吾恐秦人食之不得下咽也。悲夫！有如此之势，而为秦人积威之所劫[24]，日削月割，以趋于亡。为(wéi)国者无使为积威之所劫哉！

夫六国与秦皆诸侯，其势弱于秦，而犹有可以不赂而胜之之势；苟以天下之大，而从六国破亡之故事[25]，是又在六国下矣！

---

14 丹以荆卿为计：指燕太子丹把派荆轲刺杀秦始皇当作保国的计策。
15 再：两次。　16 却：打退。　17 洎：到，等到。　18 邯郸为郡：国都邯郸成为一个郡。秦灭赵后，把赵国都城邯郸变成秦国的一个郡。　19 革灭：灭除，灭掉。　20 诚：实在，的确。　21 向使：假如。　22 量：判断，估计。　23 礼：礼遇，礼待。　24 劫：威逼，胁迫。　25 故事：旧事，前例，指六国被秦灭亡。

欣赏指南

苏洵（1009—1066），字明允，号老泉，眉山（今四川眉山）人，北宋文学家，"唐宋八大家"之一，与其子苏轼、苏辙并称"三苏"。苏洵善写议论文，尤其擅长策论，文风纵厉雄奇。有《嘉祐集》。

本文通过六国的灭亡事实，指出了六国灭亡的根本原因在于"赂

秦"，总结了贿赂敌人只能招致亡国之祸的历史教训，并告诫后世的统治者应当以六国灭亡为鉴，具有强烈的现实针对性。文章借古喻今，对宋代统治者对外实行屈辱的妥协政策进行了讽谏。文章脉络清晰，说理透彻，论证有力，针对性强，风格豪健，文笔纵横驰骋，是篇出色的政论文。

爱 莲 说

周敦颐

水陆草木之花，可爱者甚蕃（fán）[1]。晋陶渊明独爱菊。自李唐来，世人甚爱牡丹。予独爱莲之出淤泥而不染，濯（zhuó）[2] 清涟而不妖[3]，中通外直，不蔓不枝，香远益清，亭亭净植[4]，可远观而不可亵（xiè）玩焉[5]。

予谓菊，花之隐逸者也；牡丹，花之富贵者也；莲，花之君子者也。噫！菊之爱，陶之后鲜（xiǎn）[6] 有闻；莲之爱，同予者何人？牡丹之爱，宜乎众矣[7]！

---

1 蕃：繁多。　2 濯：清洗。　3 妖：美丽但不庄重。　4 植：树立，挺立。　5 亵玩：亲近但态度不庄重。　6 鲜：少。　7 宜乎众矣：人当然就很多了。宜，应该。

欣赏指南

周敦颐（1017—1073），字茂叔，道州营道（今湖南道县）人，北宋著名哲学家。他曾任多处地方官，政绩显著。他首创"文以载道"说，认为文是表现道（心性、义理）的工具。晚年隐居庐山莲花峰前、濂溪之畔，人称濂溪先生。

本文是篇托物言志的散文小品。文中刻意赞美了具有高洁品格的莲花，表达了自己高洁的人格追求，委婉地批判了当时趋炎附势、追求富贵的世风。语言自然晓畅，文笔简洁优美，句式富于变化，是一篇千古传诵的佳作。

墨 池 记

临川¹之城东,有地隐然而高,以临于溪,曰新城。新城之上,有池洼然而方以²长,曰王羲之之墨池者,荀伯子《临川记》云也。羲之尝慕张芝,临池学书,池水尽黑。此为其故迹,岂信然邪?

方羲之之不可强以仕³,而尝极东方⁴,出沧海,以娱其意于山水之间。岂有徜(cháng)徉(yáng)肆恣⁵,而又尝自休于此邪?羲之之书晚乃善,则其所能,盖亦以精力自致者,非天成也。然后世未有能及者,岂其学不如彼邪?则学固可以少哉!况欲深造道德者邪?

墨池之上,今为州学舍。教授王君盛恐其不彰⁶也,书"晋王右军墨池"之六字于楹(yíng)间以揭之,又告于巩曰:"愿有记。"推王君之心,岂爱人之善,虽一能不以废,而因以及乎其迹邪?其亦欲推其事以勉其学者邪?夫人之有一能,而使后人尚⁷之如此,况仁人庄士⁸之遗风余思,被⁹于来世者何如哉!

---

1 临川:今江西临川。　2 以:且,而且。　3 强以仕:勉强自己去当官。强,勉强。　4 尝极东方:曾经遍游东部地区。极,穷尽。　5 徜徉肆恣:放纵自己,漫无目的地游玩。肆恣,恣肆放纵。　6 彰:显著,显明。　7 尚:尊崇。　8 仁人庄士:指品行高尚正直的人。　9 被:施加,引申为留给。

庆历八年九月十二日，曾巩记。

欣赏指南

曾巩(1019—1083)，字子固，建昌南丰(今属江西)人，世称南丰先生，北宋著名的散文家，"唐宋八大家"之一。他善文论、祭文，散文平易舒缓，但道学气息浓。著有《元丰类稿》，后人辑有《曾巩集》。

本文借墨池故迹，指出王羲之书法所达到的精妙境界，是"以精力自致"，而绝非是靠什么"天成"，进而阐述要完善道德，更要努力培养。全文以议论为主、记叙为辅，议论与记叙浑然一体，写法新颖别致；特别是文中运用了六个"邪"字和一个"哉"字来结句断段，读来更有一唱三叹之妙。

读孟尝君传

王安石

　　世皆称孟尝君能得士,士以故归之,而卒赖其力,以脱于虎豹之秦[1]。嗟乎!孟尝君特[2]鸡鸣狗盗之雄[3]耳,岂足以言得士?不然,擅[4]齐之强,得一士焉,宜可以南面[5]而制秦,尚何取鸡鸣狗盗之力哉?夫鸡鸣狗盗之出其门,此士之所以不至也。

---

1 脱于虎豹之秦:指秦昭王囚禁了孟尝君,想杀掉他,孟尝君的一个门客半夜装成狗,偷回白狐裘送给秦昭王的宠姬,宠姬因此劝说昭王放了孟尝君。孟尝君放出后,逃到函谷关,他的一个门客学鸡叫骗开了城门,他们才逃回齐国。
2 特:只不过。　3 雄:头目。　4 擅:占有,引申为凭借。　5 南面:面向南,古代以面向南为尊位,帝王面朝南而坐。

欣赏指南

　　王安石(1021—1086),字介甫,号半山,世称王荆公,抚州临川(今属江西)人,北宋政治家、文学家,“唐宋八大家”之一。他曾官至参知政事,主持了历史上有名的熙宁变法。他强调“文以适用为本”,他的散文笔力雄健,语言简劲。有《王荆公诗文集》。

　　本文是王安石读《史记·孟尝君列传》的读后感。文中首先列出世俗对孟尝君得士的赞许观点,揭示论题;第二句加以驳斥,将千古定论一笔扫倒;第三句使用假设论证,证明自己的论断;第四句笔锋一转,点明孟尝君不能得士的原因。作者一句换一个角度,这使得反驳部分层层转折、层层深入却又气贯始终。文章名为论史,实则抒怀,表现了政治家王安石对人才的看法和要求、标准。文章观点新颖,论证严谨,文笔精悍瘦硬,行文变化神妙,较好地体现了王安石史论的特色。

游褒禅山记

王安石

褒禅山[1]亦谓之华山。唐浮图[2]慧褒始舍于其址，而卒葬之，以故，其后名之曰"褒禅"。今所谓慧空禅院者，褒之庐冢也。距其院东五里，所谓华阳洞者，以其乃华山之阳名之也。距洞百余步，有碑仆道，其文漫灭，独其为文犹可识，曰"花山"。今言"华"如"华实"之"华"者，盖音谬也。

其下平旷，有泉侧出，而记游者甚众，所谓前洞也。由山以上五六里，有穴窈（yǎo）然[3]，入之甚寒，问其深，则其好（hào）游者不能穷也，谓之后洞。余与四人拥火以入，入之愈深，其进愈难，而其见愈奇。有怠而欲出者，曰："不出，火且[4]尽。"遂与之俱出。盖予所至，比好游者尚不能十一，然视其左右，来而记之者已少。盖其又深，则其至又加少矣。方是时，予之力尚足以入，火尚足以明也。既其出，则或咎其欲出者，而予亦悔其随之，而不得极夫游之乐也。

于是予有叹焉。古人之观于天地、山川、草木、虫鱼、鸟兽，往往有得，以其求思之深而无不在也。夫夷[5]以近，则游者众；险以远，则至者少。而世之奇伟、瑰怪、非常之

---

1 褒禅山：位于安徽含山北部。　2 浮图：梵语的音译，又译作"浮屠"，意为僧人或佛塔佛经，这里指僧人。　3 窈然：幽暗深邃的样子。　4 且：将。　5 夷：平坦。

观,常在于险远,而人之所罕至焉,故非有志者不能至也。有志矣,不随以止也,然力不足者,亦不能至也。有志与力,而又不随以怠,至于幽暗昏惑而无物以相(xiàng)[6]之,亦不能至也。然力足以至焉,于人为可讥,而在己为有悔;尽吾志也而不能至者,可以无悔矣,其孰能讥之乎?此予之所得也。

予于仆碑,又以悲夫古书之不存,后世之谬其传而莫能名者,何可胜道[7]也哉?此所以学者不可以不深思而慎取之也。四人者,庐陵萧君圭君玉[8]、长乐王回深父(fǔ)、余弟安国平父、安上纯父。至和元年[9]七月某日,临川王某记。

---

6 相:辅助,帮助。　7 胜道:说得完。胜,尽。　8 萧君圭君玉:萧为姓,君圭为名,君玉为字。作者称呼后面其他三人也是以姓、名、字为顺序的。　9 至和元年:公元1054年。至和,宋仁宗赵祯的年号(公元1054—1056年)。

欣赏指南

本文是篇游记式的说理文。作者先写褒禅山名字的由来,再写游前洞、后洞的经历,由这两件事引发出作者的一番感慨和议论,并把感慨、议论中所蕴涵的道理升华到治学需要进取的精神和严谨的态度这个高度上,从而使作者的说理更能给人以情感上的感染和理论上的诱导。文章言近旨远,因事见理,把抽象的道理阐发得具体生动。

喜雨亭记

苏　轼

亭以雨名，志[1]喜也。古者有喜，则以名物，示不忘也。周公得禾，以名其书[2]；汉武得鼎，以名其年[3]；叔孙胜狄，以名其子[4]。其喜之大小不齐，其示不忘一也。

予至扶风[5]之明年，始治官舍。为亭于堂之北，而凿池其南，引流种树，以为休息之所。是岁之春，雨（yù）麦于岐山之阳，其占为有年[6]。既而弥月不雨，民方以为忧。越三月，乙卯乃雨，甲子又雨，民以为未足。丁卯大雨，三日乃止。官吏相与庆于庭，商贾相与歌于市，农夫相与忭（biàn）[7]于野。忧者以喜，病者以愈，而吾亭适成。

于是举酒于亭上，以属（zhǔ）[8]客而告之，曰："五日不雨可乎？曰：五日不雨则无麦。十日不雨可乎？曰：十日不雨则无禾。无麦无禾，岁且荐[9]饥，狱讼繁兴而盗贼滋炽，则吾与二三子虽欲优游[10]以乐于此亭，其可得耶？今天不遗斯民，始旱而赐之以雨，使吾与二三子得相与优游

---

1 志：记。　2"周公"二句：传说周成王曾送给周公两株苗合生一穗的谷子，周公为此作《嘉禾》。　3"汉武"二句：指汉武帝在汾水上得一鼎，于是改年号为元鼎。　4"叔孙"二句：指鲁国的叔孙得臣打败北狄后，用被俘虏的北狄鄋（sōu）瞒国国君的名字侨如来为他的儿子命名。　5 扶风：今陕西凤翔。
6 有年：指丰收。年，年成，收成。7 忭：高兴，欢喜。　8 属：倾注，引申为劝酒。
9 荐：重复，连续。　10 优游：闲暇自得的样子。

而乐于此亭者，皆雨之赐也！其又可忘耶？"

既以名亭，又从而歌之，曰："使天而雨珠，寒者不得以为襦（rú）；使天而雨玉，饥者不得以为粟。一雨三日，伊谁之力？民曰太守，太守不有；归之天子，天子曰不然；归之造物，造物不自以为功；归之太空，太空冥冥，不可得而名。吾以名吾亭。"

欣赏指南

苏轼（1037—1101），字子瞻，号东坡居士，眉州（今四川眉山）人，北宋著名的政治家、文学家、书法家，"唐宋八大家"之一。他历任知州、翰林学士、知制诰等职，受到改革派与保守党的打击，一生坎坷。苏轼为一代文宗，他的散文与欧阳修并称"欧苏"，诗与黄庭坚并称"苏黄"，词与辛弃疾并称"苏辛"，与父苏洵、弟苏辙合称"三苏"。苏轼的散文各体皆工，纵横驰骋，挥洒自如。有《东坡全集》。

作者在陕西凤翔府任职时，久旱得雨，又官舍旁新亭落成，即命名为"喜雨亭"。全文紧紧围绕"喜雨"二字展开，说明以此名亭的原因：先从历史上探寻以物志喜的渊源，为自己名亭找一个根据；次叙久旱之雨和亭子建成在时间上的关系；再假想无雨的后果，从反面来阐述有雨之喜对亭子的存在意义发挥了重要作用；末段则以歌来抒发以"喜雨"名亭的未尽之意。全文融抒情、叙事、议论为一体，洋洋洒洒，一气贯穿，行文跌宕多姿，具有浓厚的抒情色彩。

石钟山记

苏　轼

《水经》[1]云："彭蠡[2]之口，有石钟山[3]焉。"郦元以为下临深潭，微风鼓浪，水石相搏，声如洪钟。是说也，人常疑之。今以钟磬（qìng）置水中，虽大风浪不能鸣也，而况石乎！至唐李渤始访其遗踪，得双石于潭上，扣而聆之，南声函胡[4]，北音清越，枹（fú）[5]止响腾，余韵徐歇，自以为得之矣。然是说也，余尤疑之。石之铿然有声者，所在皆是也，而此独以钟名，何哉？

元丰[6]七年六月丁丑，余自齐安[7]舟行适临汝[8]，而长子迈将赴饶之德兴尉[9]，送之至湖口，因得观所谓石钟者。寺僧使小童持斧，于乱石间择其一二扣之，硿（kōng）硿焉，余固笑而不信也。至暮夜月明，独与迈乘小舟至绝壁下。大石侧立千尺，如猛兽奇鬼，森然欲搏人[10]；而山上栖鹘，闻人声亦惊起，磔（zhé）磔云霄间；又有若老人咳且笑

1《水经》：我国古代地理著作，记述江河水道的发源及分布走向，北魏郦道元为它作注。郦道元，本文称郦元。　2 彭蠡：鄱阳湖，在江西省北部，与长江相通。3 石钟山：在今江西湖口，分上下钟山，本文所写的是下钟山，位于鄱阳湖东岸。4 函胡：即"含糊"，声音重浊模糊。　5 枹：鼓槌，这里指用槌敲击。　6 元丰：宋神宗赵顼的年号（公元1078—1085年）。　7 齐安：地名，宋代属黄州（今湖北黄冈）。　8 适临汝：到临汝去。临汝，今河南汝州。　9 饶之德兴尉：江西饶州的德兴县尉。　10 搏人：扑击人。

于山谷中者，或曰：此鹳鹤也。余方心动欲还，而大声发于水上，噌（chēng）吰（hóng）[11]如钟鼓不绝，舟人大恐。徐而察之，则山下皆石穴罅（xià），不知其浅深，微波入焉，涵澹[12]澎湃而为此也。舟回至两山间，将入港口，有大石当中流，可坐百人，空中而多窍，与风水相吞吐，有窾（kuǎn）坎镗（tāng）鞳（tà）[13]之声，与向之噌吰者相应，如乐（yuè）作焉。因笑谓迈曰："汝识[14]之乎？噌吰者，周景王之无射（yì）[15]也；窾坎镗鞳者，魏庄子之歌钟[16]也。古之人不余欺也。"

事不目见耳闻，而臆断其有无，可乎？郦元之所见闻，殆与余同，而言之不详；士大夫终不肯以小舟夜泊绝壁之下，故莫能知；而渔工水师[17]虽知而不能言。此世所以不传也。而陋者[18]乃以斧斤考击而求之，自以为得其实。余是以记之，盖叹郦元之简，而笑李渤之陋也。

---

[11] 噌吰：形容钟鼓声洪亮。　[12] 涵澹：水波激荡的样子。　[13] 窾坎镗鞳：拟声词。窾坎，击物声。镗鞳，钟鼓声。　[14] 识：知道。　[15] 无射：无射钟，东周景王所铸。　[16] 魏庄子之歌钟：魏庄子的编钟。魏庄子，春秋时晋国大夫魏绛，谥号"庄子"。　[17] 渔工水师：渔夫船工。　[18] 陋者：知识浅薄的人。

欣赏指南

宋元丰七年（公元1084年）六月，苏轼从黄州团练副使调任汝州团练副使，绕道送长子苏迈到饶州德兴任县尉，途经湖口，父子二人乘舟游览石钟山，写下了这篇游记。作者在文章开头举出石钟山得名的各种不同说法,这些均不能让作者信服,于是作者进行实地考察,得到的结果不同于前人,进而抒发作者的感慨:若"事不目见耳闻"就不可"臆断其有无"。作者层层递进、水到渠成地引出这个浅显而又耐人寻味的道理,让人信服。与其他游记相比较,本文有三大特色:一,议论横生,为游记所少见;二,带着考察目的去游玩,很是特别;三,细致生动的石钟山夜景描写,让人如临其境。本文是一篇出色的游记,可以说石钟山因本文而增色不少。佳作与名胜相得益彰,享誉后世。

文与可画筼筜谷偃竹记

苏　轼

竹之始生，一寸之萌[1] 耳，而节叶具焉。自蜩（tiáo）腹蛇蚹（fù）[2]，以至于剑拔十寻[3] 者，生而有之也。今画者乃节节而为之，叶叶而累之，岂复有竹乎？故画竹必先得成竹于胸中，执笔熟视，乃见其所欲画者，急起从之，振笔直遂[4]，以追其所见，如兔起鹘落[5]，少纵则逝矣。与可[6] 之教予如此，予不能然也，而心识其所以然。

夫既心识其所以然，而不能然者，内外不一，心手不相应，不学之过也。故凡有见于中，而操之不熟者，平居自视了然，而临事忽焉丧之，岂独竹乎？

子由[7] 为《墨竹赋》，以遗与可曰："庖丁，解牛者也，而养生者取之；轮扁[8]，斫轮者也，而读书者与[9] 之。今夫夫子[10] 之托[11] 于斯竹也，而予以为有道者则非耶？"子由未尝

---

1 萌：芽。　2 蜩腹蛇蚹：蝉的腹部，蛇腹下的横鳞。蜩，蝉的别名。蚹，蛇腹下代足爬行的横鳞。　3 剑拔十寻：指竹子长得像剑一样挺直有力。寻，古代长度单位，八尺为一寻。　4 振笔直遂：挥动画笔，一气呵成。遂，完成。　5 兔起鹘落：鹘鸟刚往下冲击时，兔子已经跃起。比喻动作迅速。鹘，即隼，一种猛禽。　6 与可：文同（字与可），北宋著名画家，擅长画竹，与苏轼是表兄弟。　7 子由：苏轼弟弟苏辙的字。　8 轮扁：砍削木车轮的工匠，名扁。《庄子·天道》记载轮扁用斫雕车轮的手艺作比喻，说明读书应不徐不疾，得心应手，精华的东西只可意会不可言传。　9 与：赞同。　10 夫子：指文与可。　11 托：寄托。

画也，故得其意而已。若予者，岂独得其意，并得其法。

与可画竹，初不自贵重。四方之人持缣素[12]而请者，足相蹑[13]于其门。与可厌之，投诸[14]地而骂曰："吾将以为袜！"士大夫传之，以为口实[15]。及与可自洋州[16]还，而余为徐州[17]，与可以书遗余曰："近语[18]士大夫：'吾墨竹一派，近在彭城，可往求之。'袜材当萃[19]于子矣。"书尾复写一诗，其略[20]曰："拟将一段鹅溪绢[21]，扫取寒梢[22]万尺长。"予谓与可："竹长万尺，当用绢二百五十匹。知公倦于笔砚，愿得此绢而已。"与可无以答[23]，则曰："吾言妄矣，世岂有万尺竹哉？"余因而实[24]之，答其诗曰："世间亦有千寻竹，月落庭空影许[25]长"。与可笑曰："苏子辩[26]矣，然二百五十匹绢，吾将买田而归老焉。"因以所画筼（yún）筜（dāng）谷偃竹[27]遗予曰："此竹数尺耳，而有万尺之势。"筼筜谷在洋州，与可尝令予作《洋州三十咏》，《筼筜谷》其一也。予诗云："汉川[28]修竹贱如蓬，斤斧何曾赦箨（tuò）龙[29]。料得清贫馋太守，渭滨千亩在胸中。"与可是日与其

---

12 缣素：供作画用的白绢。　13 蹑：踩，踏。　14 诸：之于。　15 口实：话柄。
16 洋州：今陕西洋县。　17 余为徐州：指苏轼于宋神宗熙宁十年（公元1077年）至神宗元丰二年（公元1079年）之间在今江苏徐州做官。徐州，下文称"彭城"。　18 语：说，对……说。　19 萃：集中。　20 略：大概，大致，指书信的大致内容。　21 鹅溪绢：在今四川盐亭所盛产的一种绢，唐时为贡品。　22 扫取寒梢：即画竹。扫，用笔作画。寒梢，指可耐寒的竹子。　23 无以答：无话可说，回答不出来。　24 实：证实。　25 许：如此，这样。　26 辩：巧辩。　27 偃竹：仰卧的竹子。　28 汉川：即汉水。　29 箨龙：笋的别名。箨，笋壳。

妻游谷中,烧笋晚食,发³⁰函得诗,失笑喷饭满案。

元丰二年正月二十日,与可没³¹于陈州³²。是岁七月七日,予在湖州³³曝书画,见此竹,废³⁴卷而哭失声。昔曹孟德祭桥公³⁵文,有车过腹痛之语,而予亦载与可畴昔³⁶戏笑之言者,以见与可于予亲厚无间如此也。

---

30 发:开,打开。　31 没:死。　32 陈州:指今河南淮阳。　33 湖州:指今浙江湖州。　34 废:弃,指扔下手中的书卷,停止晒书。　35 桥公:指桥玄。曹操年轻时,桥玄很赏识他,桥玄死后,曹操曾路过故乡祭奠他,并作《祀故太尉桥玄文》。　36 畴昔:从前,昔日。

欣赏指南

本文是篇著名的题记,它以画竹为线索来抒写苏文二人亲密的友情。文章以议论开篇,写文与可精辟的画论与高超的画技,而"若予者,岂独得其意,并得其法",则暗示了二人特殊的关系,为下文叙述二人亲密无间的友谊埋下了伏笔,最后睹画而哭,真情袒露无遗。本文文笔疏密有致,笔调多变。文中"画竹必先得成竹于胸中",被视为古代绘画史上重要的画论,我们今天所熟知的成语"胸有成竹"即出于此。

记承天寺夜游

苏　轼

　　元丰六年[1] 十月十二日，夜，解衣欲睡，月色入户，欣然起行。念无与为乐者，遂至承天寺[2]，寻张怀民[3]，怀民亦未寝，相与步于中庭。庭下如积水空明，水中藻荇（xìng）[4]交横，盖竹柏影也。

　　何夜无月，何处无竹柏，但少闲人[5] 如吾两人耳。

---

1 元丰六年：指公元 1083 年。元丰，宋神宗年号。　　2 承天寺：在今湖北黄冈南。　　3 张怀民：清河（今河北清河）人，当时被贬到黄州。　　4 藻荇：水藻、荇菜，水生植物。　　5 闲人：指无事可做的人。当时苏轼被贬为黄州团练副使，官衔上加有"本州安置"字样，等于没有固定职位。

欣赏指南

　　本文是作者被贬为黄州团练副使时所作，是一篇很有特色的抒情小品文。文章看似随笔记事，从月夜写到竹柏，从竹柏写到闲人，描绘出一种月色如水、如诗如梦的境界，但"闲人"二字点破了作者当时被贬的处境和郁郁寡欢的寂寞心情。全文行文如流水，表现了作者高超的写作技巧。

前赤壁赋

苏 轼

壬戌[1] 之秋,七月既望[2],苏子与客泛舟,游于赤壁[3] 之下。清风徐来,水波不兴。举酒属(zhǔ)[4] 客,诵明月之诗,歌窈(yǎo)窕(tiǎo)之章[5]。少(shǎo)焉,月出于东山之上,徘徊于斗(dǒu)牛[6] 之间。白露横江,水光接天。纵一苇[7] 之所如,凌万顷之茫然[8]。浩浩乎如冯(píng)[9] 虚御风,而不知其所止;飘飘乎如遗世[10]独立,羽化[11]而登仙。

于是饮酒乐甚,扣舷而歌之。歌曰:"桂棹(zhào)兮兰桨,击空明兮溯流光。渺渺[12]兮予怀,望美人兮天一方。"客有吹洞箫者,倚[13]歌而和之。其声呜呜然,如怨如慕,如泣如诉,余音袅袅,不绝如缕。舞幽壑之潜蛟,泣孤舟之嫠(lí)妇[14]。

苏子愀(qiǎo)然[15],正襟危坐[16]而问客曰:"何为其然

1 壬戌:指宋神宗元丰五年(公元 1082 年)。   2 既望:过了望日,即农历十六。望,望日,农历每月十五。   3 赤壁:黄州赤鼻矶,在今湖北黄冈。这里所说的赤壁不是历史上著名的赤壁之战的遗址。   4 属:倾注,引申指劝酒。   5 窈窕之章:指上文的"明月之诗",即《诗经·陈风·月出》,因其中有"舒窈纠兮"句,"窈纠"与"窈窕"音相近,所以称"窈窕之章"。   6 斗牛:斗宿、牛宿,分别为二十八宿之一。   7 一苇:这里比喻小船。   8 茫然:(水面)广大的样子。9 冯:通"凭",依靠,依仗。   10 遗世:遗弃人世,即离开人世。   11 羽化:即成仙,这是道家的说法。   12 渺渺:悠远的样子。   13 倚:依,按照。   14 嫠妇:寡妇。   15 愀然:忧愁的样子。   16 危坐:端坐。

也?"客曰:"'月明星稀,乌鹊南飞',此非曹孟德之诗乎?西望夏口¹⁷,东望武昌,山川相缪¹⁸,郁乎苍苍,此非孟德之困于周郎者乎? 方其破荆州,下江陵,顺流而东也,舳(zhú)舻(lú)¹⁹千里,旌旗蔽空,酾(shī)酒²⁰临江,横槊(shuò)²¹赋诗,固一世之雄也,而今安在哉? 况吾与子渔樵于江渚之上,侣鱼虾而友麋鹿。驾一叶之扁舟,举匏(páo)樽²²以相属(zhǔ)。寄蜉蝣于天地,渺沧海之一粟。哀吾生之须臾,羡长江之无穷。挟飞仙以遨游,抱明月而长终。知不可乎骤得,托遗响²³于悲风。"

苏子曰:"客亦知夫水与月乎? 逝者如斯,而未尝往也;盈虚者如彼,而卒莫消长(zhǎng)也。盖将自其变者而观之,则天地曾不能以一瞬;自其不变者而观之,则物与我皆无尽也,而又何羡乎? 且夫天地之间,物各有主,苟非吾之所有,虽一毫而莫取。惟江上之清风,与山间之明月,耳得之而为声,目遇之而成色,取之无禁,用之不竭,是造物者之无尽藏(zàng)也,而吾与子之所共适。"

客喜而笑,洗盏更酌。肴核既尽,杯盘狼藉。相与枕藉²⁴乎舟中,不知东方之既白²⁵。

　　本文是宋神宗元丰五年(公元 1082 年)苏轼被贬谪黄州时所作。它既是宋代散文赋的优秀代表作,也是古代散文中构思精湛缜密的成功范例。全文层次分明,每一层次因场景的不同而有不同的情感波澜,作者从变与不变两方面看待宇宙和人生,认为"天地之间,物各有主",不得强求,只能在江上清风与山间明月中寻找出路来排遣苦闷,反映了作者齐生死、等荣辱、同忧乐、无是非的虚无思想和随缘自适的人生态度。本文是篇文赋,既有散文的行云流水般的描写,又有赋体的特征,充分运用了主客问答、抑客扬主的表现方法和排比、对仗等修辞手法,表现了作者并没有拘泥于赋体,而是让赋这种文体为文章内容服务的高超写作技巧。

上枢密¹韩太尉²书

太尉执事³：辙生好为文，思之至深，以为文者气之所形，然文不可以学而能，气可以养而致。孟子曰："我善养吾浩然之气⁴。"今观其文章，宽厚宏博⁵，充乎天地之间，称（chèn）⁶其气之小大。太史公⁷行天下，周览⁸四海名山大川，与燕（yān）赵⁹间豪俊交游，故其文疏荡¹⁰，颇有奇气。此二子者，岂尝执笔学为如此之文哉？其气充乎其中¹¹，而溢乎其貌¹²，动乎其言，而见（xiàn）¹³乎其文，而不自知也。

辙生十有九年矣。其居家所与游¹⁴者，不过其邻里乡党之人，所见不过数百里之间，无高山大野可登览以自广；百氏¹⁵之书，虽无所不读，然皆古人之陈迹，不足以激发其志气。恐遂汩（gǔ）没¹⁶，故决然舍去¹⁷，求天下奇闻壮观，以知天地之广大。过秦汉之故都，恣观终南、嵩、华¹⁸之

---

1 枢密：官名，主管军事。　2 韩太尉：指韩琦，当时任枢密使。　3 执事：管事的人，这是当时习用的一种对于长官的尊称。　4 浩然之气：博大刚正的精神气质。　5 宏博：博大精深。　6 称：与……相称。7 太史公：本指古代的史官，这里特指司马迁。　8 周览：四处游览。　9 燕赵：古国名，这里指今河北一带。　10 疏荡：自然流畅。　11 中：指内心。　12 貌：指外表。　13 见：表现，显现。　14 游：交往。　15 百氏：诸子百家。　16 汩没：埋没。　17 决然舍去：断然离去。　18 终南、嵩、华：指终南山、嵩山、华山。

高,北顾黄河之奔流,慨然想见古之豪杰。至京师,仰观天子宫阙之壮,与仓廪[19]、府库、城池、苑囿(yòu)之富且大也,而后知天下之巨丽。见翰林[20]欧阳公[21],听其议论之宏辩,观其容貌之秀伟,与其门人贤士大夫游,而后知天下之文章[22]聚乎此也。太尉以才略冠天下[23],天下之所恃[24]以无忧,四夷[25]之所惮(dàn)[26]以不敢发,入则周公、召(shào)公[27],出则方叔、召(shào)虎[28]。而辙也未之见焉。

且夫人之学也,不志其大,虽多而何为?辙之来也,于山见终南、嵩、华之高,于水见黄河之大且深,于人见欧阳公,而犹以为未见太尉也。故愿得观贤人之光耀,闻一言以自壮[29],然后可以尽天下之大观而无憾者矣。

辙年少,未能通习吏事[30],向[31]之来,非有取于斗升之禄[32],偶然得之,非其所乐。然幸得赐归待选[33],使得优游[34]数年之间,将归益[35]治其文,且学为政。太尉苟[36]以为可教而辱教之[37],又大幸矣。

---

19 仓廪:粮仓。　20 翰林:官名,指翰林学士。　21 欧阳公:指欧阳修。
22 文章:这里指有才华的人。　23 冠天下:为天下之冠,指天下第一。
24 恃:凭借。　25 四夷:周边的少数民族。　26 惮:惧怕。　27 入则周公、召公:喻指韩琦入朝则为宰臣。周公、召公,周成王时的太师、太保。　28 出则方叔、召虎:喻指韩琦出则为边防将帅。方叔、召虎,周宣王时著名的将领。
29 自壮:自己激励自己。　30 通习吏事:精通做官的事务。　31 向:先前,当初。　32 斗升之禄:微薄的俸禄。　33 赐归待选:皇帝允许我回家,等待选派官职。　34 优游:从容闲适的样子。　35 益:更加。　36 苟:如果。　37 辱教之:不以教导我为耻辱而教导我。

苏辙(1039—1112),字子由,号颍滨遗老,眉州眉山(今四川眉山人),北宋著名的散文家,"唐宋八大家"之一。他是苏轼的弟弟,在当时的文坛、政界都享有盛名,政治态度与苏轼一致,但文学成就不如其兄。他一生为官清廉,不热衷于门派之争,因此也没有受到很大的打击。

这篇文章是作者19岁中进士时为拜见当时的枢密使韩琦而写的自荐书。文章从谈论诗文开始,委婉地表达了自己想前往拜访的意思,文中讲究措辞的分寸,既没有过分地吹捧对方,也没有过分地贬低自己,比较得体。文章虽是一封自荐书,但内容一点也不空洞,表明了一种"读万卷书,行万里路"的治学倾向,对今天的我们仍具有很强的教育意义。

黄州快哉亭记

苏　辙

　　江出西陵[1]，始得平地，其流奔放肆大。南合沅湘，北合汉沔(miǎn)，其势益张。至于赤壁[2]之下，波流浸灌，与海相若。清河张君梦得[3]谪居齐安，即其庐之西南为亭，以览观江流之胜，而余兄子瞻名之曰"快哉"。

　　盖亭之所见，南北百里，东西一舍[4]，涛澜汹涌，风云开阖。昼则舟楫出没于其前，夜则鱼龙悲啸于其下。变化倏忽，动心骇目，不可久视。今乃得玩之几席之上，举目而足。西望武昌诸山，冈陵起伏，草木行列，烟消日出，渔夫樵父(fǔ)之舍，皆可指数，此其所以为"快哉"者也。至于长洲[5]之滨，故城[6]之墟，曹孟德、孙仲谋之所睥(bì)睨(nì)[7]，周瑜、陆逊[8]之所驰骛[9]，其流风遗迹，亦足以称快世俗。

　　昔楚襄王从宋玉、景差于兰台[10]之宫，有风飒然至者，王披襟当之[11]，曰："快哉此风！寡人所与庶人共者耶？"宋

---

1 西陵：即西陵峡，在今湖北宜昌西北。　　2 赤壁：又名赤鼻矶，在今湖北黄冈西北，并非三国赤壁之战的遗址。　　3 张君梦得：张梦得，宋清河(在今河北)人，当时被贬到黄州，即齐安郡。　　4 一舍：古代指三十里。　　5 长洲：江河中狭长的沙洲。　　6 故城：指隋以前的黄州城。　　7 睥睨：斜视，窥视。　　8 陆逊：三国时东吴名将，曾率吴军在宜昌一带大败蜀军。　　9 驰骛：奔驰，驰骋。　　10 兰台：楚国的官苑。　　11 披襟当之：敞开衣襟迎风。

玉曰:"此独大王之雄风耳,庶人安得共之!"玉之言盖有讽焉。夫风无雌雄之异,而人有遇不遇之变;楚王之所以为乐,与庶人之所以为忧,此则人之变也,而风何与焉?士生于世,使其中不自得[12],将何往而非病[13]?使其中坦然,不以物伤性,将何适而非快?今张君不以谪为患,窃会(kuài)计之余功[14],而自放山水之间,此其中宜有以过人者。将蓬户瓮牖(yǒu)[15],无所不快;而况乎濯长江之清流,揖西山之白云,穷耳目之胜以自适也哉!不然,连山绝壑,长林古木,振之以清风,照之以明月,此皆骚人思士之所以悲伤憔悴而不能胜[16]者,乌[17]睹其为快也哉!

　　元丰六年十一月朔日[18],赵郡苏辙[19]记。

---

12 使其中不自得:假如他心中抑郁不畅快。　13 病:同下文"患",忧愁,忧虑。
14 窃会计之余功:利用征收钱谷等公务的空闲时间。会计,掌赋税钱谷等事务。　15 蓬户瓮牖:蓬草做的门,破瓮做的窗。　16 胜:承受。　17 乌:哪里,怎么。　18 朔日:农历每月初一日。　19 赵郡苏辙:因苏辙祖先是赵郡栾城(在今河北)人,故称。

欣赏指南

　　本文为作者谪监筠州时所作。全文紧紧围绕"快哉"而展开,首先点明建亭的位置,再写亭名的由来,最后由亭名的历史渊源引发了作者关于"快哉"的一番议论(题旨):"使其中坦然,不以物伤性,将何适而非快?"肯定了苏轼、张梦得等人忘情山水、超然物外的人生态度。全文节奏舒缓,文笔畅达,风格雄放,结构上前后呼应、衔接紧密,是苏辙的代表作品之一。

指南录后序

文天祥

德祐[1] 二年二月十九日，予除右丞相兼枢密使[2]，都督[3] 诸路军马。时北兵已迫修门[4] 外，战、守、迁皆不及施。缙绅、大夫、士萃于左丞相府，莫知计所出。会使辙交驰[5]，北邀当国者相见，众谓予一行为可以纾[6] 祸。国事至此，予不得爱身，意北亦尚可以口舌动也。初奉使往来，无留北者，予更欲一觇（chān）北[7]，归而求救国之策。于是，辞相印不拜，翌日，以资政殿学士[8] 行。

初至北营，抗辞慷慨，上下颇惊动，北亦未敢遽轻吾国。不幸吕师孟[9] 构恶于前，贾余庆[10] 献谄于后，予羁縻不得还，国事遂不可收拾。予自度不得脱，则直前诟虏帅失信，数吕师孟叔侄为逆，但欲求死，不复顾利害。北虽貌敬，实则愤怒。二贵酋[11] 名曰"馆伴"，夜则以兵围所寓舍，

---

1 德祐：南宋恭帝年号（公元 1275—1276 年）。　2 予除右丞相兼枢密使：我被授予右丞相和枢密使的官职。除，授官，委任官职。　3 都督：统率。　4 修门：这里指首都临安（今杭州）的城门。　5 会使辙交驰：当时两国使者的车辆来往频繁。　6 纾：解除。　7 觇北：察看元兵的情况。觇，窥视。北，文天祥对元军的称呼。　8 资政殿学士：官名，宋朝宰相罢政后多授此官，是宰相级的荣誉称号。　9 吕师孟：时为兵部侍郎，主张求和，曾请求向元称侄纳币，此举遭到文天祥的极力反对，文曾就此请求皇上斩吕师孟以振作士气，二人从此结下仇怨。　10 贾余庆：接任文天祥辞去的右丞相，和文天祥一同出使元军，因他出卖，文天祥被元囚禁。　11 贵酋：指元军头目。

而予不得归矣。

未几，贾余庆等以祈请使诣北。北驱予并往，而不在使者之目[12]。予分当引决[13]，然而隐忍以行。昔人云："将以有为也。"至京口[14]，得间奔真州[15]，即具以北虚实告东西二阃（kǔn）[16]，约以连兵大举。中兴机会，庶几[17]在此。留二日，维扬帅下逐客之令。不得已，变姓名，诡踪迹，草行露宿，日与北骑相出没于长淮间。穷饿无聊，追购[18]又急，天高地迥，号呼靡及。已而得舟，避渚洲[19]，出北海[20]，然后渡扬子江，入苏州洋[21]，展转四明、天台[22]，以至于永嘉[23]。

呜呼！予之及于死者不知其几矣！诋大酋当死；骂逆贼当死；与贵酋处二十日，争曲直，屡当死；去京口，挟匕首以备不测，几自刭死；经北舰十余里，为巡船所物色，几从鱼腹死；真州逐之城门外，几彷徨死；如扬州，过瓜洲扬子桥[24]，竟使遇哨，无不死；扬州城下，进退不由，殆例送死[25]；坐桂公塘[26]土围中，骑数千过其门，几落贼手死；贾家庄[27]几为巡徼所陵迫死；夜趋高邮，迷失道，几陷死[28]；质

---

12 目：列，行列。　13 分当引决：理应自杀。　14 京口：今江苏镇江。　15 真州：今江苏仪征。　16 东西二阃：指淮南东西两路职掌军务大权的制置使。当时东路的制置使为驻扎扬州的李庭芝，下文称维扬帅。阃，国门，这里引申为受命在外的统帅。　17 庶几：或许，大概。　18 购：悬赏捉拿。　19 避渚洲：避开江中的沙洲。当时沙洲为元军占据。　20 北海：即黄海，长江口以北的海。　21 苏州洋：今上海附近一带的海域。　22 四明、天台：分别指今浙江宁波和天台。　23 永嘉：今浙江温州。　24 瓜洲扬子桥：即扬州扬子津，在今江苏扬州南面。　25 殆例送死：几乎等于送死。例，类似。　26 桂公塘：一小丘名，在今扬州。　27 贾家庄：在今扬州北面。　28 陷死：陷入沼泽地而死。

明[29]，避哨竹林中，逻者数十骑，几无所逃死；至高邮，制府檄[30]下，几以捕系死；行城子河[31]，出入乱尸中，舟与哨相后先，几邂逅死；至海陵[32]，如高沙[33]，常恐无辜死；道海安、如皋[34]，凡三百里，北与寇往来其间，无日而非可死；至通州[35]，几以不纳死；以小舟涉鲸波，出无可奈何，而死固付之度外矣！呜呼！死生，昼夜事也，死而死矣，而境界危恶，层见错出，非人世所堪。痛定思痛，痛何如哉！

予在患难中，间[36]以诗记所遭，今存其本不忍废。道中手自抄录：使北营，留北关外，为一卷；发北关外，历吴门、毗陵[37]，渡瓜洲，复还京口，为一卷；脱京口，趋真州、扬州、高邮、泰州、通州，为一卷；自海道至永嘉、来三山[38]，为一卷。将藏之于家，使来者读之，悲予志焉。

呜呼！予之生也幸，而幸生也何所为？求乎为臣，主辱，臣死有余僇（lù）[39]；所求乎为子，以父母之遗体行殆[40]，而死有余责。将请罪于君，君不许；请罪于母，母不许；请罪于先人之墓。生无以救国，死犹为厉鬼以击贼，义也；赖天之灵，宗庙之福，修我戈矛，从王于师[41]，以为前驱，雪

---

29 质明：黎明，天刚亮。　　30 檄：官府公文，这里指淮南东路制置使李庭芝下的捕捉文天祥的公文。　　31 城子河：在今江苏高邮。　　32 海陵：今江苏泰州。
33 高沙：在今江苏高邮西南。　　34 道海安、如皋：经过海安、如皋。海安、如皋，均在今江苏省境内。　　35 通州：今江苏南通。　　36 间：有时，间或。
37 吴门、毗陵：分别指今江苏苏州和常州。　　38 三山：今福建福州。　　39 僇：罪。　　40 以父母之遗体行殆：用父母留给我的身体去冒险。行殆，冒险。
41 从王于师：跟随君王在军队里，即跟随国君出征。

九庙[42]之耻,复高祖[43]之业,所谓"誓不与贼俱生",所谓"鞠躬尽力,死而后已",亦义也。嗟夫!若予者,将无往而不得死所矣[44]。向[45]也,使予委骨于草莽,予虽浩然无所愧怍,然微以自文于君亲[46],君亲其谓予何?诚不自意返吾衣冠[47],重见日月[48],使旦夕得正丘首[49],复何憾哉!复何憾哉!

是年夏五,改元景炎[50],庐陵文天祥自序其诗,名曰《指南录》。

欣赏指南

文天祥(1236—1283),字宋瑞,又字履善,号文山,庐陵(今江西吉安)人,南宋杰出诗人,著名抗元英雄。他的作品以诗为主,词较少。存有《文山先生全集》。

本文是作者为自己的诗集《指南录》所作的序文。全文可分为三大部分:第一部分详细叙述了自己元营被扣及得间南逃的整个过程;第二部分作者连用了二十二个"死"字,列数自己死里逃生的遭遇;第三部分作者交代南逃过程中以诗记史一事,点明诗集的写作时间、地点和让后人"悲予志焉"的目的,阐明了自己的志向就是为国求生、抗元到底,这也是本文的主旨所在。全文语言简练,文笔流畅,于夹叙夹议中寄寓作者深沉的爱国情怀,读来动人心魄,感人至深。

卖柑者言

杭有卖果者，善藏柑，涉寒暑不溃。出之烨然，玉质而金色。置于市，贾（jià）十倍，人争鬻（yù）之。予贸¹得其一，剖之，如有烟扑口鼻，视其中，干若败絮。予怪而问之曰："若所市于人者，将以实笾（biān）豆²，奉祭祀，供宾客乎？将衒（xuàn）外以惑愚瞽（gǔ）³乎？甚矣哉为欺也！"

卖者笑曰："吾业是⁴有年矣，吾赖是以食（sì）吾躯。吾售之，人取之，未尝有言，而独不足子所乎？世之为欺者不寡矣，而独我也乎？吾子未之思也。今夫佩虎符，坐皋比（pí）者⁵，洸（guāng）洸乎干城之具⁶也，果能授孙、吴之略耶？峨⁷大冠，拖长绅⁸者，昂昂乎庙堂之器也，果能建伊、皋⁹之业耶？盗起而不知御，民困而不知救，吏奸而

---

1 贸：买，购买。　2 笾豆：古代高足礼器，供祭祀和宴会之用。笾，竹制，盛果脯。豆，木（铜、陶）制，盛齑酱。　3 愚瞽：傻子、瞎子。　4 业是：以是（这）为业，把卖柑作为自己的谋生职业。　5 夫佩虎符、坐皋比者：那些佩带兵符、坐虎皮椅的人。虎符，虎形的兵符，古代朝廷征调兵将时所用的凭证。皋比，披在椅子上的虎皮。比，通"皮"。　6 洸洸乎干城之具：那么威武的样子，像是捍卫国家的人才。干城，捍卫城池。具，材具，此指人才。　7 峨：高，高高地戴着。　8 长绅：古代士大夫束在腰间并在背后垂下一部分作为装饰的带子。9 伊、皋：分别指商汤时的贤相伊尹和舜时的刑官皋陶。

不知禁，法致（dù）[10]而不知理，坐靡廪粟[11]而不知耻。观其坐高堂，骑大马，醉醇醴而饫（yù）[12]肥鲜者，孰不巍巍乎可畏，赫赫乎可象[13]也？又何往而不金玉其外，败絮其中也哉！今子是之不察，而以察吾柑！"

予默默无以应。退而思其言，类东方生[14]滑稽之流。岂其愤世嫉邪者耶，而托于柑以讽耶？

---

10 致：败坏。　11 靡廪粟：消耗国家的粮食。　12 饫：饱，饱吃。　13 象：效法。　14 东方生：西汉东方朔，性诙谐，善讽谏。

欣赏指南

刘基（1311—1375），字伯温，处州青田（今浙江青田）人，明代文学家。元末进士，后受聘于朱元璋，曾任御史中丞等职。他诗文兼长，为文善用寓言，风格雄浑奔放，与宋濂同为明初文坛领袖。有《诚意伯文集》。

本文是篇脍炙人口的寓言杂文。作者写作的目的是讽刺元末高官们"金玉其外，败絮其中"的腐朽本质，但作者并没有以议论入篇，而是从一场买卖争议入手，借卖柑者之口把作者所要论说的一番道理讲得鞭辟入里，其层层反诘推理，语言犀利，语气逼人，让人不容置喙。全文说理形象，寓意深远，尤其是所运用设辞问答的修辞方法，对语气的加强及题旨的深化起到了积极的作用。

项脊轩志

归有光

项脊轩，旧南阁子也。室仅方丈，可容一人居。百年老屋，尘泥渗漉（lù），雨泽下注。每移案，顾视无可置者。又北向，不能得日，日过午已昏。余稍为修葺（qì），使不上漏。前辟四窗，垣墙周庭[1]，以当[2]南日，日影反照，室始洞然。又杂植兰桂竹木于庭，旧时栏楯（shǔn）[3]，亦遂增胜。积书满架，偃仰啸歌，冥然兀坐[4]，万籁有声。而庭阶寂寂，小鸟时来啄食，人至不去。三五[5]之夜，明月半墙，桂影斑驳，风移影动，珊珊[6]可爱。

然余居于此，多可喜，亦多可悲。先是，庭中通南北为一。迨诸父异爨（cuàn）[7]，内外多置小门，墙往往而是。东犬西吠，客逾庖而宴，鸡栖于厅。庭中始为篱，已为墙，凡再变矣。家有老妪（yù），尝居于此。妪，先大母[8]婢也，乳二世，先妣（bǐ）[9]抚之甚厚。室西连于中闺[10]，先妣尝一至。妪每谓余曰："某所，而[11]母立于兹。"妪又曰："汝姊在

---

1 垣墙周庭：砌上矮墙，围绕着庭院。垣，矮墙。周，围绕。　2 当：对着，迎着。　3 栏楯：栏杆。　4 冥然兀坐：默默地端坐。冥然，静默、沉寂的样子。兀坐，端坐。　5 三五：指农历十五日。　6 珊珊：形容树木轻摇的样子。　7 异爨：分锅做饭，这里指分家。爨，烧火做饭。　8 先大母：已故的祖母。　9 先妣：已故的母亲。　10 中闺：中间的闺房，内室。　11 而：你，你的。

吾怀,呱（gū）呱而泣；娘以指叩门扉曰：'儿寒乎？欲食乎？'吾从板外相为应答。"语未毕,余泣,妪亦泣。余自束发[12]读书轩中。一日,大母过余曰："吾儿,久不见若影,何竟日默默在此,大类女郎也？"比去[13],以手阖门,自语曰："吾家读书久不效,儿之成,则可待乎！"顷之,持一象笏（hù）至,曰："此吾祖太常公宣德[14]间执此以朝,他日汝当用之！"瞻顾遗迹,如在昨日,令人长号（háo）不自禁。

　　轩东故尝为厨,人往,从轩前过。余扃（jiōng）牖（yǒu）[15]而居,久之,能以足音辨人。轩凡四遭火,得不焚,殆[16]有神护者。

　　项脊生曰:蜀清守丹穴[17],利甲天下,其后秦皇帝筑女怀清台。刘玄德与曹操争天下,诸葛孔明起陇中。方二人之昧昧于一隅[18]也,世何足以知之？余区区处败屋中,方扬眉瞬目[19],谓有奇景；人知之者,其谓与坎井之蛙何异！

　　余既为此志,后五年,吾妻来归,时至轩中,从余问古事,或凭几（jī）学书。吾妻归宁[20],述诸小妹语曰："闻姊家

---

12 束发:古代男孩子到十五岁成童,束发为髻,因用以指代成童。　　13 比去:临走时,离开的时候。　　14 宣德:明宣宗的年号（公元1426—1435年）。

15 扃牖:关闭窗户。扃,关,关闭。　　16 殆:大概,恐怕。　　17 蜀清守丹穴:蜀地有个名清的寡妇拥有一朱砂矿。　　18 昧昧于一隅:默默无闻地处在某一角落里。昧昧,不明,不被人知道。　　19 扬眉瞬目:眼睛一睁一合。　　20 归宁:已婚女子回娘家省亲。宁,探望、省视父母。

有阁子,且何谓阁子也?"其后六年,吾妻死,室坏不修。其后二年,余久卧病无聊,乃使人复葺南阁子,其制稍异于前。然自后余多在外,不常居。

庭有枇杷树,吾妻死之年所手植也,今已亭亭如盖[21]矣。

---

21 盖:古代车上的篷子叫盖,形圆如伞,下有柄。

欣赏指南

归有光(1506—1571),字熙甫,号震川,别号项脊生,昆山(今属江苏)人,明代著名散文家。他推崇唐宋古文,将生活琐事引入"载道"的古文中,使散文更密切地同生活联系起来。有《震川集》。

本文是一篇写家庭琐事的记叙性抒情散文,最大的特点是以情感人,含蓄、沉郁、真挚的怀旧之情贯穿着文章始终。文章虽名为记轩,但实则借轩写人,抒发了人亡物在、世事沧桑的感触和对亲人的深切怀念之情。在叙述方法上,善于运用对话和细节描写。全文构思严密,语言质朴,风格平易自然、清新淡远,极具人情味,是作者此类风格散文中的代表作。

报刘一丈书

宗　臣

数千里外，得长者[1]时赐一书，以慰长想[2]，即亦甚幸矣。何至更辱馈遗（wèi）[3]，则不才[4]益将何以报焉？

书中情意甚殷，即长者之不忘老父，知老父之念长者深也。至以"上下相孚，才德称位[5]"语不才，则不才有深感焉。夫才德不称，固[6]自知之矣。至于不孚之病，则尤不才为甚。

且今世之所谓孚者何哉？日夕策马候权者之门，门者故不入，则甘言媚词作妇人状，袖金以私之[7]。即门者持刺[8]入，而主者又不即出见，立厩中仆马之间，恶气袭衣裾，即饥寒毒热不可忍，不去也。抵暮，则前所受赠金者出，报客曰："相公[9]倦，谢客矣，客请明日来。"即明日，又不敢不来。夜披衣坐，闻鸡鸣即起盥栉（zhì）[10]，走马抵门。门者怒曰："为谁？"则曰："昨日之客来。"则又怒曰："何客之勤也！岂有相公此时出见客乎？"客心耻之，强忍

---

1 长者：指刘玠，因其排行第一且为长辈，故文中作者称其"刘一丈"。　2 长想：长久的想念。　3 馈遗：赠送。　4 不才：自谦词，我。　5 上下相孚，才德称位：上下级之间相互信任，才能品德与职位之间相符合。　6 固：原本，本来。　7 袖金以私之：拿出藏在衣袖里的钱财，偷偷地塞给守门人。　8 刺：名片，谒见时的名帖。　9 相公：对宰相的尊称，这里指严嵩。　10 盥栉：梳洗。

而与言曰："亡[11]奈何矣，姑容我入！"门者又得所赠金，则起而入之。又立向[12]所立厩中。幸主者出，南面召见，则惊走匍匐阶下。主者曰："进！"则再拜，故迟不起，起则上所上寿金[13]。主者故不受，则固[14]请；主者故固不受，则又固请，然后命吏纳之。则又再拜，又故迟不起，起则五六揖始出。出，揖门者曰："官人[15]幸顾我，他日来，幸无阻我也！"门者答揖。大喜，奔出。马上遇所交识，即扬鞭语曰："适[16]自相公家来，相公厚我，厚我！"且虚言状[17]。即所交识亦心畏[18]相公厚之矣。相公又稍稍[19]语人曰："某也贤，某也贤。"闻者亦心计交赞之。

此世所谓上下相孚也。长者谓仆能之乎？前所谓权门者，自岁时伏腊[20]一刺之外，即经年不往也。间（jiàn）[21]道经其门，则亦掩耳闭目，跃马疾走过之，若有所追逐者。斯则仆之褊（biǎn）衷[22]。以此长不见[23]悦于长吏，仆则愈益不顾也。每大言曰："人生有命，吾惟守分而已。"长者闻此，得无厌其为迂乎？

乡园多故，不能不动客子之愁。至于长者之抱才而困，则又令我怆然有感。天之与先生者甚厚，亡论长者不

11亡：无。　12向：原来。　13寿金：礼金。寿，赠礼物给人。　14固：坚持，坚决。　15官人：对有官职人的尊称，这里是对门者的阿谀称呼。　16适：刚才。　17虚言状：夸张地描述相公厚待自己的情景。　18畏：敬畏，惊羡。　19稍稍：略微地。　20伏腊：古代两个祭祀日，即夏伏日和冬腊日，这里泛指节日。　21间：间或，有时。　22褊衷：狭隘的心胸。　23见：被。

欲轻弃之，即天意亦不欲长者之轻弃之也，幸宁心哉！

宗臣(1525—1560)，字子相，号方城山人，兴化(今江苏兴化)人，明代文学家。曾任吏部员外郎、提学副使等职。他是明代文坛"后七子"之一，文章指陈时弊，风格雄厉。有《宗子相集》。

本文是一篇书信体散文。它通过一则精彩的官场现形记的特写，把所谓的"上下相孚"揭露得淋漓尽致，然后对比作者自身的行为，正面表明作者不同流合污的高尚情操。全文思想深刻，切中时弊，语言简洁流畅，文笔犀利生动。作者不用典故就把文章写得绘声绘色，这在明代复古派作家的文章中是很少见的，表现了作者高超的写作技巧。

晚游六桥待月记

袁宏道

西湖最盛，为春为月。一日之盛，为朝烟[1]，为夕岚[2]。今岁春雪甚盛，梅花为寒所勒[3]，与杏桃相次开发，尤为奇观。石篑[4]数为余言："傅金吾[5]园中梅，张功甫[6]玉照堂故物也，急往观之！"余时为桃花所恋，竟不忍去。

湖上由断桥至苏堤一带，绿烟红雾[7]，弥漫二十余里。歌吹为风，粉汗为雨，罗纨[8]之盛，多于堤畔之草，艳冶[9]极矣。

然杭人游湖，止午、未、申[10]三时，其实湖光染翠之工[11]，山岚设色之妙，皆在朝日始出，夕春（chōng）[12]未下，始极其浓媚。月景尤不可言，花态柳情，山容水意[13]，别是一种趣味。此乐留与山僧、游客受用，安可为俗士道哉！

---

1 朝烟：早晨如烟的湖水。　2 夕岚：傍晚苍茫的山色。岚，山林中的雾气。
3 勒：制约，控制。在文中有（花期）被拖延的意思。　4 石篑：即陶望龄（号石篑），公安派作家。　5 金吾：即执金吾，官名，负责京城治安的长官。　6 张功甫：南宋将领张俊的孙子，他的园林玉照堂有四百株名贵的梅花。　7 绿烟红雾：指远望桃花叶绿如烟，花红如雾。　8 罗纨：这里代指女子。罗，指质地轻软的一种丝织品。纨，白色细绢。　9 冶：妖媚，艳丽。　10 午、未、申：分别指中午十一点到下午一点，下午一点到三点，下午三点到五点。　11 工：精巧。
12 夕春：指夕阳。　13 山容水意：山的姿容和水的情意。

　　袁宏道(1568—1610)，字中郎，号石公，公安(今湖北公安)人，明代文学家。他与兄宗道、弟中道合称"公安三袁"，创公安派，主张诗文要"独抒性灵，不拘格套"。有《袁中郎全集》。

　　本文主要描写西湖六桥一带的春景。六桥在苏堤上，依次为映波桥、锁澜桥、望山桥、压堤桥、东浦桥、跨虹桥，相传为苏东坡所建。全文写春有三景：第一景，春日午、未、申三时，人面桃花艳冶之盛；第二景，朝烟夕岚；第三景，月景。在三景之中，作者运用了层层铺垫的修辞手法，烘托出月景乃"西湖最盛"之景。文章表现出作者对西湖独特的鉴赏能力，是明代小品文中较有特色的一篇。

游阳朔日记

徐弘祖

二十二日[1]鸡鸣,恭城客登陆去。即掉舟南行,晓月漾波,奇峰环棹,觉夜来幽奇之景,又翻出一段空明色相矣。南三里,为螺蛳岩[2]。一峰盘旋上,转崎江右,盖兴平水口山也。又七里,东南出水绿村,山乃敛峰。天犹未晓,乃掩篷就寐。二十里,古祚驿。又南十里,则龙头山[3]铮铮露骨,县之四围,攒作碧莲玉笋世界矣。阳朔县北自龙头山,南抵鉴山[4],二峰巍峙,当漓江上下流,中有掌平之地,乃东面濒江,以岸为城,而南北属于两山,西面叠垣为雉,而南北之属亦如之。西城之外最近者,为来仙洞山,而石人、牛洞、龙洞诸山森绕焉,通省大路从之。盖陆从西,而水从东也。其东南门鉴山之下,则南趋[5]平乐,水陆之路,俱统于此。正南门路亦西北转通省道。直南则为南斗山、延寿殿,今从其旁建文昌阁焉,无径他达。正北即阳朔山[6],层峰屏峙,东接龙头。东西城俱属于南隅,北则以山为障,竟无城亦无门焉。而东北一门,在北极宫[7]

---

1 二十二日:指明思宗崇祯十年(公元 1637 年)五月二十二日。 2 螺蛳岩:又名腾蛟岩,在广西兴平。 3 龙头山:在阳朔东北面,因形状像龙头而得名。 4 鉴山:在阳朔县城的西南面。 5 趋:走向。 6 阳朔山:俗称解元山。 7 北极宫:在阳朔北面,宋代建立。

下，仅东通江水，北抵仪安祠[8]与读书岩[9]而已。然俱草塞，无人行也。惟东临漓江，开三门以取水。从东南门外渡江而东，濒江之聚有白沙湾[10]、佛力司诸处，颇有人烟云。

　　上午抵城[11]，入正东门，即文庙[12]前，从其西入县治，荒寂甚。县南半里，有桥曰"市桥双月"，八景[13]之一也。桥下水西自龙洞入城，桥之东，飞流注壑。壑大五六丈，是为龙潭，入而不溢。桥之南有峰巍然独耸，询之土人，名曰易山[14]，盖即南借以为城者。其东麓为鉴山寺，亦八景之一。寺南倚山临江，通道置门，是为东南门。山之西麓，为正南门。其南崖之侧，间有罅（xià）如合掌，即土人所号为雌山者也。从东南门外小磴，可至罅傍。余初登北麓，即觅道上跻（jī）[15]，盖其山南东二面，即就崖为城，惟北面在城内，有微路级，久为莽棘所蔽。乃攀条扪隙，久之，直造峭壁之下，莽径遂绝。复从其旁蹑巉（chán）石，缘飞磴，盘旋半空，终不能达，乃下，已过午矣。时顾仆守囊于舟，期候于东南门外渡埠旁。于是南经鉴山寺，出东南门，觅舟不得，得便粥就餐于市。询知渡江而东，十里，有状元山，出西门二里，有龙洞岩，为此中名胜。此外更无古迹新奇著人耳目者矣。急于觅舟，遂复入城，登鉴山

---

8 仪安祠：在阳朔北面。　9 读书岩：在龙头山下。　10 白沙湾：在阳朔东南面，因沙土皆白而得名。　11 城：指阳朔县城。　12 文庙：古代祭祀孔子的庙。　13 八景：市桥双月、鉴寺钟声、龙洞仙泉、白沙渔火、碧莲波影、东岭朝霞、状元骑马、马山岚气。　14 易山：即鉴山。　15 跻：登，升。

寺。寺倚山俯江，在翠微[16]中，城郭得此。沈彬[17]诗云："碧莲峰里住人家"，诚不虚矣。时午日铄金，遂解衣当窗，遇一儒生，以八景授。复北由二门觅舟，至文庙门，终不得舟。于是仍出东南门，渡江而东，一里，至白沙湾，则舟人之家在焉。而舟泊其南，乃入舟解衣避暑，濯足沽醪（láo）[18]，竟不复搜奇而就宿焉。

白沙湾在城东南二里，民居颇盛，有河泊所在焉。其南有三峰并列，最东一峰曰白鹤山[19]。江流南抵其下，曲而东北行，抱此一湾，沙土俱白，故以白沙名。其东南一溪，南自二龙桥来，北入江。溪在南三峰之东，逼白鹤西址出。溪东又有数峰，自南趋北，界溪入江口，最北者，书童山也，江以此乃东北逆转。

---

16 翠微：山气青翠的样子。　17 沈彬：明武康（在今浙江）人，著有《兰轩集》。
18 沽醪：买酒。醪，浊酒，一说为醇酒。　19 白鹤山：在阳朔东南，上有白鹤观。

欣赏指南

徐弘祖(1587—1641)，字振之，号霞客，江阴（今属江苏）人，明代著名的旅行家、地理学家、游记作家。他无意仕进，刻意远游，足迹遍及全国，每至一地都有游览日记，后人将其汇编为《徐霞客游记》。《徐霞客游记》既是一部著名的地理著作，也是一部优美的游记散文。

本文选自《徐霞客游记·粤西游日记》，与其说它是在描写阳朔依山傍水的美景，还不如说作者是在拿着一张地图给读者详细剖析阳朔在地理上的相对位置。全文把阳朔城里城外的所有"古迹新奇"一一指出，并予以精赅的介绍，尺幅千里，使人读后有阳朔山水即显眼前之感。

西湖七月半

张　岱

西湖七月半，一无可看，只可看看七月半之人。看七月半之人，以五类看之。其一，楼船箫鼓，峨冠盛筵[1]，灯火优[2]傒(xī)[3]，声光相乱，名为看月而实不见月者，看之；其一，亦船亦楼，名娃[4]闺秀，携及童娈[5]，笑啼杂之，还坐露台[6]，左右盼望，身在月下而实不看月者，看之；其一，亦船亦声歌，名妓闲僧，浅斟低唱[7]，弱管轻丝[8]，竹肉相发[9]，亦在月下，亦看月而欲人看其看月者，看之；其一，不舟不车，不衫不帻(zé)[10]，酒醉饭饱，呼群三五，跻(jī)入[11]人丛，昭庆[12]、断桥，嘄(jiāo)呼[13]嘈杂，装假醉，唱无腔曲，月亦看，看月者亦看，不看月者亦看，而实无一看者，看之；其一，小船轻幌(huǎng)[14]，净几(jī)[15]暖炉，茶铛(chēng)[16]旋[17]煮，素瓷静递，好友佳人，邀月同坐，或匿影

---

1 峨冠盛筵：高高的帽子，丰盛的宴席。　2 优：演戏的人。　3 傒：奴仆。
4 名娃：美女。　5 童娈：美童。娈，美好的样子。　6 还坐露台：环坐在楼船的平台上。露台，楼船上的平台。　7 浅斟低唱：慢慢地饮酒，低回婉转地唱歌。
8 弱管轻丝：轻柔地演奏着音乐。管，指箫、笛等管乐器。丝，指琴、瑟等弦乐器。　9 竹肉相发：歌声和器乐声相互应和。竹，竹制乐器。肉，歌喉。发，应和。　10 帻：头巾。这里名词用作动词，意思是用头巾包头。　11 跻入：挤进。跻，登，升。　12 昭庆：昭庆寺，西湖名胜。　13 嘄呼：高声乱叫。　14 轻幌：细薄的帐幔。　15 几：古人坐时凭依的器具。　16 铛：温东西的三足器具，像锅。　17 旋：很快，立即。

树下，或逃嚣里湖[18]，看月而人不见其看月之态，亦不作意[19]看月者，看之。

杭人游湖，巳出酉归[20]，避月如仇。是夕好名，逐队争出，多犒门军[21]酒钱，轿夫擎燎[22]，列俟[23]岸上。一入舟，速舟子急放断桥[24]，赶入胜会。以故二鼓[25]以前人声鼓吹，如沸如撼，如魇（yǎn）如呓（yì），如聋如哑[26]。大船小船一齐凑岸，一无所见，止[27]见篙击篙，舟触舟，肩摩肩，面看面而已。少刻兴尽，官府席散，皂隶喝道去[28]。轿夫叫船上人，怖以关门[29]，灯笼火把如列星，一一簇拥而去。岸上人亦逐队赶门，渐稀渐薄，顷刻散尽矣。

吾辈[30]始舣（yǐ）舟近岸[31]。断桥石磴[32]始凉，席其上，呼客纵饮[33]。此时月如镜新磨，山复整妆，湖复颒（huì）面[34]，向之[35]浅斟低唱者出，匿影树下者亦出，吾辈往通声

---

18 里湖：苏堤以西的西湖称里湖。　19 作意：故意做作。　20 巳出酉归：巳时出城门，酉时回来。巳，上午九点至十一点。酉，下午五点至七点。　21 犒门军：犒劳守城门的士兵。犒，用酒食财物等慰劳。　22 擎燎：举着火把。
23 俟：等待。　24 速舟子急放断桥：催促船夫赶快把船划到断桥。放，行（船）。　25 二鼓：即二更天，晚上九点至十一点。　26 如沸如撼，如魇如呓，如聋如哑：形容人声和音乐声嘈杂，像水沸、像地震、像梦魇、像呓语、像聋子一样听不到周围人说的话，同时也像哑巴一样无法让别人听清你在讲什么。
27 止：只。　28 皂隶喝道去：衙役呼令行人让道，为官员开路。皂隶，衙门里的公差。　29 怖以关门：以关门怖之，用城门将闭这个借口来吓唬船上游人，催促他们早点回城。　30 吾辈：我们。　31 舣舟近岸：摆船靠岸。　32 石磴：石台阶。　33 纵饮：开怀畅饮。　34 颒面：洗脸，指湖面呈现出明净的样子。

气,拉与同坐。韵友来,名妓至,杯箸安[36],竹肉发。月色
苍凉,东方将白,客方散去。吾辈纵舟,酣睡于十里荷花
之中,香气拍人,清梦甚惬。

---

35 向之:刚才。之,语气词,放在"向"后起凑足音节的作用,无实在意义。
36 安:摆好。

欣赏指南

　　张岱(1597—1679),字宗子,号陶庵,山阴(今浙江绍兴)人,明末
清初文学家。他出身官僚家庭,明亡后,隐居深山,著书立说。他的散
文小品题材广泛,语言清新,往往充满诗情画意。有《琅嬛文集》《西湖
梦寻》等。

　　本文选自作者的散文小品集《陶庵梦忆》。文章格调清新,取材别
开生面,虽意为赏月却重在写人,描绘了西湖七月半看月的风俗。作
者以简练概括的语言描绘出五类不同身份、地位的赏月人,运用对比
的手法,一浓一淡、一喧一静地刻画了不同人的赏月心态。作者在描
述不同赏月人的时候,字里行间蕴涵着他的高雅情趣以及愤世嫉俗的
思想感情。虽然文中褒贬不尽妥当,但立意颇为别致,言简意赅,绘声
绘色,是明末小品文的代表作品。

湖心亭看雪

张　岱

崇祯[1] 五年十二月，余住西湖。大雪三日，湖中人鸟声俱绝。

是日，更定[2] 矣，余拿[3] 一小舟，拥毳（cuì）衣[4] 炉火，独往湖心亭看雪。雾淞沆（hàng）砀（dàng）[5]，天与云与山与水，上下一白；湖上影子，惟长堤一痕，湖心亭一点，与余舟一芥、舟中人两三粒而已。

到亭上，有两人铺毡对坐，一童子烧酒炉正沸。见余大喜曰："湖中焉得更有此人！"拉余同饮。余强饮三大白[6] 而别。问其姓氏，是金陵人，客此。

及下船，舟子喃喃曰："莫说相公痴，更有痴似相公者。"

---

1 崇祯：明思宗年号（公元 1628—1644 年）。　2 更定：初更开始。古时，晚上八点左右，打鼓报告初更（晚上七点至九点）开始，所以称更定。　3 拿：牵引，这里指划船。　4 毳衣：皮衣，皮袍。毳，兽的细毛。　5 沆砀：白色雾气迷蒙的样子。　6 大白：酒盏名，酒杯。

欣赏指南

本文是一篇以短小精悍著称的小品文佳作。文中描写的虽是未亡国时之事，表达的却是作者亡国后的生活和情感。作者以浓缩的写法为读者描摹出一幅宁静清绝的雪景，而人物"痴"情的流露，更为雪景增添了几分灵气与诗情画意。作品营造了一种空灵的诗的意境，含蓄展示了作者的故国之思，让人深深意会于心而又回味无穷，言近旨远。

廉　耻

顾炎武

《五代史·冯道传论》曰:"礼义廉耻,国之四维[1],四维不张,国乃灭亡。"善乎,管生[2]之能言也! 礼义,治人之大法;廉耻,立人之大节。盖不廉则无所不取,不耻则无所不为。人而如此,则祸败乱亡亦无所不至;况为大臣而无所不取,无所不为,则天下其有不乱,国家其有不亡者乎? 然而四者之中,耻尤为要[3]。故夫子之论士,曰:"行己有耻。"孟子曰:"人不可以无耻。无耻之耻[4],无耻矣。"又曰:"耻之于人大矣,为机变之巧[5]者,无所用耻焉!"所以然者,人之不廉,而至于悖礼犯义,其原皆生于无耻也。故士大夫之无耻,是谓国耻。

吾观三代[6]以下,世衰道微,弃礼义,捐廉耻,非一朝一夕之故。然而松柏后凋于岁寒[7],鸡鸣不已于风雨[8],彼昏之日,固未尝无独醒之人也! 顷[9]读《颜氏家训》,有云:"齐朝一士夫尝谓吾曰:'我有一儿,年已十七,颇晓书疏,

---

1 维:本指结物的大绳,这里指维系人们言行的规范。　2 管生:即管仲,春秋初期政治家。　3 要:重要,关键。　4 无耻之耻:对可耻的事不感到耻辱。5 机变之巧:指以不正当方法取胜。　6 三代:指夏、商、周,古人以为那时是道德昌明的盛世。　7 "然而"句:语出《论语·子罕》:"岁寒,然后知松柏之后凋也。"比喻君子能经受环境的考验。　8 "鸡鸣"句:语出《诗经·郑风·风雨》:"风雨如晦,鸡鸣不已。"　9 顷:近来。

教其鲜卑[10]语，及弹琵琶，稍欲通解，以此伏事公卿，无不宠爱。'吾时俯而不答。异哉，此人之教子也！若由此业自致卿相，亦不愿汝曹为之。"嗟乎！之推不得已而仕于乱世，犹为此言，尚有《小宛》[11]诗人之意，彼阘然[12]媚于世者，能无愧哉！

罗仲素[13]曰：教化者，朝廷之先务；廉耻者，士人之美节；风俗者，天下之大事。朝廷有教化，则士人有廉耻；士人有廉耻，则天下有风俗。

古人治军之道，未有不本于廉耻者。《吴子》[14]曰："凡制国治军，必教之以礼，励之以义，使有耻也。夫人有耻，在大足以战，在小足以守矣。"《尉缭子》[15]言："国必有慈孝廉耻之俗，则可以死易生。"而太公[16]对武王："将有三胜：一曰礼将，二曰力将，三曰止欲将。故礼者，所以班朝治军，而兔罝（jū）[17]之武夫，皆本于文王后妃之化，岂有淫刍（chú）荛（ráo）[18]，窃牛马，而为暴于百姓者哉！"《后汉书》[19]："张奂为安定属国都尉[20]，羌[21]豪帅感奂恩德，上马二

---

10 鲜卑：我国古代少数民族，南北朝时鲜卑各系曾多次建立王朝统治华北。
11《小宛》：《诗经·小雅》中的一篇，诗意是诗人自勉要保持操守，无愧于先人。
12 阘然：献媚逢迎的样子。　13 罗仲素：名从彦，北宋时曾师从理学家程颐和杨时，为当时名儒。　14《吴子》：战国时著名军事家吴起所作兵书。　15《尉缭子》：战国时著名军事家尉缭所作兵书。　16 太公：指周朝开国功臣太公望，即吕尚。　17 兔罝：捕兔的网，引申指粗野的猎人。　18 淫刍荛：欺凌平民。刍荛，刈草伐薪的人。　19《后汉书》：南朝宋代范晔编撰的东汉史。　20 属国都尉：掌镇抚边疆少数民族的武官。　21 羌：古代称西部少数民族。

十匹，先零[22]酋长又遗（wèi）金镰（jù）[23]八枚，奂并受之，而召主簿[24]于诸羌前，以酒酹（lèi）地曰：'使马如羊，不以入厩；使金如粟，不以入怀。'悉以金马还之。羌性贪而贵吏清，前有八都尉率好财货，为所患苦，及奂正身洁己，威化大行。"呜呼！自古以来，边事之败，有不始于贪求者哉？吾于辽东之事[25]有感。

杜子美[26]诗："安得廉颇将，三军同晏眠[27]。"一本作"廉耻将"，诗人之意，未必及此，然吾观《唐书》，言王伾（bì）为武灵节度使，先是，吐蕃[28]欲成乌兰桥，每于河壖（ruán）[29]先贮材木，皆为节帅遣人潜载之，委于河流，终莫能成。蕃人知伾贪而无谋，先厚遗（wèi）之，然后并役成桥，仍筑月城[30]守之。自是朔方[31]御寇不暇，至今为患，由伾之黩（dú）[32]货也。故贪夫为帅而边城晚开。得此意者，郢（yǐng）书燕说[33]，或可以治国乎！

---

22 先零：羌族的一支，汉代聚居在今甘肃西部及青海东部一带。　23 金镰：金器名，环形。　24 主簿：掌管文籍的属吏。　25 辽东之事：指明末辽东守军连续溃败事。当时满族侵扰，明朝各任辽东将领大都贪赃枉法，克扣军饷，导致士气衰落。　26 杜子美：唐代大诗人杜甫。　27 "安得"二句：杜甫《遣兴三首》之一的末两句。廉颇，战国时赵国良将。晏眠，高枕无忧的意思。　28 吐蕃：藏族的古称。　29 河壖：河边的空地。　30 月城：瓮蔽于城外的小城，这里当指桥头堡。　31 朔方：郡名，在今内蒙古黄河以南、宁夏灵武一带。　32 黩：贪，求。　33 郢书燕说：指附会其意。典出《韩非子·外储说左上》：楚国郢人写信给燕国宰相，夜间烛光不明，令侍者举烛，一时将"举烛"误写入信。燕相读了，猜测"举烛"当是明察的意思，要举荐任能。于是报告燕王，燕王从计，燕国果然大治。这里作者用以比喻，如将杜诗中"廉颇"作"廉耻"，按郢书燕说的穿凿方法，也不无可取。

顾炎武(1613—1682),初名绛,字宁人,昆山(今江苏昆山)亭林镇人,人称亭林先生,清代具有进步思想的启蒙学者。他早年从事抗清斗争,晚年隐居治经,侧重考证,开清代朴学风气,提倡"经世致用"的实际学问。能诗文,文风沉郁悲壮。有《日知录》《亭林诗文集》等。

本文节选自《日知录》卷十三。全文紧扣题旨,感慨时事,分别从立国、处世、从政、治军逐一述说"行己有耻"的重要性,肌理紧密,脉络分明,要言不烦,实际是一篇议论性的杂文。作者信笔写来,看似散漫,实则援古论今,笔调恣肆。

左忠毅公逸事

方　苞

先君子¹尝言，乡先辈左忠毅公视学京畿(jī)²，一日，风雪严寒，从数骑³出，微行，入古寺。庑(wǔ)下⁴一生伏案卧，文方成草。公阅毕，即解貂覆生，为掩户。叩⁵之寺僧，则史公可法也。及试，吏呼名至史公，公瞿(jù)然⁶注视，呈卷，即面署第一。召入，使拜夫人，曰："吾诸儿碌碌，他日继吾志者，惟此生耳！"

及左公下厂狱⁷，史朝夕狱门外。逆阉⁸防伺甚严，虽家仆不得近。久之，闻左公被炮烙⁹，旦夕且死，持五十金，涕泣谋于禁卒，卒感焉。一日，使史更敝衣草屦(jù)，背筐，手长镵(chán)¹⁰，为除不洁者，引入。微指左公处，则席地倚墙而坐，面额焦烂不可辨，左膝以下筋骨尽脱矣。史前跪，抱公膝而呜咽。公辨其声，而目不可开，乃奋臂以指拨眦(zì)¹¹，目光如炬，怒曰："庸奴！此何地也？

而汝来前！国家之事，糜烂至此，老夫已矣，汝复轻身而昧大义，天下事谁可支柱者？不速去，无俟奸人构陷[12]，吾今即扑杀汝！"因摸地上刑械，作投击势。史噤不敢发声，趋而出。后常流涕述其事以语人，曰："吾师肺肝，皆铁石所铸造也！"

崇祯末，流贼张献忠出没蕲（qí）、黄、潜、桐间，史公以凤庐道奉檄守御[13]。每有警，辄数月不就寝，使壮士更休，而自坐幄幕外。择健卒十人，令二人蹲踞而背倚之，漏鼓移则番代[14]。每寒夜起立，振衣裳，甲上冰霜迸落，铿然有声。或劝以少休，公曰："吾上恐负朝廷，下恐愧吾师也。"

史公治兵，往来桐城，必躬造左公第，候太公、太母起居，拜夫人于堂上。

余宗老[15]涂山[16]，左公甥也，与先君子善，谓狱中语乃亲得之于史公云。

---

12 构陷：编造罪名来陷害。　13 "史公"句：史可法以凤阳、庐州道员身份奉命防御。明清两代在省以下设若干道，道的长官称道员。　14 漏鼓移则番代：过一段时间就轮流替换。漏鼓，古代用漏壶计时，一夜五更，每一更都要击鼓报时。　15 宗老：同一宗族的长辈。　16 涂山：作者族祖父的号。

欣赏指南

方苞（1668—1749），字凤九，号灵皋，晚号望溪，桐城（今安徽桐城）人，清代著名散文家。他以文章、学问著称于世，官至礼部尚书。他是桐城派散文的创始人，提倡"义法"说，主张文章内容与形式并重。有《望溪文集》。

　　本文着重记叙了明末东林党人左光斗视学、入狱以及史可法治兵这三件不见正史记载的动人事迹，以史可法为陪衬，侧面表现了左光斗以国事为重、不计较个人生死荣辱的可贵品质和知人善任的远见卓识。作者善于以典型细节刻画人物，抓住一两个动作、一两句话，就生动传神地勾勒出人物的性格和精神面貌，令人有如见其人、如闻其声之感。

梅花岭记

全祖望

顺治二年乙酉[1]四月，江都[2]围急。督相史忠烈公[3]知势不可为，集诸将而语之曰："吾誓与城为殉，然仓皇中不可落于敌人之手以死，谁为我临期成此大节者？"副将军史德威慨然任之。忠烈喜曰："吾尚未有子，汝当以同姓为吾后，吾上书太夫人[4]，谱汝诸孙中。"

二十五日城陷。忠烈拔刀自裁，诸将果争前抱持之，忠烈大呼德威，德威流涕不能执刃，遂为诸将所拥而行。至小东门，大兵[5]如林而至。马副使鸣騄、任太守民育及诸将刘都督肇基等皆死。忠烈乃瞋目[6]曰："我史阁部[7]也。"被执至南门，和硕豫亲王[8]以先生呼之，劝之降。忠烈大骂而死。初忠烈遗言："我死，当葬梅花岭上。"至是德威求公之骨不可得，乃以衣冠葬之。

或曰："城之破也，有亲见忠烈青衣乌帽，乘白马，出天宁门[9]投江死者，未尝殉于城中也。"自有是言，大江南

北,遂谓忠烈未死。已而英、霍山师[10]大起,皆托忠烈之名,仿佛陈涉之称项燕[11]。吴中孙公兆奎[12]以起兵不克,执至白下[13]。经略洪承畴[14]与之有旧,问曰:"先生在兵间,审知故扬州阁部史公果死耶,抑未死耶?"孙公答曰:"经略从北来,审知故松山殉难督师洪公果死耶,抑未死耶[15]?"承畴大恚(huì)[16],急呼麾下[17]驱出斩之。呜呼!神仙诡诞之说,谓颜太师以兵解[18],文少保亦以悟大光明法蝉蜕[19],实未尝死。不知忠义者圣贤家法[20],其气浩然,长留天地之间,何必出世入世[21]之面目?神仙之说,所谓为蛇画足。即如忠烈遗骸,不可问矣!百年而后,予登岭上,与客述忠烈遗言,无不泪下如雨,想见当日围城光景,

---

10 英、霍山师:明末在英山、霍山一带起义抗清的义军。英山,在今湖北省境内。霍山,在今安徽省境内。　11 "仿佛"句:好像秦末陈涉、吴广起义,假托项燕之名号召群众一样。项燕,楚国名将,为楚人所爱戴,楚亡时生死不明。
12 孙公兆奎:孙兆奎,吴中(今江苏吴县)人,曾起兵抗清,兵败被杀。　13 白下:古地名,在今南京市。　14 经略洪承畴:洪承畴在崇祯末年任蓟辽总督,兵败时降清,被任为经略使,为清廷镇压抗清义军。　15 "审知"句:这句是孙兆奎有意挖苦洪承畴而反问的话。因洪承畴降清时,传闻他在松山殉难,崇祯皇帝曾亲自设坛哭祭。　16 恚:恼怒。　17 麾下:部下。　18 颜太师以兵解:颜太师即颜真卿,唐德宗时为太子太师,淮西节度使李希烈反,颜奉旨安抚,被害。相传颜死后十五年,他的仆人在洛阳同德寺看到他,于是人称颜尸解得道。兵解,据道家说法,学道学仙的人死于兵刃称兵解,借此解脱躯体而成仙。
19 "文少保"句:指文天祥是参悟了大光明法而升仙。传说文天祥被杀数日后,颜面如生,于是人传其尸解登仙。大光明法,佛法,指被杀头后成佛。蝉蜕,即蝉脱皮,这里比喻人脱去皮囊而成仙。　20 圣贤家法:圣人、贤者的道德准则。
21 出世入世:脱离俗界叫出世,生活在世上叫入世。

此即忠烈之面目，宛然可遇，是不必问其果解脱否也；而况冒其未死之名者哉！

　　墓旁有丹徒钱烈女[22]之冢，亦以乙酉在扬，凡五死而得绝，特告其父母火之，无留骨秽地，扬人葬之于此。江右王猷定、关中黄遵岩、粤东屈大均[23]为作传铭哀词。顾尚有未尽表章[24]者：予闻忠烈兄弟自翰林可程[25]下，尚有数人，其后皆来江都省墓。适英、霍山败师，捕得冒称忠烈者，大将发至江都，令史氏男女来认之，忠烈之第八弟已亡，其夫人年少有色，守节，亦出视之，大将艳其色，欲强娶之，夫人自裁而死。时以其出于大将之所逼也，莫敢为之表章者。呜呼，忠烈尝恨可程在北，当易姓之间[26]，不能仗节[27]，出疏纠之[28]，岂知身后乃有弟妇以女子而踵兄公[29]之余乎？梅花如雪，芳香不染，异日有作忠烈祠者，副使诸公谅在从祀之列，当另为别室以祀夫人，附以烈女一辈也。

---

22 丹徒钱烈女：钱烈女名淑贤，在清兵破扬州时壮烈殉城，轰动当时。丹徒，今江苏镇江。　23 "江右"句：江右，指江西省。王猷定，江西南昌人，明遗民，隐居不仕。关中，今陕西一带。黄遵岩，生平不详。粤东，广东的别称。屈大均，广东番禺人，明亡后出家为僧。　24 表章：表扬。章，通"彰"。　25 可程：史可程，史可法之弟，崇祯进士，曾投降李自成。　26 易姓之间：国家沦亡之际，此指李自成义军入京，朱明政权崩溃。　27 仗节：保守节操。　28 出疏纠之：写奏章揭发他。　29 兄公：弟媳对夫兄的称呼。

　　全祖望(1705—1755),字绍衣,号谢山,鄞县(今属浙江)人,清代著名史学家和文学家。他一生致力于经史,网罗文献,写了不少表彰忠义的文章。有《经史问答》《鲒埼亭文集》等。

　　本文是一篇追怀史可法等人殉难史实的史论性散文。作者满怀崇敬之情,叙述了史可法壮烈殉国的情形,以及钱烈女在扬州城破时死难一事和史可法的弟媳李氏以死抗暴的感人事迹,热情歌颂他们忠贞爱国、宁死不屈的民族气节和高贵品质,并对贪生怕死的民族败类洪承畴之流,进行深刻的鞭挞和讽刺,表现了作者强烈的民族意识和鲜明的爱憎感情。文章夹叙夹议,互为表里,运用对比和映衬手法,使得史可法这个人物形象具有很强的感染力量。强烈的爱国主义感情和独特精湛的艺术技巧使得本文成为古代散文中传诵不衰的名篇。

登泰山记

姚　鼐

　　泰山之阳[1]，汶（wèn）水[2] 西流；其阴[3]，济水[4] 东流。阳谷皆入汶，阴谷皆入济。当其南北分者，古长城[5] 也。最高日观峰，在长城南十五里。

　　余以乾隆三十九年[6] 十二月，自京师乘风雪，历齐河、长清，穿泰山西北谷，越长城之限，至于泰安。是月丁未[7]，与知府朱孝纯[8] 子颍由南麓登。四十五里，道皆砌石为磴，其级七千有余。泰山正南面有三谷。中谷绕泰安城下，郦道元[9] 所谓环水[10] 也。余始循以入[11]，道少半，越中岭，复循西谷，遂至其巅。古时登山，循东谷入，道有天门。东谷者，古谓之天门[12] 溪水，余所不至也。今所经中岭及山巅崖限[13] 当道者，世皆谓之天门云。道中迷雾冰滑，磴几不可登。及既上，苍山负雪，明烛天南[14]。望晚日

---

1 阳：山的南面。古称山南水北为阳，山北水南为阴。　2 汶水：即大汶河，发源于山东莱芜东北之原山，向西南流经泰安。　3 阴：山的北面。　4 济水：发源于河南济源之西王屋山，东流入山东，河道屡有变迁。　5 古长城：指战国时齐国所筑的长城。　6 乾隆三十九年：即公元 1774 年。　7 是月丁未：这个月（指农历十二月）二十八日。　8 朱孝纯：字子颍，山东历城（今属山东济南）人，乾隆进士，与姚鼐同为刘大櫆的弟子，时任泰安知府。　9 郦道元：字善长，北魏人，著有《水经注》。　10 环水：护城河。　11 循以入：沿着中谷进山。12 天门：泰山峰名，是秦、汉时皇帝祭天处。　13 崖限：像门户一样的山崖。14 "苍山"二句：灰暗的山上积满白雪，雪光明亮，照耀南天。烛，动词，照耀。

照城郭、汶水、徂（cú）徕（lái）[15] 如画，而半山居雾[16] 若带然。

戊申晦[17]，五鼓，与子颍坐日观亭，待日出。大风扬积雪击面，亭东自足下皆云漫，稍见[18]云中白若摴（chū）蒱（pú）[19]数十立者，山也。极天云一线异色，须臾成五采。日上正赤如丹，下有红光动摇承之。或曰：此东海也。回视日观以西峰，或得日，或否，绛皓（hào）驳色[20]，而皆若偻（lǚ）。

亭西有岱祠[21]，又有碧霞元君[22]祠。皇帝行宫[23]在碧霞元君祠东。是日，观道中石刻，自唐显庆[24]以来，其远古刻尽漫失；僻不当道者，皆不及往。

山多石，少土。石苍黑色，多平方，少圆。少杂树，多松，生石罅（xià）[25]，皆平顶。冰雪，无瀑水，无鸟兽音迹。至日观数里内，无树，而雪与人膝齐。

桐城姚鼐记。

---

15 徂徕：山名，在泰安县东南。　16 居雾：停留的雾。　17 戊申晦：农历十二月二十九日。晦，阴历每月的最后一天。　18 稍见：依稀可见。　19 摴蒱：又作"樗蒲"，古代的一种赌具。　20 绛皓驳色：红色和白色相错杂。　21 岱祠：即东岳庙，奉祀泰山之神东岳大帝。　22 碧霞元君：女神名，相传为东岳大帝的女儿。　23 行宫：古时京城以外供皇帝出行时居住的宫室。　24 显庆：唐高宗的年号。　25 罅：裂缝。

欣赏指南

姚鼐（1732—1815），字姬传，号惜抱，安徽桐城人，清代著名散文家。他曾官刑部郎中，《四库全书》纂修官，后辞官讲学。治学以经为

主,推崇程、朱理学。师承刘大櫆,提出"义理、考据、辞章"三者兼备的观点,发展、补充了桐城派文论,为桐城派之集大成者。他的文章语言简练,结构严谨,自成一家。有《惜抱轩全集》

　　这篇游记着重描绘了泰山冬季的奇异景色。文章以时间顺序和空间转移为线索,概括介绍了泰山的形势、登山的路线、日出的奇观以及沿途的名胜古迹和自然景物等。作者以简练的语言,有选择地描写了泰山的景物,寥寥几笔,细腻传神。虽然全文仅四百余字,但剪裁得当,章法严明,读来颇有随作者同游之感。

病梅馆记

龚自珍

江宁[1]之龙蟠(pán)[2]，苏州之邓尉[3]，杭州之西溪[4]，皆产梅。或曰：梅以曲为美，直则无姿；以欹(qī)[5]为美，正则无景(yǐng)[6]；梅以疏为美，密则无态。固也[7]。此文人画士，心知其意，未可明诏大号[8]，以绳[9]天下之梅也；又不可以使天下之民，斫直、删密、锄正，以殀[10]梅、病梅为业以求钱也。梅之欹、之疏、之曲，又非蠢蠢求钱之民，能以其智力为也。有以文人画士孤癖之隐，明告鬻(yù)[11]梅者：斫其正，养其旁条；删其密，殀其稚枝；锄其直，遏其生气，以求重价，而江浙之梅皆病。文人画士之祸之烈至此哉！

予购三百盆，皆病者，无一完者。既泣之三日，乃誓疗之、纵之、顺之，毁其盆，悉埋于地，解其棕缚。以五年为期，必复之，全之。予本非文人画士，甘受诟(gòu)厉[12]，辟病梅之馆以贮之。呜呼！安得使予多暇日，又多闲田，以广贮江宁、杭州、苏州之病梅，穷余生之光阴以疗梅也哉！

---

1 江宁：今江苏南京。　2 龙蟠：即龙蟠里，在今南京清凉山下。　3 邓尉：山名，在苏州西南。　4 西溪：在今杭州市灵隐山西北。　5 欹：倾斜不正。
6 景：通"影"。　7 固也：历来是这样。　8 明诏大号：公开宣布，大声号召。
9 绳：木工量直的墨线，这里作动词，衡量之意。10 殀：通"夭"，这里作动词，断杀之意。　11 鬻：卖。　12 诟厉：辱骂。

　　龚自珍(1792—1841),字璱人,号定盦,浙江仁和(今浙江杭州)人,清末杰出的思想家、文学家。他曾任礼部主事,后辞官南归。提倡经世致用之学,要求诗文革新,为文纵横诡谲,自成一体。有《龚自珍全集》。

　　本文是一篇借梅喻人的小品文。文章以偏爱梅花病态美的文人画士,来影射封建统治者对人才的摧残,以及封建专制思想对人性的压抑;并以疗救梅花来表示自己爱才、护才,决心挣脱束缚的思想。作者以梅喻人,借题发挥,文章虽隐晦曲折,但却寓意深刻。全文简洁生动,具有深刻的思想意义和社会意义。

少年中国说

梁启超

日本人之称我中国也，一则曰老大帝国，再则曰老大帝国。是语也，盖袭译[1]欧西人之言也。呜呼！我中国其果老大矣乎？梁启超曰：恶（wū）[2]！是何言！是何言！吾心目中有一少年中国在。

欲言国之老少，请先言人之老少。老年人常思既往，少年人常思将来。惟思既往也，故生留恋心；惟思将来也，故生希望心。惟留恋也，故保守；惟希望也，故进取。惟保守也，故永旧；惟进取也，故日新。惟思既往也，事事皆其所已经者，故惟知照例；惟思将来也，事事皆其所未经者，故常敢破格。老年人常多忧虑，少年人常好行乐。惟多忧也，故灰心；惟行乐也，故盛气。惟灰心也，故怯懦；惟盛气也，故豪壮。惟怯懦也，故苟且；惟豪壮也，故冒险。惟苟且也，故能灭世界；惟冒险也，故能造世界。老年人常厌事，少年人常喜事。惟厌事也，故常觉一切事无可为者；惟好事也，故常觉一切事无不可为者。老年人如夕照，少年人如朝阳。老年人如瘠牛[3]，少年人如乳虎。老年人如僧，少年人如侠。老年人如字典，少年人如戏文。

---

1 袭译：承袭照译。　　2 恶：叹词，表示惊讶不满。　　3 瘠牛：瘦弱的老牛。

老年人如鸦片烟，少年人如泼兰地酒[4]。老年人如别行星之陨（yǔn）石，少年人如大洋海之珊瑚岛。老年人如埃及沙漠之金字塔，少年人如西比利亚之铁路。老年人如秋后之柳，少年人如春前之草。老年人如死海之潴（zhū）[5]为泽，少年人如长江之初发源。此老年与少年性格不同之大略也。梁启超曰：人固有之，国亦宜然。

梁启超曰：伤哉，老大也！浔阳江头琵琶妇，当明月绕船，枫叶瑟瑟，衾寒于铁，似梦非梦之时，追想洛阳尘中春花秋月之佳趣[6]。西宫南内，白发宫娥，一灯如穗，三五对坐，谈开元、天宝间遗事，谱《霓裳羽衣曲》[7]。青门种瓜人，左对孺人，顾弄孺子，忆侯门似海，珠履杂遝（tà）之盛事[8]。拿破仑之流于厄蔑[9]，阿剌飞之幽于锡兰[10]，与三两监守吏，或过访之好事者，道当年短刀匹马驰骋中原，席卷欧洲，血战海楼，一声叱咤，万国震恐之丰功伟烈，初而拍案，继而抚髀（bì）[11]，终而揽镜。呜呼，面皴（cūn）齿尽，

白发盈把，颓然老矣！若是者，舍幽郁之外无心事，舍悲惨之外无天地，舍颓唐之外无日月，舍叹息之外无音声，舍待死之外无事业。美人豪杰且然，而况于寻常碌碌者耶？生平亲友，皆在墟墓；起居饮食，待命于人。今日且过，遑[12]知他日？今年且过，遑恤明年？普天下灰心短气之事，未有甚于老大者。于此人也，而欲望以拿云[13]之手段，回天之事功，挟山超海[14]之意气，能乎不能？

呜呼！我中国其果老大矣乎？立乎今日以指畴昔[15]，唐虞三代，若何之郅（zhì）治[16]；秦皇汉武，若何之雄杰；汉唐来之文学，若何之隆盛；康乾间之武功[17]，若何之烜（xuǎn）赫[18]。历史家所铺叙，词章家所讴歌，何一非我国民少年时代良辰美景、赏心乐事之陈迹哉！而今颓然老矣！昨日割五城，明日割十城，处处雀鼠尽，夜夜鸡犬惊。十八省之土地财产，已为人怀中之肉；四百兆[19]之父兄子弟，已为人注籍[20]之奴，岂所谓"老大嫁作商人妇"者耶？呜呼！"凭君莫话当年事，憔悴韶光不忍看！"楚囚[21]相对，岌岌顾影[22]，人命危浅，朝不虑夕。国为待死之国，一国之

---

12 遑：何，怎能。　　13 拿云：以手揽云。比喻志向高远，手段高明。　　14 挟山超海：语出《孟子·梁惠王上》，指把泰山夹在胳臂下跨越过渤海。　　15 畴昔：往日，过去。　　16 "唐虞"二句：唐尧、虞舜、夏、商、周是怎样的兴盛。郅，极，至。　　17 "康乾"句：清代康熙和乾隆年间，国力比较强盛。　　18 烜赫：威势盛大。　　19 四百兆：即四亿。　　20 注籍：指登记在列强的奴隶户籍上。　　21 楚囚：本指春秋时楚国人中的被俘者，这里是用来比喻哀痛时事而无力奋发的人。　　22 岌岌顾影：回视自身的处境，十分危险。

民为待死之民，万事付之奈何，一切凭人作弄，亦何足怪！

梁启超曰：我中国其果老大矣乎？是今日全地球之一大问题也。如其老大也，则是中国为过去之国，即地球上昔本有此国，而今渐渐（sī）灭[23]，他日之命运殆将尽也。如其非老大也，则是中国为未来之国，即地球上昔未现此国，而今渐发达，他日之前程且方长也。欲断今日之中国为老大耶，为少年耶？则不可不先明"国"字之意义。夫国也者，何物也？有土地，有人民，以居于其土地之人民，而治其所居土地之事，自制法律而自守之；有主权，有服从，人人皆主权者，人人皆服从者，夫如是，斯谓之完全成立之国。地球上之有完全成立之国也，自百年以来也。完全成立者，壮年之事也。未能完全成立而渐进于完全成立者，少年之事也。故吾得一言以断之曰：欧洲列邦在今日为壮年国，而我中国在今日为少年国。

夫古昔之中国者，虽有国之名，而未成国之形也。或为家族之国，或为酋长之国，或为诸侯封建之国，或为一王专制之国。虽种类不一，要之[24]，其于国家之体质也，有其一部而缺其一部。正如婴儿自胚胎以迄成童，其身体之一二官支[25]，先行长成，此外则全体虽粗具，然未能得其用也。故唐虞以前为胚胎时代，殷周之际为乳哺时代，由孔子而来至于今为童子时代。逐渐发达，而今乃始将入

---

23 澌灭：灭亡。　24 要之：总之。　25 官支：器官和肢体。支，通"肢"。

成童以上少年之界焉。其长成所以若是之迟者，则历代之民贼有窒其生机者也。譬犹童年多病，转类老态，或且疑其死期之将至焉，而不知皆由未完全未成立也。非过去之谓，而未来之谓也[26]。

且我中国畴昔，岂尝有国家哉？不过有朝廷耳！我黄帝子孙，聚族而居，立于此地球之上者既数千年，而问其国之为何名，则无有也。夫所谓唐、虞、夏、商、周、秦、汉、魏、晋、宋、齐、梁、陈、隋、唐、宋、元、明、清者，则皆朝名耳。朝也者，一家之私产也。国也者，人民之公产也。朝有朝之老少，国有国之老少。朝与国既异物，则不能以朝之老少而指为国之老少明矣。文、武、成、康[27]，周朝之少年时代也。幽、厉、桓、赧（nǎn）[28]，则其老年时代也。高、文、景、武[29]，汉朝之少年时代也。元、平、桓、灵[30]，则其老年时代也。自余[31]历朝，莫不有之。凡此者谓为一朝廷之老也则可，谓为一国之老也则不可。一朝廷之老且

---

26 "非过去"二句：这不能说是它的成立之年已经过去，而应该说还没有到来。
27 文、武、成、康：西周初的几代君主。文王富国强兵，武王举师灭商，至成王、康王时形成成康之治。　28 幽、厉、桓、赧：西周和东周末年的几代君主。厉王暴虐被流放，幽王宠褒姒被杀而西周亡；东周桓王时国运衰微，赧王死后东周为秦所灭。　29 高、文、景、武：西汉初年的几代帝王。高祖刘邦统一中国；文帝、景帝之际天下大治，经济文化发展；武帝时击退匈奴，巩固边防，国力昌盛。
30 元、平、桓、灵：西汉和东汉末年的几代帝王。西汉元帝、平帝时国势衰弱，平帝死后，王莽篡汉；东汉桓帝、灵帝之际外戚宦官擅权，灵帝末年爆发黄巾起义。　31 自余：其余。

死，犹一人之老且死也，于吾所谓中国者何与焉。然则，吾中国者，前此尚未出现于世界，而今乃始萌芽云尔。天地大矣，前途辽矣。美哉我少年中国乎！

玛志尼[32]者，意大利三杰之魁也。以国事被罪，逃窜异邦。乃创立一会，名曰"少年意大利"。举国志士，云涌雾集以应之。卒乃[33]光复旧物，使意大利为欧洲之一雄邦。夫意大利者，欧洲第一之老大国也。自罗马亡后，土地隶于教皇，政权归于奥国[34]，殆所谓老而濒于死者矣。而得一玛志尼，且能举全国而少年之，况我中国之实为少年时代者耶！堂堂四百余州[35]之国土，凛凛[36]四百余兆之国民，岂遂无一玛志尼其人者！

龚自珍氏之集有诗一章，题曰：《能令公少年行》。吾尝爱读之，而有味乎其用意之所存。我国民而自谓其国之老大也，斯果老大矣；我国民而自知其国之少年也，斯乃少年矣。西谚有之曰："有三岁之翁，有百岁之童。"然则，国之老少，又无定形，而实随国民之心力以为消长（zhǎng）者也。吾见乎玛志尼之能令国少年也，吾又见乎我国之官吏士民能令国老大也。吾为此惧！夫以如此壮

---

32 玛志尼：近代意大利独立统一事业的倡导者和活动家，曾在法国创立少年意大利党，创办《少年意大利报》，宣传资产阶级革命，完成意大利统一独立的大业，与加里波第、加富尔并称"意大利三杰"。　33 卒乃：终究。　34 政权归于奥国：指罗马帝国灭亡后，意大利处于分裂局面，后又被奥地利控制。　35 四百余州：清朝各级州、府、直隶州的总数，此代指全国。　36 凛凛：可敬可畏的样子。

丽浓郁翩翩绝世之少年中国,而使欧西日本人谓我为老大者,何也?则以握国权者皆老朽之人也。非哦几十年八股,非写几十年白折[37],非当几十年差(chāi),非揳几十年俸,非递几十年手本[38],非唱几十年喏(rě)[39],非磕几十年头,非请几十年安,则必不能得一官、进一职。其内任卿贰[40]以上,外任监司[41]以上者,百人之中,其五官不备者,殆九十六七人也。非眼盲则耳聋,非手颤则足跛,否则半身不遂也。彼其一身,饮食步履视听言语,尚且不能自了,须三四人左右扶之捉之,乃能度日,于此而乃欲责之以国事,是何异立无数木偶而使治天下也!且彼辈者,自其少壮之时既已不知亚细、欧罗为何处地方,汉祖唐宗是那朝皇帝,犹嫌其顽钝腐败之未臻其极,又必搓磨之,陶冶之,待其脑髓已涸,血管已塞,气息奄奄,与鬼为邻之时,然后将我二万里山河,四万万人命,一举而畀(bì)[42]于其手。呜呼!老大帝国,诚哉其老大也!而彼辈者,积其数十年之八股、白折、当差、揳俸、手本、唱喏、磕头、请安,千辛万苦,千苦万辛,乃始得此红顶花翎[43]之服色,中堂大

---

37 白折:清代考卷的一种,即将应试内容用工楷写在白折页上。　38 手本:明清时下属见上司或门生见老师所用的名帖。　39 唱喏:清代下属对上司打躬作揖时口念颂词以示致敬。　40 卿贰:指六部副长官。卿,古时六部长官,为正职。贰,副职。　41 监司:清代各省布政使、按察使、各道道员等高级官员的通称。　42 畀:托付,给予。　43 红顶花翎:清代高级官员用红宝石或珊瑚制顶,饰以孔雀翎的礼帽。此借指高级官衔。

人[44]之名号，乃出其全副精神，竭其毕生力量，以保持之。如彼乞儿拾金一锭，虽轰雷盘旋其顶上，而两手犹紧抱其荷包，他事非所顾也，非所知也，非所闻也。于此而告之以亡国也，瓜分也，彼乌从而听之，乌从而信之！即使果亡矣，果分矣，而吾今年七十矣，八十矣，但求其一两年内，洋人不来，强盗不起，我已快活过了一世矣！若不得已，则割三头两省之土地，奉申贺敬，以换我几个衙门，卖三几百万之人民作仆为奴，以赎我一条老命，有何不可？有何难办？呜呼！今之所谓老后、老臣、老将、老吏，其修身齐家治国平天下之手段，皆具于是矣。"西风一夜催人老，凋尽朱颜白尽头。"使走无常[45]当医生，携催命符以祝寿。嗟乎痛哉！以此为国，是安得不老且死，且吾恐其未及岁而殇也。

梁启超曰：造成今日之老大中国者，则中国老朽之冤业也。制出将来之少年中国者，则中国少年之责任也。彼老朽者何足道，彼与此世界作别之日不远矣，而我少年乃新来而与世界为缘。如僦（jiù）[46]屋者然，彼明日将迁居他方，而我今日始入此室处。将迁居者，不爱护其窗棂，不洁治其庭庑[47]，俗人恒情，亦何足怪！若我少年者，前程

---

44 中堂大人：清代对内阁大学士的尊称。宋人称宰相为中堂，清代内阁大学士实际职权相当于宰相，故称。　45 走无常：旧时迷信中指阎罗的魔卒，专事勾摄生魄。　46 僦：租借。　47 庭庑：庭院走廊。

浩浩，后顾茫茫。中国而为牛为马为奴为隶，则烹脔(luán)⁴⁸鞭棰之惨酷，惟我少年当之；中国如称霸宇内，主盟地球，则指挥顾盼之尊荣，惟我少年享之；于彼气息奄奄，与鬼为邻者何与焉？彼而漠然置之，犹可言也；我而漠然置之，不可言也。使举国之少年而果为少年也，则吾中国为未来之国，其进步未可量也。使举国之少年而亦为老大也，则吾中国为过去之国，其澌亡可翘足而待也。故今日之责任，不在他人，而全在我少年。少年智则国智，少年富则国富，少年强则国强，少年独立则国独立，少年自由则国自由，少年进步则国进步，少年胜于欧洲则国胜于欧洲，少年雄于地球则国雄于地球。红日初升，其道大光。河出伏流，一泻汪洋。潜龙腾渊，鳞爪飞扬。乳虎啸谷，百兽震惶。鹰隼(sǔn)⁴⁹试翼，风尘吸张。奇花初胎⁵⁰，矞(yù)矞皇皇⁵¹。干将发硎(xíng)，有作其芒⁵²。天戴其苍，地履其黄。纵有千古，横有八荒。前途似海，来日方长。美哉我少年中国，与天不老！壮哉我中国少年，与国无疆！

---

48 烹脔：烹煮宰割。脔，切成小块的肉，这里作动词。　49 隼：一种猛禽。
50 奇花初胎：语出司空图《诗品》，指奇花精神自蕴花苞之中。　51 矞矞皇皇：形容（万物在春光中）灿烂美盛的样子。　52 "干将"二句：春秋时吴人干将所铸利剑，利刃新磨，发出耀眼的光芒。比喻少年中国新生之锐气。硎，磨刀石。有，语助词。

梁启超(1873—1929),字卓如,号任公,又号饮冰室主人,广东新会人,近代思想家、文学家、学者。他倡导变法维新,变法失败后流亡日本。晚年弃政从事讲学,提出了一系列的文学革命论,生平著述极多。所作散文,流利畅达,情感丰富。有《饮冰室合集》。

清朝末年,政治腐败,整个社会暮气沉沉,帝国主义者因此讥笑中国为"老大帝国"。作者站在改良主义的立场,抨击了由老人统治的暮气沉沉的政治局面,深刻揭露了清政府的腐败无能,极力歌颂少年勇于进取的精神,激励他们肩负创建少年中国的重任,抒发了作者改良主义的政治理想。文章突出的特点是善于运用重叠、排比、层层推进的句式,从正反两方面反复强调论述,说理明白透彻,酣畅淋漓,富有极强的鼓动性。

与 妻 书

林觉民

意映[1] 卿卿[2] 如晤：吾今以此书与汝永别矣！吾作此书时，尚是世中一人；汝看此书时，吾已成为阴间一鬼。吾作此书，泪珠和笔墨齐下，不能竟书[3] 而欲搁笔，又恐汝不察吾衷[4]，谓吾忍舍汝而死，谓吾不知汝之不欲吾死也，故遂忍悲为汝言之。

吾至爱汝，即此爱汝一念，使吾勇于就死也。吾自遇汝以来，常愿天下有情人都成眷属。然遍地腥云，满街狼犬，称心快意，几家能彀[5]？司马青衫[6]，吾不能学太上忘情也[7]。语云：仁者"老吾老以及人之老，幼吾幼以及人之幼[8]。"吾充[9] 吾爱汝之心，助天下人爱其所爱，所以敢先汝而死，不顾汝也。汝体吾[10] 此心，于啼泣之余，亦以天下人为念，当亦乐牺牲吾身与汝身之福利，为天下人谋永福也。

---

1 意映：作者的妻子，姓陈名意映。　　2 卿卿：旧时夫妻间的爱称。　　3 竟书：写完。　　4 不察吾衷：不明白我的心事。　　5 彀：够。　　6 司马青衫：语出白居易的《琵琶行》："座中泣下谁最多，江州司马青衫湿。"后世常用"司马青衫"比喻极度悲伤的感情。　　7 "吾不能"句：自己不能像圣人那样忘记一切感情。太上，指境界高尚的圣人。　　8 "老吾老"二句：语出《孟子·梁惠王上》，意思是由敬爱自己的老人推广到敬爱别的老人，由爱护自己的孩子推广到爱护别人的孩子。第一个"老"字和第一个"幼"字都用作动词，分别是敬爱和爱护的意思。　　9 充：扩充，扩大。　　10 体：体察，理解。

汝其勿悲[11]！

　　汝忆否？四五年前某夕，吾尝语曰："与使吾先死也，无宁汝先吾而死。"汝初闻言而怒，后经吾婉解，虽不谓吾言为是，而亦无词相答。吾之意，盖谓以汝之弱，必不能禁（jīn）失吾之悲；吾先死留苦与汝，吾心不忍，故宁请汝先死，吾担悲也。嗟夫！谁知吾卒先汝而死乎？吾真真不能忘汝也！回忆后街之屋，入门穿廊，过前后厅，又三四折，有小厅，厅旁一屋，为吾与汝双栖之所[12]。初婚三四个月，适冬之望日[13]前后，窗外疏梅筛月影，依稀掩映，吾与汝并肩携手，低低切切，何事不语？何情不诉？及今思之，空余泪痕。又回忆六七年前，吾之逃家[14]复归也，汝泣告我："望今后有远行，必以告妾，妾愿随君行。"吾亦既许[15]汝矣。前十余日回家，即欲乘便以此行之事语汝，及与汝相对，又不能启口，且以汝之有身也，更恐不胜悲，故惟日日呼酒买醉。嗟夫！当时余心之悲，盖不能以寸管[16]形容之。

　　吾诚愿与汝相守以死，第[17]以今日事势观之，天灾可以死[18]，盗贼可以死，瓜分之日可以死，奸官污吏虐民可以死。吾辈处今日之中国，国中无地无时不可以死。到那时

---

11 汝其勿悲：请你不要悲伤。其，表示祈使语气。　12 双栖之所：夫妻一起居住的地方。　13 望日：农历每月十五日。　14 逃家：指瞒着家人出外从事革命活动。　15 许：答应。　16 寸管：毛笔的代称。　17 第：只，但。　18 死：使动用法，使人死。下面接着四个"死"字，意思与此相同。

使吾眼睁睁看汝死，或使汝眼睁睁看我死，吾能之乎？抑汝能之乎？即可不死，而离散不相见，徒使两地眼成穿而骨化石[19]，试问古来几曾破镜能重圆[20]？则较死为苦也，将奈之何？今日吾与汝幸双健。天下人之不当死而死与不愿离而离者，不可数计，钟情如我辈者，能忍之乎？此吾所以敢率性就死不顾汝也。吾今死无余憾，国事成不成自有同志者在。依新[21]已五岁，转眼成人，汝其善抚之，使之肖[22]我。汝腹中之物，吾疑其女也，女必象汝，吾心甚慰；或又是男，则亦教其以父志为志，则我死后尚有二意洞在也。甚幸！甚幸！吾家后日当甚贫，贫无所苦，清静过日而已。

吾今与汝无言矣。吾居九泉之下[23]遥闻汝哭声，当哭相和也。吾平日不信有鬼，今则又望其真有。今人又言心电感应[24]有道，吾亦望其言是实。则吾之死，吾灵尚依依旁（bàng）[25]汝也，汝不必以无侣悲。

吾平生未尝以吾所志语汝，是吾不是处；然语之，又恐汝日日为吾担忧。吾牺牲百死而不辞，而使汝担忧，的的[26]非吾所忍。吾爱汝至，所以为汝谋者惟恐未尽。汝幸

---

19 "徒使"句：指异地相思之苦。徒使，白白地。眼成穿，眼睛都望穿了，由"望眼欲穿"变化而来。骨化石，身体化为石头。　20 破镜能重圆：比喻夫妻离散后重新团聚。　21 依新：作者的长子。　22 肖：像。　23 九泉之下：地下。
24 心电感应：旧时认为，人死后心灵还有知觉，能与生者的魂灵交相感应。
25 旁：通"傍"，依傍。　26 的的：的确。

而偶我，又何不幸而生今日之中国！吾幸而得汝，又何不幸而生今日之中国！卒不忍独善其身。嗟夫！巾短情长[27]，所未尽者，尚有万千，汝可以模拟[28]得之。吾今不能见汝矣！汝不能舍吾，其时时于梦中得我乎！一恸！辛亥三月念六夜四鼓[29]，意洞手书。

家中诸母[30]皆通文，有不解处，望请其指教，当尽吾意为幸。

---

27 巾短情长：这封信写在一条白布巾上，所以这样说。　28 模拟：想象。
29 三月念六夜四鼓：农历三月二十六日四更。念，通"廿"，二十。　30 诸母：指伯母、婶母等。

欣赏指南

林觉民（1887—1911），字意洞，福建闽县（今闽侯）人，近代民主革命者，黄花岗七十二烈士之一。他曾留学日本，从事革命活动，广州起义时受伤被捕，从容就义。

本文是林觉民在广州起义前三天的夜间写给妻子的绝笔信。作者在信里反复阐明个人幸福与全民幸福的关系，以及个人的"亲人之爱"要服从革命的需要等观点，表现了作者为全国同胞争取自由幸福而不惜牺牲个人幸福的崇高精神。作者的感情有如长江、黄河千回百折，字里行间流露出对革命的热诚和对妻子无限怀恋的深情，表现了一个革命先行者的高尚情操和博大胸怀，读来令人潸然泪下。